伊本・紹德，穆罕默德的祖父，也是沙烏地阿拉伯統治王朝的創始人，攝於 1942。

(Bob Landry/The LIFE Picture Collection via Getty Images)

2007 年，阿卜杜拉國王與長期擔任利雅德省總督、穆罕默德的父親沙爾曼親王。

(Hassan Ammar/AFP via Getty Images)

穆罕默德・本・沙爾曼，沙烏地阿拉伯王儲。

(Bandar Al-Jaloud/Royal Court)

已故阿卜杜拉國王之子圖爾基，試圖查清美國政府是否支持沙爾曼國王與他兒子穆罕默德的政變。

(Dmitry Astakhow/AFP via Getty Images)

前任警官圖爾基・謝赫，在穆罕默德崛起之路上成為他的親密夥伴。

(Fayez Nureldine/AFP via Getty Images)

穆罕默德和他的父親，設法除去阿卜杜拉國王另一個兒子米特卜的繼承權，並以貪腐的指控，將他拘留在利雅德的麗思卡爾頓酒店。

(Fayez Nureldine/AFP via Getty Images)

扎耶德為阿布達比王儲，掌管阿拉伯聯合大公國國家日常政務，是穆罕默德掌權的早期支持者。

(Odd Andersen/AFP via Getty Images)

2015 年麥加發生一起可怕的起重機事故，導致穆罕默德．本．沙爾曼與負責的建築公司沙烏地賓拉登集團之間，產生了裂痕。

(Ozkan Bilgin/Anadolu Agency/ Getty Images)

在沙爾曼國王統治初期，穆罕默德（左）與他的堂哥納伊夫（中）互相爭奪影響力。歐巴馬總統（右）則不願幫助賦予年輕王子權力。

(Olivier Douliery/Corbis/VGC via Getty Images)

穆罕默德找到一個盟友，前川普總統顧問班農。

(Mandel Negan/AFP via Getty Images)

穆罕默德與川普總統的女婿庫什納建立良好關係。

(Mandel Negan/AFP via Getty Images)

拉吉夫・米斯拉(左)、孫正義(中)與公共投資基金的亞西爾・魯梅揚(右)。

(Bandar Algaloud/Saudi Royal Council/Handout/Anadolu Agency/Getty Images)

埃及總統法塔赫・塞西(左)、沙爾曼國王(中)與川普總統(右)，在利雅德新反恐中心啟動儀式上。

(Bandar Algaloud/Saudi Royal Council/Handout/Anadolu Agency/ Getty Images)

卡達人在多哈的卡達埃米爾，謝赫・塔米姆肖像牆上寫下評論。

(Karim Jaafar/AFP via Getty Images)

阿瓦里德親王，億萬富翁和王國控股公司創始人，在利雅德麗思卡爾頓酒店被拘留八十三天後獲釋。

(Guy Martin/Bloomberg via Getty Images)

穆罕默德邊緣化他的堂兄納伊夫，好成為王儲。

(Olivier Douliery-Pool/ Getty Images)

黎巴嫩總理薩德・哈里里被沙烏地官員監禁。

(Hasan Shaaban/Bloomerg via Getty Images)

穆罕默德是世界上最昂貴的畫作，達文西〈救世主〉的神祕買家。最後的成交價包含費用超過了四億五千萬美元。

(Timothy A. Clary/AFP via Getty Images)

穆罕默德孩提時代的密友巴達爾・本・法赫恩，在競標這幅畫後，被任命負責王國的文化事業。

(Valery Sharifulin/TASS via Getty Images)

沙烏地阿拉伯開始計劃向遊客開放長期關閉的考古遺址，包括歷史名城歐拉。

(Fayez Nureldine/AFP via Getty Images)

女權活動家魯嘉因・哈德洛爾在沙烏地阿拉伯被捕並據稱遭受酷刑。

(AFP via Getty Images)

穆罕默德在三周訪美期間，與川普總統在橢圓辦公室會面。

(Mandel Negan/AFP via Getty Images)

賈邁勒・卡舒吉是沙烏地政權的長期朋友，後來成為穆罕默德的頭號反對者，在沙烏地駐伊斯坦堡領事館被沙烏地特務謀殺。

(The Asahi Shimbun/The Asahi Shimbun)

土耳其總統雷傑普・塔伊普・埃爾多安一點一滴向媒體公布卡舒吉謀殺案的訊息，以懲罰沙烏地阿拉伯政府。

(ADEM ALTAN/AFP via Getty Images)

儘管有卡舒吉謀殺案的醜聞，穆罕默德・本・沙爾曼仍重新出現在世界舞台上，並擁有比同世代中東領導人更多的權力。

(Kim Kyung-Hooml Pool via Bloomberg)

成王之路

MBS 掌控沙烏地石油霸權、撼動世界經濟的暗黑王儲

布萊利・霍普、賈斯汀・謝克——著
吳國卿——譯

Blood and Oil

Mohammed bin Salman's Ruthless Quest for Global Power

by Bradley Hope & Justin Scheck

獻給韋恩·霍普（Wayne Hope）和威廉·拉魯（William LaRue）

——布萊利·霍普

獻給雀爾西（Chelsea）、歐文（Owen）和亨利（Henry）

——賈斯汀·謝克

CONTENTS

導讀

沙烏地的血王座

——MBS，一個掐住世界命脈的大野心家

張鎮宏

到了最後，還是沒人能找到卡舒吉被肢解的身體。

二〇二二年四月二十八日，沙烏地王儲穆罕默德本．沙爾曼（Mohammed bin Salman），在吉達的王宮裡，以他一臉雜毛的招牌咧嘴笑，伸出雙手擁抱了來訪、在鏡頭前卻表情僵硬的土耳其總統厄多安。

這是自沙烏地特務暗殺團在駐土耳其伊斯坦堡領事館內，駭人誘殺並毀屍滅跡了異議記者卡舒吉以來，兩國冷戰三年半後，厄多安的第一次來訪——考慮到當初厄多安曾公開指控「殺人指令來自沙烏地王室最高層」，這回見面的尷尬氣氛，對土耳其來講可不只是僵硬而已。

土耳其對外強調，厄多安的訪問象徵著沙土關係的「重新開始」；但在沙烏地眼裡，這卻是一場昭告天下的戰略勝利。因為在訪問成行的三週前，土耳其檢警才主動終止了對卡舒吉命

案的「所有調查」——不僅取消了對二十六名沙烏地刺客的所有刑事控訴、撤回了通報國際刑警組織的紅色通報，甚至連過去三年半的所有案件資料，都全數轉交給沙國司法部——全案結束！土耳其犧牲國際顏面與曾經高喊的道德正義，換回了沙烏地解除進口制裁與在經濟寒冬中的加倍投資。

本書《成王之路》所描寫的那個好大喜功，卻極具野心的沙烏地太子——穆罕默德——則在這場驚世血案的三年半後，令人不寒而慄地笑著、再一次成為了最大贏家。

憑空現身？以父之名的「皇家無名氏」

一九八五年出生的穆罕默德王子，是紹德王朝史上最有實權、也最受國際爭議的儲君。但在他的父親沙爾曼於二〇一五年繼位為王之前，這名年輕的王子只是數千名領著王子頭銜的「皇家無名氏」之一。他們從出生就領著王室津貼，不被期待具有生產力或對國家社會有具體貢獻，但距離萬中選一的權力中心，卻遙如登天。

在沙漠面積百分之九十五的阿拉伯半島，家族政治一直是唯一可靠的統治系統。建立沙烏地阿拉伯的開國之主阿卜杜勒阿濟茲國王，透過大量的聯姻同盟穩固了部落統治。他死後，三十六個兒子們的「兄弟聯盟」，透過宮廷政變罷黜了繼位的長兄紹德國王，國家政治自此就成為「第一代王子們」合縱連橫的謀算舞台。

兄弟之間按照能力威望、長幼順序、兄弟數量、以及母系部族的政治實力，而形成權力平衡的封建狀態。但隨著時間的前進，阿卜杜勒阿濟茲的兒子們開始逐一凋零，特別在二〇一一年的「阿拉伯之春」後，傳弟不傳子的王族默契，也明顯遭遇年紀的考驗，超過百分之六十的沙烏地人口都是三十歲以下的年輕人，但第一代王子們的年齡與國民之間，卻已是祖孫級別的差距，無論是統治的活力、對於國家改革的現代化理解，年邁的統治集團都已出現令人不安的社會代溝。

除此之外，當第一代王子越剩越少，第二代王族——阿卜杜勒阿濟茲他成千上百個孫輩們——的接班，也就成為諸子們不得不碰、但又彼此猜忌的家族忌諱。因為誰能成為下一個世代的國王？哪個家族能夠得勢？誰的王室血親地位又會因此再被沖淡邊緣化？血親之間的平衡政治，會不會因此走入一脈獨大的時代？王族內有太多不可解的未爆彈與痛腳，只能用無限期拖延的方式消極逃避。

二〇一五年，沙烏地的第六任國王阿卜杜拉逝世，沙爾曼成為新王，他的第一王儲則是第一代眾王子中的老么穆克林親王，新冊立的第二王儲則冊立了同母兄長納伊夫（阿卜杜拉任內的逝世王儲）的兒子穆罕默德·本·納伊夫。一開始，各路王族都以為性格剛烈又頑固的沙爾曼，畢竟還是尊重權力制衡傳統的。沒想到短短三個月內，穆克林就因自己的母系背景——她的生母，是沙烏地廢止蓄奴前，被當成禮物獻給阿卜杜勒阿濟茲國王的一名葉門奴隸——遭遇沙爾曼國王的從中羞辱與批鬥，因此被迫辭去王儲、淘汰於繼承順位。

穆罕默德王子，自此才在一片錯愕中，透過父親的強力護航與直接命令，登上了王國的直接繼承名單。

天生好手：效率極高的「宮廷鬥爭專家」

沙爾曼父子，登基百日內，就讓穆罕默德從默默無名的年輕王子，迅速蛻變為整個中東最危險、也最令人吃驚的野心家。穆罕默德先是接過了父親即位之前，在家族中分配到的權力地位——國防部長——但接掌兵符還不到兩個月，穆罕默德就極為爭議、且無視任何傳統戰略建議地發動了介入葉門內戰的海灣聯合軍事行動。

此一大膽的開戰決策，雖然讓才剛滿三十歲的穆罕默德，以軍事領袖之姿威震中東但沙烏地率領的海灣阿拉伯聯軍，卻馬上陷入苦戰。但戰爭初期的國族情緒，卻已足夠放大宣傳穆罕默德「勇猛果敢」的年少有為——這不但逼使與葉門有所淵源的穆克林退出繼承，就連同樣是「第二代王子」的穆罕默德．本．納伊夫都直接遭到威脅。

穆罕默德王子的英文縮寫「MBS」，自此成為國際級亟欲解析與討好的全新名字。儘管他冒然介入葉門內戰卻又無法取勝，反而造成上千萬的葉門民眾瀕臨饑荒滅絕，並讓沙烏地的軍事威信掃地；但他極富衝勁，高舉改革大旗——就算自己的權力基礎來自於親生父王的縱容與護航——開放改革、讓沙烏地成為現代化富裕強國的《願景二〇三〇》計畫，卻已足以讓自已成為帶領王國開拓未知未來的璀璨新星。

二〇一七年六月，在父王的授權之下，穆罕默德策動了對王儲堂兄穆罕默德．本．納伊夫的逼宮，透過突襲式的錄影新聞宣布自己已得到了「堂兄的讓位與祝福」，取而代之成為王國太子。穆罕默德．本．納伊夫讓位之後，很快就被軟禁並消失於公眾眼前。但到了十二月，成為太子的穆罕默德卻又擴大王族清洗，透過誘捕與突襲，一口氣把「阿拉伯首富」阿瓦里德王子等十多名王子堂兄，強行監禁在利雅德五星級的麗思卡爾頓酒店。

「麗思酒店監獄事件」讓穆罕默德的好鬥強硬知名於國際，但這種近乎恐怖政治的王族肅清，卻也讓這位年輕的太子在短短半年之間，一口氣收攏了數千億美金的財富支配權，並把過往為了制衡權力而設置的三支國家武力——沙烏地軍隊（原本就受沙爾曼國王命令）、國家衛隊（由先王阿卜都拉的子嗣掌握）、與國安內政部（由前王儲納伊夫一系領軍）——全數收攏在自己麾下。

風靡全球的阿拉伯太子，只剩「分屍者」的惡名

展示過自己的宮鬥實力後，鞏固執政地位的ＭＢＳ，也開始積極對外推銷自己所代表的「未來希望」。像是二〇一八年春天，ＭＢＳ的美國訪問行程，不僅受到時任總統川普的熱情款待，就連民主黨人士，迪士尼、蘋果、特斯拉……等世界級企業，都爭相與他見面討論投資。而沙

國太子拿下了傳統頭巾，以休閒西裝與墨鏡的幹練打扮示人，亦成功地讓「沙烏地正在起飛」的未來印象，成為了全世界最熱門討論的市場話題。

直到那年的十月，一批沙烏地國安特務組成的暗殺小隊，在伊斯坦堡的沙烏地領事館內，藉由外交特權的屏障，誘殺了當時正為《華盛頓郵報》執筆專欄的沙烏地記者卡舒吉。為了辦理離婚手續而踏入外館的卡舒吉，被刺客絞殺後分屍。根據土耳其政府故意放給全球媒體的檢調線索，「現場的錄音甚至聽見了骨肉被鋸斷的聲音。」

一開始全盤否認、後來才尷尬坦承「刺客一時失手」的沙烏地政府，雖然宣布起訴多名殺人特務，但沙國的司法調查只公布結果，完全沒有公布任何過程、謀劃與下令的細節責任，甚至連開庭也都全不公開，除了有罪名單的姓名——以及沙烏地政府，刻意為了公關澄清，而與血案曝光後，強勢邀請卡舒吉的兒子，接受沙烏地王室的慰問，並與「最大主謀嫌疑人」王儲穆罕默德德的悼念合影——幾乎沒有任何案情說明。

至於卡舒吉的遺體，直到今天仍下落不明。土國檢方雖然懷疑屍塊已被送出外館滅跡溶屍，不過超過三年半的刑事調查，卻始終沒有答案。

卡舒吉謀殺案讓沙烏地太子的國際聲望直線墜谷。半年之前，他還被國際市場譽為「王國的未來」、是阿拉伯世界走向現代化富裕的遠見明君；但在卡舒吉死後，王子卻成了「人肉屠夫」的犯罪代名詞。沙烏地的所有發展願景、投資機會與資金援助，從此之後全從各國爭取的「油元」，變成了國際避之唯恐不及的「血債」，再有願景與想像力的計畫，都變成了為王子洗白的懷疑陰謀。

瘟疫與戰爭：只為了成就自己的最大贏家

原本高調的MBS被迫走向低調，他不再被受邀訪美，西方的傳統盟邦亦不知道該怎樣與這個「染血太子」打交道——直到詭異且諷刺的天命，再次對穆罕默德．本．沙爾曼回眸一笑——二〇二〇年侵襲全球的COVID-19疫情，讓國際社會無心追究卡舒吉案的真相。疫情結束後的全球通膨，與二〇二二年二月二十四爆發的俄國入侵烏克蘭戰爭，更把低迷許久的國際油價，一舉推上了十年高峰。

在俄國對烏克蘭發動戰爭後，為了制裁普亭而必須停止使用俄羅斯石油的世界各國，只能硬著頭皮向世界上石油生產量能最大的沙烏地阿拉伯求救——因為沙烏地仍是全球石油界裡，唯一的一個「產量調節者」（Swing Producer），只要王國中心一聲令下，沙烏地的油井就能即時增減上百萬桶「彈性產能」來影響全球的能源供需——因此美國與歐洲不僅需要沙國石油的即時調度，更需要利雅德承諾增產，以避免惡性飆漲中的國際油價，引爆全球經濟危機。

但這次，MBS選擇低調以對。根據《華爾街日報》引述華府與北京官員的說法，穆罕默德王子不僅對拜登的供油求救已讀不回；推遲增產消息的同時，他更打算趁亂邀請中國國家主席習近平訪問沙烏地，王國甚至對俄國侵烏之際舉行的「勝利日大閱兵」，送上了國王的賀電與勝利致敬。

於是，MBS的所有計劃與地位再一次地重新前進。沒有人願意記得卡舒吉之死與沙烏地不願講破的宮廷鬥爭，世界只在意沙烏地國家石油公司在二〇二二年第一季財報的獲利表現，比起前一年度成長了百分之八十二；集團市值更是一舉成長了將近四分之一，來到天文數字的兩兆四千億美金——在疫情過後，必須要向此等財富低頭者，也不只有土耳其。

就像《成王之路》書中調查與紀錄的種種證言一樣——穆罕默德·本·沙爾曼——從不知名的青年晉升王國太子，從全球最有實力的資本冒險家淪為殺人分屍主謀，這個野心勃勃、不擇手段的年輕王子，再一次用盡所有機會，只為了自己成為最大贏家。

作者序

我們展開這個計畫是因為穆罕默德・本・沙爾曼是世界上最重要的新政治和企業人物，但對深受他每隔幾個月做出的重大決定影響的人來說，他仍然是個謎。不管是必須適應他恣意使用權力的中東國家、對他投資數十億美元感激不已的科技公司、因為他生活天翻地覆的異議者和政權的批評者，或者當他在二〇二〇年初決定把石油當作經濟武器而受影響的人，沒有人真正了解驅策他作決策的原因是什麼，或為什麼他能如此迅速地崛起。

我們是專注於金流的調查記者——錢如何花費、流往哪裡，以及用在何處——所以我們展開這個計畫時認為，我們必須拋棄一切自認對沙烏地阿拉伯和穆罕默德所知的一切，從頭開始追蹤錢。我們在報導中愈往下追，就愈慶幸自己從一開始就決定這麼做。有太多我們原本自認對他的了解只不過是真相的諷刺畫，經常是以誇大他性格面向的方式想像的，讓他看起來像一個精神錯亂、有著英雄般的個性、或完全不受控制的人。

當然，我們面對的挑戰是，如何記述一個新統治者，在一個數十年來很少改變的國家進行快速變革，而我們卻對位居這場風暴核心的人物缺少深入的了解。如果不更深入了解他的性格、他的家族、他的動機、他的計謀，和他崛起過程經歷的大小戰役，一般的觀察家將缺少協助他們做成結論所需要的資訊。

這不是對穆罕默德過去五年來所做決定和行動的合理化、道歉或讚美。這是我們對他崛起以及掌控大權所做的最詳盡報導，最早展開的時間是二〇一七年我們為《華爾街日報》工作時，當時我們兩個人都從倫敦出差到沙烏地採訪，報導他經濟改革計畫的各個面向。

研究穆罕默德．本．沙爾曼是一件需要用心推敲的工作。聽起來似乎違反直覺，但在倫敦和紐約工作是尋找我們想要的解答的一大優勢。身在波斯灣國家的重要人物很少敢於暢所欲言自己國內王儲的事，因為擔心遭到電子監視（這是很可能發生的事），或被看到與像我們這類可疑人士會談。這些重要人物旅行到倫敦、巴黎或曼哈頓時會如釋重負，口風會鬆許多。

在這兩個世界首都工作大有幫助的另一原因是，穆罕默德．本．沙爾曼的故事從他在王室最早時期就與商務和金融有密不可分的關係。很少世界領袖像穆罕默德那樣著迷並涉入全球商務。紹德家族在沙烏地阿拉伯施行專治統治，因此日常治理中帶著類似管理家族投資公司的成分，但穆罕默德從早年開始就被灌輸創業家、大亨以及歷史上著名政治強人的故事。要了解他，必須知道他不只是一般人習知的沙烏地領導人——他也是紹德公司的執行長。

本書是多年報導的成果，特別是二〇一九年的報導，當時我們旅行到各個國家，投入採訪我們可以找到的多年來與穆罕默德互動的人，搜尋紀錄他逐漸增長於個人與政治版圖的舊檔案和機密政府文件，並閱讀所能挖掘到的有關穆罕默德和沙烏地阿拉伯的一切資料。

大多數我們的消息來源以「背景消息」的方式與我們談話，因為匿名可以保護他們免於身分曝光。這有賴於我們特別勤快地尋找更多經歷過相同事件的人，以便確定他們的可信度。每一則軼聞都根據許多消息來源的回憶，且通常在可能的情況下有電子郵件、法律文件、照片、影片和其他紀錄的支持。本書的引述和談話都以參與者的筆記、回憶、錄音和其他支持材料重新建構。我們也挖掘公共資料庫，從公眾也能汲取的資料尋找穆罕默德個人事業網絡的線索。

我們希望本書讓世人對這位世界上最雄心勃勃的年輕人有更多新了解，因為未來數十年他可能繼續掌握大權。

人物表

紹德家族

- **沙爾曼・本・阿卜杜勒阿濟茲・阿紹德國王**（King Salman bin Abdulaziz Al Saud）：王國創始人的兒子、穆罕默德・本・沙爾曼的父親
- **穆罕默德・本・沙爾曼・阿紹德王儲**（Crown Prince Mohammed bin Salman Al Saud）
- **哈立德・本・沙爾曼・阿紹德親王**（Prince Khalid bin Salman Al Saud）：穆罕默德的弟弟、前駐美國大使
- **蘇塔娜・本特・圖爾基・阿蘇達利**（Sultana bint Turki Al Sudairi）：沙爾曼國王的第一個王妃
- **法赫達・本特・法拉赫・希特蘭**（Fahdah bint Falah al-Hithlain）：沙爾曼國王的第三個王妃、穆罕默德的母親
- **穆克林・本・阿卜杜勒阿濟茲・阿紹德王儲**（Crown Prince Muqrin bin Abdulaziz Al Saud）：沙爾曼國王的異母弟，曾短暫被立為王儲

- **穆罕默德·本·納伊夫·阿紹德王儲**（Crown Prince Mohammed bin Nayef Al Saud）：沙爾曼國王的姪子，長期擔任親美國政府的反恐怖主義政府職位
- **阿卜杜拉·本·阿卜杜勒阿濟茲·阿紹德國王**（King Abdullah bin Abdulaziz Al Saud）：沙爾曼國王的異母兄、前任國王
- **米特卜·本·阿卜杜拉·阿紹德親王**（Prince Miteb bin Abdullah Al Saud）：阿卜杜拉國王的兒子、前沙烏地阿拉伯國民警衛隊指揮官
- **圖爾基·本·阿卜杜拉·阿紹德親王**（Prince Turki bin Abdullah Al Saud）：阿卜杜拉國王的第七個兒子
- **巴達爾·本·法赫恩·阿紹德親王**（Prince Badr bin Farhan Al Saud）：來自家族遠房的親王、文化大臣、穆罕默德·本·沙爾曼的長期盟友
- **阿卜杜拉·本·班達爾·阿紹德親王**（Prince Abdullah bin Bandar Al Saud）：另一位親王和穆罕默德·本·沙爾曼的長期盟友、國民警衛隊指揮官
- **蘇丹·本·圖爾基·阿紹德親王**（Prince Sultan bin Turki Al Saud）：沙爾曼國王的弟弟，一位敢言的親王，他的批評使他與家族中更有權勢的成員交惡

皇宮

● **哈立德・圖瓦伊里**（Khalid al-Tuwaijri）：阿卜杜拉國王的皇宮總長

● **穆罕默德・圖拜什**（Mohammed al-Tobaishi）：阿卜杜拉國王的禮賓大臣

● **拉坎・本・穆罕默德・圖拜什**（Rakan bin Mohammed al-Tobaishi）：穆罕默德・本・沙爾曼的禮賓大臣、穆罕默德・圖拜什的兒子

穆罕默德・本・沙爾曼的隨從

● **貝德爾・阿薩克爾**（Bader al-Asaker）：穆罕默德的長期助理，管理他的私人基金會

● **紹德・卡塔尼**（Saud al-Qahtani）：穆罕默德的顧問，擅長鎮壓異議者

● **圖爾基・謝赫**（Turki Al Sheikh）：穆罕默德的長期友伴，把外國運動和娛樂活動引進沙烏地阿拉伯

區域

● **穆罕默德・本・扎耶德・阿勒納哈揚**（Mohammed bin Zayed Al Nahyan）：阿布達比王儲

● **塔努恩・本・扎耶德**（Tahnoon bin Zayed）：阿布達比國家安全顧問

- **塔米姆・本・哈邁德・阿勒薩尼**（Tamim bin Hamad Al Thani）：卡達埃米爾
- **哈邁德・本・哈利法・阿勒薩尼**（Hamad bin Khalifa Al Thani）：前卡達埃米爾
- **阿卜杜勒—法塔赫・塞西**（Abdel Fattah el-Sisi）：埃及總統
- **薩德・哈里里**（Saad Hariri）：黎巴嫩總理
- **雷傑普・塔伊普・埃爾多安**（Recep Tayyip Erdogan）：土耳其總統

麗思的房客

- **阿瓦里德・本・塔拉勒・阿紹德親王**（Prince Alwaleed bin Talal Al Saud）：穆罕默德的堂兄、沙烏地阿拉伯最知名的國際企業家
- **阿德爾・法基**（Adel Fakeih）：沙烏地阿拉伯企業家，後來出任經濟規劃部大臣
- **哈尼・霍賈**（Hani Khoja）：沙烏地阿拉伯企業管理顧問
- **穆罕默德・海珊・阿穆迪**（Mohammed Hussein Al Amoudi）：沙烏地阿拉伯企業家，在衣索比亞擁有資產
- **阿里・卡塔尼**（Ali al-Qahtani）：沙烏地阿拉伯將領
- **貝克爾・賓拉登**（Bakr bin Laden）：賓拉登營建家族的成員

批評家

- **賈邁勒・卡舒吉**（Jamal Khashoggi）：報紙專欄作家，長期為沙烏地政府工作，有時候也批評政府
- **奧馬爾・阿卜杜勒阿濟茲**（Omar Abdulaziz）：居住加拿大的異議分子，在線上影片批評沙烏地領導階層
- **魯嘉因・哈德洛爾**（Loujain al-Hathloul）：女性權利活動家，因嘗試從阿拉伯聯合大公國駕駛汽車進入沙烏地阿拉伯而觸犯沙烏地法律

美國政府

- **唐納・川普**（Donald Trump）：總統
- **賈瑞德・庫什納**（Jared Kushner）：伊凡卡・川普（Ivanka Trump）的丈夫，總統顧問
- **史蒂夫・班農**（Steve Bannon）：前川普顧問
- **雷克斯・提勒森**（Rex Tillerson）：前埃克森美孚（ExxonMobil）執行長，後來出任美國國務卿

企業人士

- **傑佛瑞・貝佐斯**（Jeff Bezos）：亞馬遜公司（Amazon.com）創辦人兼執行長
- **大衛・佩克**（David Pecker）：美國媒體公司（American Media）執行長，《國家詢問報》（*National Enquirer*）發行人
- **阿里・伊曼紐**（Ari Emanuel）：好萊塢經紀人，兼奮進人才仲介機構（Endeavor）共同創辦人
- **孫正義**（Masayoshi Son）：日本科技投資公司軟體銀行（SoftBank）執行長
- **拉吉夫・米斯拉**（Rajeev Misra）：軟體銀行旗下願景基金（Vision Fund）執行長
- **尼札爾・巴薩姆**（Nizar al-Bassam）：沙烏地阿拉伯交易員，和前國際銀行家
- **凱西・葛林**（Kacy Grine）：獨立銀行事業，阿瓦里德・本・塔拉勒的心腹

◆ 有關姓名的註解：依照沙烏地阿拉伯的習俗，男性根據一套父系的命名系統來取名字。穆罕默德・本・沙爾曼代表穆罕默德為名，是沙爾曼的兒子。他的父親姓名為沙爾曼・本・阿卜杜勒阿濟茲，祖父則為阿卜杜勒阿濟茲・本・紹德，即紹德王朝的創始人。阿紹德代表家族名號。

紹德王朝

族譜

紹德是世界最大王室家族，這個王朝創建者阿卜杜勒阿濟茲有數十個兒子和女兒，後裔有數千人。從他於一九五三年逝世後，沙烏地阿拉伯的每一任國王都是來自這個譜系的兒子，這些兒子有些各自有數十個子女。穆罕默德・本・沙爾曼王儲已被選定將是家族第三代的國王。有關姓名的註解：本（bin）意思是「的兒子」。穆罕默德・本・沙爾曼是沙爾曼國王的兒子。而這位國王名為沙爾曼・本・阿卜杜勒阿濟茲，因為他父親為阿卜杜勒阿濟茲國王。

◆ 資料來源：波斯灣家族研究員菲爾德（Michael Field）和訪談。

沙爾曼國王（King Salman）

出生：一九三六年
曾長期擔任利雅德省總督，紹德家族的執法者
統治期間：二〇一五年迄今
與兩位王妃育有十三個子女

圖爾基・本・阿卜杜勒阿濟茲親王（Prince Talal bin Abdulaziz）

出生：一九三一年；逝世：二〇一八年
在一九六〇年代是所謂自由王子（Free Princes）政治改革運動的領導人

第一王妃 蘇塔娜・本特・圖爾基・阿蘇達利（Sultana bint Turki Al Sudairi）

逝世：二〇一一年
子女：
法赫德・本・沙爾曼（Fahd bin Salman）
蘇丹・本・沙爾曼（Sultan bin Salman）
阿梅德・本・沙爾曼（Ahmed bin Salman）
阿卜杜勒阿濟茲・本・沙爾曼（Abdulaziz bin Salman）
費瑟・本・沙爾曼（Faisal bin Salman）
哈莎・本・沙爾曼（Hassa bin Salman）

阿瓦里德・本・塔拉勒（Alwaleed bin Talal）

出生：一九五五年
世界知名的企業家，共同投資人包括比爾・蓋茲（Bill Gate），母親是黎巴嫩總理里亞德・索勒赫（Riad Al Solh）的女兒

第三王妃 法赫達・本特・法拉赫・希特蘭（Fahdah bint Falah al-Hithlain）

子女：
穆罕默德・本・沙爾曼（Mohammed bin Salman）
出生於一九八五年，二〇一七年被冊立為王儲
紹德・本・沙爾曼（Saud bin Salman）
圖爾基・本・沙爾曼（Turki bin Salman）
哈立德・本・沙爾曼（Khalid bin Salman）
出生於一九八八年，前沙烏地阿拉伯駐美國大使、國防部副大臣
納伊夫・本・沙爾曼（Nayef bin Salman）
班達爾・本・沙爾曼（Bandar bin Salman）
拉坎・本・沙爾曼（Rakan bin Salman）

阿卜杜勒阿濟茲國王

出生：大約一八七六年；逝世：一九五三年
統治期間：一九三二年到一九五三年
第三紹德王朝創建者
西方人稱他為伊本・紹德（Ibn Saud）

納伊夫・本・阿卜杜勒阿濟茲親王（Prince Nayef Bin Abdulaziz）

出生：一九三四年；逝世：二〇一二年
二〇一一年到二〇一二年為王儲

阿卜杜拉・本・阿卜杜勒阿濟茲國王（King Abdullah bin Abdulaziz）

出生：一九二三年；逝世：二〇一五年
統治期間：二〇〇五年到二〇一五年
有至少十四個兒子和二十個女兒

穆罕默德・本・納伊夫（Mohammed bin Nayef）

出生：一九五九年
前內政大臣；與美國中央情報局（CIA）和安全部門關係密切；二〇一五年到二〇一七年為王儲

圖爾基・本・阿卜杜拉（Turki bin Abdullah）

出生：一九七一年
畢業於喬治城大學（Georgetown University），前戰鬥機駕駛員和利雅德省總督

米特卜・本・阿卜杜拉（Miteb bin Abdullah）

出生：一九五三年
熱愛養馬的前國民警衛隊指揮官

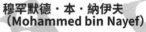

沒有王朝能延續超過三代。

——伊本・赫勒敦（Ibn Khaldun），《歷史緒論》（*The Muqaddimah*）

抓住機會，因為它們像浮雲般稍縱即逝。

——阿里・賓・阿比・塔利卜（Ali ibn Abi Talib）

前言

清晨四點不到的那通電話既急迫又令人不安。國王要盡快見他的姪子阿瓦里德・本・塔拉勒・阿紹德親王。「立刻過來。」從皇宮打電話來的人說。

阿瓦里德數十年來一直是世界最知名的沙烏地企業家。他是那種你希望有他作伴的人，即使只是讓你見識一下錢似乎取之不盡、用之不竭的生活。他的個人財富估計高達一百八十億美元，在美國人和歐洲人眼中就像沙烏地人的典範：富有得難以置信、總是興高采烈，而且奢豪到極點。他有一個機隊，包括一架七四七噴射客機，機艙中間有一張像王座般的椅子，還有一艘九千萬美元的遊艇，可以讓二十二名賓客舒服地過夜，有三十名船員照顧他們。當他發現喜歡的東西時，會一次買十個或二十個——即使那是一台昂貴而笨重的健身機。他會在每棟豪宅、臨時住所、沙漠帳篷和遊艇各放一台。

阿瓦里德樂於擁有那種形象，而且不吝於展現他的形象，他會向那些造訪他位於利雅德、巴黎和紐約辦公室的訪客展示一疊疊雜誌，封面有他的臉孔，或裡面有他企業生涯的長篇訪問。阿瓦里德家中的一些房間掛著數十幅他人生不同階段的照片或繪畫。他喜歡用印有他臉孔的茶杯喝茶。

這位親王在美國企業界有呼風喚雨的能力，他擁有花旗銀行、蘋果和推特公司的股權。阿瓦里德的王國控股公司與比爾・蓋茲（Bill Gates）合夥，持有一大部分四季連鎖酒店的股權，該酒店以奢華聞名。他旅行會帶著二十多名隨從，包括廚子、清潔人員、管家和企業顧問。

但現在是二〇一七年十一月一個冷冽的夜晚，他在他的沙漠行館起床穿衣服準備晉見國王時，感到背脊一陣涼意。沙烏地阿拉伯正經歷巨大的改變，有些改變明顯可見，例如在禁止任何能刺激感官的事物數十年後，宗教警察已從街頭撤退，咖啡館開始傳出音樂聲。這個國家長期以來是伊斯蘭教極端保守教派瓦哈比派（Wahhabism）的庇護所，所以沙烏地人民現在對如此快速的改革，無不感到眼花撩亂：電影院紛紛開張，婦女可以到處走動，擁有前所未有的自由，許多人開始談論永久轉移經濟重心到非石油產業。

沙烏地最富裕和最有權勢的人也感受到別的東西——一種崩裂的聲音。他們華麗宮殿的地基似乎正在裂開。即使阿瓦里德和世界各國的國家元首及富豪稱兄道弟也幫不上忙，他身為億萬富豪親王無可撼搖的地位正在瓦解。

在他叔叔沙爾曼．本．阿卜杜勒阿濟茲．阿紹德國王統治兩年多後，阿瓦里德聽過一些王室成員半夜被召喚或被騙上飛機，結果發現被強行送返沙烏地阿拉伯並被囚禁起來。這些非常規引渡的幕後主使者是沙爾曼國王的兒子、阿瓦里德最年輕的堂弟穆罕默德．本．沙爾曼．阿紹德，年齡只有三十二歲，但已經以他的火爆脾氣和帶領激進的變革而聞名。

穆罕默德與他的叔伯輩完全相反，過去的國王都靠王室成員的共識獲得權力，並且因為擔心王朝傾覆而傾向極端保守主義。他們取得權力時都年事已高，缺少推動大變革的勇氣和精力。但穆罕默德年輕且活力充沛。他身長超過六呎，臉上經常掛著一個讓他眼睛瞇起的大笑容，他有一個大鼻子，能以觸動人心的說話方式，同時讓人感覺既熱情又危險。他展現過人的精力，會不分日夜隨時對下屬提出詢問和下達命令。穆罕默德在很短的時間內對葉門宣戰，帶領對一個毗鄰國家的抵制，而且在國內兼併的權力大到，遠超過王國創建以來的任何王室家族成員。

阿瓦里德安慰自己，那些遭到囚禁的親王都是邊緣的家族成員，且往往是政治異議者，在法國或英國的居所製造紹德家族的麻煩。他在幾個月前才告訴一名訪客，他多麼欽佩穆罕默德的理念，還有他很興奮看到沙烏地阿拉伯，終於從伊斯蘭世界最不自由和最保守的派系，轉變成擁有多樣的經濟，和兩性權利更加平等的現代阿拉伯強權。穆罕默德甚至採納阿瓦里德一些最激進的金融改革建議。

「這是我等了一輩子的改變。」阿瓦里德在二〇一七年四月，告訴前美國駐沙烏地阿拉伯大使喬丹（Robert Jordan）。世界各國的執行長、銀行家和政治領袖都到他位於利雅德郊外的沙漠度假營地拜訪他，他在那裡搭蓋了許多大帳篷，讓賓客可以重新體驗他的祖先直到二十世紀中葉，還過著的貝都因生活方式理想版。

不只如此，阿瓦里德是如此慷慨，他的賓客圍坐在可以供養一個小村子的筵席，桌上堆滿烤羔羊、米飯和各色果汁。身體硬朗的阿瓦里德身邊有全天候的醫師照顧，他吃的是特別準備的素食餐飲。在賓客淺嚐那些食物後，阿瓦里德會邀請鄰近地區較貧窮的沙烏地人來吃光盤子裡的食物。

然後他會帶領賓客在沙丘間散步，並圍坐在熊熊的營火四周觀看星星。但這並不是純鄉下的體驗，當親王和他的賓客退回帳篷後，等著他們的是平面電視，和配備閃閃發亮的浴室和熱水蓮蓬頭的拖車。

接到那通電話後不久，阿瓦里德坐上自己的汽車，離開沙漠營地前往利雅德。一個小時後他抵達皇宮，國王的助理出來解釋，晉見的地點實際上是在附近的麗思卡爾頓酒店。他被引導坐上另一輛車，另有一大群車輛護送。「我的電話，我的袋子。」心情益發憂慮的阿瓦里德說：「它們還在車上。」

「是的，我們會帶著它們。」助理回答道。隔絕外面世界的阿瓦里德憂慮有增無減。他的保鑣、助理和司機被帶上不同的汽車。車程只花了幾分鐘，最後一段是慢慢駛進從安全門到酒店的四分之一哩車道。

他後來告訴友人，踏進由皇宮安全人員團團包圍的大廳時，他有感覺到空蕩蕩的酒店十分詭異。皇宮的人帶他進入電梯，來到酒店的一間套房等候。憂慮加上一點無聊，他打開電視。新聞節目正播放數十名企業人士、王室成員和官員被以貪腐罪名逮捕。他是第一個抵達的，麗思酒店已經不是酒店，而是臨時監牢。

✝

改裝是幾個小時前才下達的命令。二〇一七年十一月三日週五晚上，一群工程師分散到麗思卡爾頓酒店的九個樓層，開始在兩百扇旅館房間的門安裝鎖。窗簾被移走，淋浴間的門被拆除。幾個平常保留給來訪的執行長或富豪親王的大套房，被改裝成審訊室。

麗思卡爾頓酒店原本是供來訪的權貴下榻的國賓館，它有一條兩旁有成排棕櫚樹的車道，讓來訪的總理和總統車隊緩緩駛入時，可以一覽它華麗的宮殿式外觀。它的建地——所有權都屬於鄰近的皇宮——由五十二英畝豐饒的土地構成，有細心修剪的草坪，和進口自黎巴嫩的六百年老橄欖樹蔽蔭的庭院。

走進它主要以大理石建造的華麗大廳，迎接賓客的是一個巨大的鮮花籃、栩栩如生的種馬雕像，和放在桌上供沙烏地男人為他們的頭巾添香味的烏德木燻香，散發出淡淡的香氣。歐巴馬總統二〇一四年住在麗思卡爾頓酒店，川普在就職美國總統後不久的初次出國訪問，也住在麗思附近兩天。

到了晚上，一隊情報官和皇宮幕僚迅速進入並接管酒店。警衛分散到各樓層的崗哨以把守出入口。酒店人員被指示逐出仍留在建築裡的所有人，並取消已安排的訂房。

「由於本地當局意料之外的訂房，需要層級更高的安全措施，我們在恢復正常運作前將無法接受旅客的住宿。」一名櫃檯服務人員對一位預定幾天後入住的企業人士，宣讀紙條上的聲明。

接近黎明時，特別的賓客開始陸續抵達。

在剛開始的幾個晚上，許多被拘留者被留置在一間會議室，只准許偶爾上洗手間，但隨時有武裝人員護送。有些人仍然有備用的行動電話藏在袍子的夾層裡，因為護送者在沒收每個人的一支電話便停止搜索。當天晚上暗中拍攝的照片顯示，許多被迫順從的人躺在薄床墊上，蓋著廉價的彩色毛毯。不過，從那些照片看不出來其中有些人是阿拉伯世界最有權勢的人：王位的繼承人選、億萬富豪、大臣和十幾位親王。其中有些人隱藏了等著被套出的祕密。幾乎所有人都擁有難以想像的財富，這些錢財是沙烏地阿拉伯王國新當權者，宣稱數十年來受貪腐的民脂民膏。

這張清單出乎幾乎所有人的意料，甚至包括了前國王的兒子兼權傾一時的沙烏地國民警衛隊指揮官米特卜・本・阿卜杜拉・阿紹德。國民警衛隊是一支專門保護王室家族免於任何威脅的特殊部隊，有十二萬五千名士兵駐紮在全國各地。它的職責之一是預防軍事政變，然而這位一度被認為可能繼承王位的指揮官，卻被自己的部屬監禁。

在頭幾天，超過五十人遭逮捕。接下來數週又有逾三百人「登記入住」麗思酒店和利雅德的其他安全地點。

這些逮捕是國王下令設置的祕密反貪腐委員會的傑作。沙烏地司法大臣宣布，他將追回過去幾十年因貪腐和盜竊，而蒙受的一千億美元損失。

雖然是以沙爾曼國王的名義執行，逮捕這些沙烏地阿拉伯最富有和最有權勢的人，是由國王的第六個兒子穆罕默德所策劃。在三年前，即使是熟悉沙烏地的觀察家也從未聽說過他，然而這位新王儲卻讓沙烏地阿拉伯和全世界驚惶失措。

一群王室裁縫師為每個囚犯縫製完全一樣的白色袍子。囚犯可以看電視，每週可以在監聽下打電話。可以在磁磚游泳池——它的彩繪圓頂畫著藍天和白雲——游泳，但只允許兩個人同時在池裡，且彼此不得交談。

審問隨時可能開始。在凌晨兩點，囚犯被叫醒並告知談話的時間到了。對許多被監禁者來說，最慘的是被皇宮官員訊問幾個小時所感受到的孤立和羞辱。

這些人中有一些自認對王國的建立有許多貢獻。除了營建業大亨外，一家旅遊公司的業主曾協助成千上萬沙烏地學生到美國和歐洲受教育，一位政府大臣曾協助沙烏地的醫療體系和金融體系現代化。當然，他們可能在這個過程中致富，其中有些可能觸犯沙烏地法律，但從來沒有人說他們是罪犯。穆罕默德現在追究的許多交易，針對的是前朝國王的親信、甚至前朝國王本身批准的違法勾當，那些行為在當時可被接受，但現在遊戲規則已經改變。

有人聲稱遭到身體虐待和刑求。遭囚禁的前利雅德省總督、也是前國王之子圖爾基．本．阿卜杜拉．阿紹德的侍衛長阿里．卡塔尼，對著審訊者吐口水，質疑他們的權威。只有極少數人知道接著發生什麼事，但他最後死於囚禁。沙烏地阿拉伯一直堅稱，對調查過程發生虐待和刑求的指控絕非事實。

不過，大多數囚犯最後獲得釋放。被剝奪錢財和權力後，他們只是遭到從未想像過的身體威脅的平凡人。為了對阿瓦里德施加更大壓力，穆罕默德把他弟弟哈立德．本．塔拉勒關進監牢。貪瀆的指控並未公開，囚犯也未公開承認；解決的過程都私下進行。

麗思酒店的逮捕特別令人驚駭是因為，就在幾天前，麗思和鄰近的一座會議中心才聚集了全球的金融、政治和企業的巨頭，舉行為期三天、被主辦者稱為「沙漠達弗斯會議」的活動。這項活動號稱是揭開新沙烏地阿拉伯的一大盛事，是王國從昔日與世隔絕的國家加入主流企業世界的序曲。

十月三十日在華麗的大理石大廳裡，世界最大的基金管理公司百仕通創辦人蘇世民（Steve Schwarzman）是一個角落的焦點，布萊爾（Tony Blair）則站在另一個角落對一群銀行家解釋穆罕默德的計畫。川普總統的主要中東顧問之一、也是柯羅尼資本公司創辦人巴拉克（Tom Barrack），忙著與川流不息的訪客交換名片。川普的財政部長梅努欽（Steve Mnuchin）和他妻子在麗思卡爾頓的高檔中式餐廳 Hong 晚餐。日本軟體銀行創辦人孫正義住在幾天後被用來囚禁一位親王的套房。

把沙漠達弗斯和麗思改裝成一個監獄——和這麼多鉅富命運的逆轉——所呈現的鮮明反差，讓這場整肅變成了近代世界政治史和商務史上最奇特的事件之一。從來沒有過這麼多可以用他們龐大的財富呼風喚雨的億萬富豪和金融鉅子，在這麼短的時間內被剝奪自由和財富。

以二〇二〇年的後見之明來看，雖然幾乎所有囚犯已被釋放，價值數百億美元的現金和資產已被穆罕默德的政府搜刮，這個事件顯然是宣告穆罕默德．本．沙爾曼登場的儀式。

麗思逮捕事件凸顯的不只是他宣布的改革目標和經濟轉型計畫，還有一件事是當時的觀察家、外交官和他自己的大部分家人還沒有看清楚的：他狡滑的性格、好大喜功、鋌而走險和殘酷無情的特質。在此之前，穆罕默德有可能還只是一個傳承他父親之前五位國王的漸進改革者。

五位國王各有截然不同的領導風格，但沒有一個被認為徹底推翻既有的傳統和改寫王國前途。後來被許多西方人稱為「王族大清洗」的麗思行動，代表的是穆罕默德把一綑炸藥埋在王國的現狀，並將它炸成碎片。

等碎屑清掃結束後，他已控制了軍隊、警察、情報機構，以及政府部會的所有分支，並透過政府控股公司持有許多王國最大企業的控股權。他不是國王，但他是世界上最有影響力的人之一。

CHAPTER 1
國王駕崩

二〇一四年十二月—二〇一五年一月

每個人都等著國王駕崩。那是在二〇一四年十二月，阿卜杜拉·本·阿卜杜勒阿濟茲·阿紹德——統治阿拉伯半島的第三個紹德王朝的第六個國王——正在利雅德郊外沙漠的一張醫院病床上奄奄一息。

阿卜杜拉一向熱愛沙漠。他喜歡到沙漠沉思，隨著年事漸增，他更常在沙漠逃避首都擁塞的交通、排隊懇求施恩的人龍，以及似乎無法推動現代化的破敗政府帶給他無盡的挫折感。在沒有月光的冬夜帳篷中，他會想起創建王國的父親阿卜杜勒阿濟茲，騎著駱駝征服阿拉伯的故事。那是單純得多的年代。

沙烏地阿拉伯建國只有八十三年——比九十歲的阿卜杜拉年輕。在他人生早期大部分時候，沙烏地是個人口零星散布的王國，除了朝聖者來訪伊斯蘭教聖城麥加和麥地那——四分之一的世界人口面向麥加中心的天堂禮拜寺祈禱，並發願一生至少要來這裡朝拜一次——這裡與外面世界只有很少連結。

到阿卜杜拉年四十多歲時，沙烏地阿拉伯開始發生急遽的改變。沙漠底下龐大石油蘊藏的發現，帶來大量的錢，把泥牆城市轉變成摩天大樓和購物商場林立的現代都會。但國內原生的嚴厲伊斯蘭教派——以十八世紀的創始人教士穆罕默德·伊本·阿布多·瓦哈比為名的瓦哈比教派——仍然是日常生活的中心。罪犯在城鎮廣場被斬首示眾，嚴肅的勸善懲惡委員會幹部巡邏街頭，尋找像是沒有完全遮掩頭髮和身體的婦女等違反戒規者。王國的基礎設施在後續的數十年逐漸現代化，但社會和政治仍然極度保守，讓許多外來訪客感覺有如回到古代。

在此同時，到了二〇〇〇年代沙烏地人已是世界上最能聯網的人之一。在有錢購買智慧手機和只有很少社交出口的情況下，新生的世代每天花許多小時在推特、臉書和 YouTube 上。他們知道西方流行文化的來龍去脈，雖然在國內他們無法參與其中。沙烏地阿拉伯長期以來禁止公眾音樂會和電影院，以及未婚男性和女性的公開聚會。

對二〇〇五年登基的阿卜杜拉來說，統治王國是一個沉重的負擔，每日的行程更讓人聯想到中古世紀。沙烏地國王親自主持朝政，坐在他們巨大洞穴般的鍍金宮殿座榻上，輪番接待川流不息的平民、朝臣和顧問，與來訪的總統和總理合照。國王的助理、親戚和朝臣每年處理數萬件健康出問題、與人發生爭議，或懇求豁免債務等問題的陳情人。

一輩子吸菸、享用奢豪飲食，並且罹患背疾、糖尿病和心臟病的阿卜杜拉，已無法每天晚上在他的隨從搭蓋的，有電力供應和大電視螢幕的沙漠帳篷裡斜倚著軟墊。他的健康狀況從二〇一〇年接受一連串手術後便持續惡化，到了二〇一四年十一月，阿卜杜拉的高階助理、他的姪子穆罕默德·本·納伊夫·阿紹德親王，徵詢一個美國醫生朋友的醫療意見：「肺癌的治療預後如何？」醫生問癌症發展到了幾期。這位親王回答，他的癌症已是第四期，但沒有人告訴阿卜杜拉。「不超過三個月。」醫生說。

不到八週後，阿卜杜拉被移入沙漠臨時設置的醫院，接上監視器和打靜脈注射，而他的朝臣和十多個兒子——其中許多已經中年，且涉入不同程度的貪腐——急著想接下來該怎麼辦。

這些人知道沙烏地國王駕崩意味將有龐大的財富和權力轉移。王國歷史上的每一次王位更迭，都帶來彼此競爭的血族之間的洗牌，這些血族都可溯源到阿卜杜勒阿濟茲・阿紹德，即西方所稱的伊本・紹德。他是今日沙烏地阿拉伯的第一位國王，而且後來繼任的國王都是他的兒子。

歷任國王都給自己的兒子們最優渥的待遇，除了王室的福利外，他們都可獲得鉅額的收入，並因而蓄積數十億美元的財富。通常他們被賦予主管政府或軍方分支機構的重要職務。

不過，阿卜杜拉停止給他的兒子過去被視為慣例的部分財源和政治權力。這位國王給他的兒女一年共計數百萬美元的每月津貼，和乘坐皇家飛機的特權，但他們已無法像過去部分堂兄弟那樣獲得數十億美元的財富。阿卜杜拉感覺他龐大的家族已開始失去控制，因此決定終止紹德家族過度豪奢的時代，並從自己的子女開始做起。

阿卜杜拉的兒子們可以感覺到父親對他們極度失望。在他逝世之前幾年，阿卜杜拉曾考慮把一個兒子列入王位繼承名單，但直到他臨終前仍無法確定誰適合繼承王位。被阿卜杜拉指派擔任國民警衛隊指揮官的米特卜對賽馬似乎比對工作更感興趣，他把國民警衛隊大部分管理工作交給副手。曾任空軍駕駛員的圖爾基・本・阿卜杜拉在短暫擔任利雅德省總督期間，曾到醫院探視他時日無多的父親，當時阿卜杜拉對圍繞病床的醫護人員——全都是來自美國和歐洲的頂尖醫生和護士——大聲說：「看看我兒子，F15戰鬥機駕駛員。」他停頓一下喘口氣：「看他多肥胖。你們認為他塞得進F15嗎？」

這些兒子擔心阿卜杜拉把權力轉移給一個將對他們的野心帶來威脅的新國王。他們甚至還沒有機會真的發大財，而如果讓不對的家族成員繼任新國王，他們將永遠沒有機會。

他們知道，在沙烏地阿拉伯王位更迭後錢會流向新國王的家族，而再過一段時間後，舊國王的兒子——就像歷任國王的兒子那樣——權力將逐漸消失，收入也被斷絕。阿卜杜拉的兒子已見過這套戲碼再三上演。一九七五年到一九八二年統治王朝的哈立德國王的子女，如今過得如何？你幾乎不再聽到他們的消息。

兄弟、姪子和堂兄弟間爭奪權力已被王國創建人納入治理體系的設計中。伊本．紹德和一大群后妃嬪妾生的三十多個兒子在數十年期間達到成年，創造了一條行得通的繼承線，因為他們的年齡差距大到足以跨越世代。最年長的兒子出生於約一九〇〇年，最年輕的約在一九四七年。

伊本．紹德一九五三年在睡夢中死於心臟病，把王位傳給他最年長的尚存兒子紹德。十一年後，紹德的弟弟們強迫荒淫無度的紹德把王位交給其中一位弟弟。此後王位在兄弟間傳遞，伊本．紹德的兒子們共同決定藉由選擇一位他們都認為適合統治的長兄來傳承王位。由伊本．

紹德和他寵愛的王妃胡薩・阿蘇達利（Hussa Al Sudairi）生的七個兒子被稱為蘇達利七兄弟，他們的勢力特別大，但在六十年間，伊本・紹德的每個兒子都希望有一天會輪到他繼承王位。這是每個在隨從簇擁下，花費無數小時於宮殿或遊艇上逍遙度日的親王，每天早上起床會浮現的念頭。

到二〇一五年，這些兒子大部分已經去逝，少數仍活著的也都七十幾歲或更老。王位終於必須轉移給第三代。問題是沒有一個機制可以決定這幾百個孫子有誰適合當國王。年齡是為兒子輩排序的簡單方法，但要用於從第三代數百名王子中挑選繼承人，卻不切實際。

阿卜杜拉嘗試過解決這個問題：在登基後，他設立一個由伊本・紹德尚存的兒子和已死兒子的子嗣組成的會議。這個所謂的忠誠會議必須選出在國王駕崩後繼承王位的王儲，和排名第二的預備人選。這個安排的目的是避免突然轉移權力。但到了阿卜杜拉臨終時，他和他兒子發現這個會議可以達成另一個目的：他們想用它來限制阿卜杜拉的繼承人沙爾曼王儲的權力。

阿卜杜拉和他的兒子們知道，沙爾曼——尚存的蘇達利七兄弟中權力最大者，也最善於宮廷權謀操作——將把他野心勃勃的新世代兒子穆罕默德冊立為繼承人。他們也知道穆罕默德將是阿卜杜拉家族的災難。多年來他與阿卜杜拉兄弟和他們的主要助手衝突不斷，有一次他朝著一位位高權重的情報官吐口水。最糟的設想是，他可能剝奪他們的財產和自由。

為了孤立穆罕默德，阿卜杜拉的兒子仰賴阿卜杜拉皇宮總長哈立德・圖瓦伊里。

嘴上蓄著一字型鬍鬚，手上戴著鑽石戒指，鼻樑架著無邊眼鏡，圖瓦伊里是沙烏地阿拉伯最有權勢的非王室成員，他幾乎是生來注定要擔任這個職務。他父親跟隨伊本・紹德征服沙烏地阿拉伯的許多地方，後來並協助阿卜杜拉改造國民警衛隊成為一支可畏的軍隊。

隨著阿卜杜拉年事愈高，圖瓦伊里的權力也愈大。他以阿卜杜拉的名義簽署新法律，並自封為忠誠會議的祕書長。他是唯一被允許參與忠誠會議祕密會商的非親王，也是唯一的會議紀錄保管人。

圖瓦伊里最重要的角色是控制晉見阿卜杜拉的管道，而這位國王不喜歡透過電話談話，更助長他這個角色的重要性。阿卜杜拉只在面對面說話時感覺自在，即使是駐美國大使也必須從華盛頓特區飛回利雅德和他會談兩小時。不管你是企業人士或政府大臣，甚至是國王的兄弟，晉見阿卜杜拉需要通過圖瓦伊里這一關。皇宮的食客和觀察家稱他為「哈立德國王」。

對非王室家族來說，這是前所未見的權力，但這激怒了沙爾曼王儲和他兒子穆罕默德。圖瓦伊里知道，如果沙爾曼的權力不受節制，他將遭遇和阿卜杜拉兒子們相同的命運——或者更糟。對沙爾曼和穆罕默德來說，圖瓦伊里是沙烏地阿拉伯出了問題的代表。這個皇宮總長買了許多豪宅、遊艇和大約兩百輛豪華汽車。他會帶著二十五名隨從到紐約南中央公園大樓的麗思卡爾頓酒店度假數週，花費數百萬美元，並與當地人拍照，就好像他是王室成員。「我以為他是親王之類的。」巴辛（Rahul Bhasin）說，他還有一張和圖瓦伊里合照的相片，就在他位於麗思酒店出來轉角，開的照相機和行動電話小店園景電子櫃檯後面；圖瓦伊里經常一口氣買下十幾支 iPhone。很少事情比一個非王室成員裝成像親王更讓沙爾曼生氣。

圖瓦伊里的主要盟友之一穆罕默德．圖拜什（Mohammed al-Tobaishi）是阿卜杜拉的禮賓大臣。圖拜什基本上是備受寵幸的私人祕書，當他不在世界各地的許多豪宅時，他會住在利雅德一座取名撒馬拉、有九十個房間的牧場。這兩個人是躲在職銜後面的億萬富豪權力掮客，他們收錢作為交換會見高階官員的管道（他們都不承認任何違法情事，也未被判任何罪行，但後來他們的資產都被國家沒收）。在沙爾曼和他兒子眼中，他們對王朝構成危險，是貪腐失控的實例。

穆罕默德．本．沙爾曼對圖瓦伊里有第一手經驗，後者在穆罕默德二十幾歲初次擔任政府職務時，假裝以父執輩角色待他。但穆罕默德發現圖瓦伊里是兩面人。圖瓦伊里一方面假裝支持他，一方面採取阻礙穆罕默德在家族位階爬升的措施。「他設陷阱阻礙我。」穆罕默德告訴友人，並描述圖瓦伊里在每個緊要關頭嘗試迫使他離開政府，或者在計謀失敗後賄賂他，希望他得意忘形。穆罕默德也對他懷恨在心，因為幾年前圖瓦伊里假借阿卜杜拉的命令訓誡他，責備他輕視高階軍事將領。

在阿卜杜拉臨終時，伊本．紹德尚存的最小的兒子穆克林．本．阿卜杜拉．阿紹德是王位繼承的第二順位人選。圖瓦伊里和阿卜杜拉家族聯盟把穆克林視為，反對任何嘗試提升年輕穆罕默德地位的緩衝。他們設想，如果不能把沙爾曼排除在繼承順位外，他們至少必須保留穆克林。

七十九歲的沙爾曼國王身材高大，留著染黑的山羊鬍子，半世紀以來他一直是家族的執法者——也是紹德家族祕密的保守者。年輕王室家族成員傳聞，沙爾曼一定在紹德家族重要人物的臥房安裝了攝影機。

三世代的王子和他們的食客訴說他們因為喝酒、在首都郊外超速駕車，或嘗試進行無恥的貪腐計畫，而被沙爾曼戴著粉紅色黃金翡翠戒指的手甩耳光的故事。

他的脾氣是皇宮傳聞的主題。沙爾曼經常顯得沉默和深思，在晚上的牌戲時間喜歡引述伊斯蘭詩句。但在感覺到有人表現不尊敬時可能突然暴怒。一九九〇年代有一次走在當時他哥哥法赫德國王位於吉達的宮殿時，一名法赫德的長期侍衛阻擋他的路令他大為震怒。那名侍衛告訴他，國王正在忙。

沙爾曼掌摑那名侍衛，用力到他的戒指飛過房間。「我是親王！你是誰？」沙爾曼咆哮道，年輕朝臣和僕役紛紛爬在地上尋找那枚戒指。在法赫德斥責他的弟弟後，沙爾曼留下一個裝了十萬利雅爾——超過二萬美元——的信封給那名侍衛。「拿給那個白痴。」沙爾曼離開時小聲抱怨說。（一名王室成員宣稱沒發生這件事。）

不像伊本·紹德的其他兒子，用權力向在王國做生意的企業榨取金錢，沙爾曼對聚積財富較不熱衷。他把王室的津貼用在他的宮殿、妻妾和子女上，並且把精力用於管理紹德王朝的歷史權力中心利雅德。

在擔任利雅德省總督四十八年期間，沙爾曼掌握下利雅德的數百萬英畝土地，自他上任時的小村莊轉變為人口超過五百萬的現代城市，因而增值。沙爾曼也負責維繫與瓦哈比派教士的關係，他們對紹德王朝的忠誠可以追溯到瓦哈比本人——從王國創建以來，他們的支持就協助紹德家族持續擴張和維繫權力。

沙爾曼歡迎他的宮殿裡有多樣的觀點，並鼓勵其他親王不容許的辯論。他的沙烏地研究和行銷集團擁有中東最大的兩家阿拉伯文報紙。它們不只是政府的傳聲筒，而且鼓勵區內各地針對當時重大議題發表不同的看法，特別是巴勒斯坦議題。但另一方面，它們從來不敢質疑君主政權或批評沙烏地的外交政策。沙爾曼每週邀請作家、學者和外交官晚餐。他告訴一個美國友人，他會閱讀每一個沙烏地作家寫的每一本小說。

沙爾曼和他較大的兒子關係很冷淡。在還是一個疏遠而傲慢（沙爾曼的長子出生時他才十九歲）的年輕爸爸時，沙爾曼是個專注在教育年輕人嚴格紀律的執行者。他希望他的兒子們知道這個世界不只是石油和瓦哈比教義，這兩個沙烏地阿拉伯的基石。人生充滿詩歌、文學和理念，而父親曾騎在駱駝上征戰沙烏地阿拉伯的沙爾曼，希望他自己的兒子們，汲取日後有助於他們成為政治家的知識。

定期到西班牙和法國度假，為沙爾曼的茶屋帶進知識分子和生意人。敘利亞─西班牙的凱雅利商人家族成員是他宮殿的常客，長期統治敘利亞的阿薩德家族成員也經常造訪。在巴黎，沙爾曼邀請律師和政治人物來討論和辯論，主題往往是中東分崩離析的政治情勢。

這些學習似乎造就了沙爾曼與他第一個王妃蘇塔娜・本特・圖爾基・阿蘇達利從一九五〇年代開始生的兒子們。他們出國求學並學會多國語言。法赫德和阿梅德成為成功的商人，經營沙烏地研究和行銷集團，並與優比速（ＵＰＳ）成立獲利豐厚的合資企業。蘇丹搭乘美國發現號太空梭，成為第一個進入外太空的沙烏地人；阿卜杜勒阿濟茲是原油出口商，並處理與其他產油國政府敏感的關係；費瑟是學者，以一九六八年到一九七一年波斯灣國家與伊朗關係的論文取得牛津大學政治學博士學位。他們在美國和倫敦結交朋友，並經常與海外的政治人物會晤。他們令人印象深刻，對國際和西方的觀點具有敏感度。對一些人來說，他們似乎不像沙烏地人。他們甚至反對沙爾曼在維持與他們母親的婚姻關係下，決定再娶一個王妃——雖然這是一個有悠久歷史的沙烏地文化傳統。

當時是一九八三年，王子們的母親蘇塔娜・阿蘇達利正在匹茲堡一家醫院接受腎臟移植手術。蘇塔娜是在王室家族備受尊敬的人物，甚至受到五個兒子和女兒的崇拜。這一家人帶了數十名親戚和助理組成的隨從來到匹茲堡，他們每天早上會趕到長老會大學醫院的大廳，確保沙爾曼抵達時他們已經等在那裡。然後在兩名保鑣的護衛下，沙爾曼會在醫院裡踱步，等候醫生的消息。

在前往匹茲堡前，沙爾曼三個最大的兒子法赫德、蘇丹和阿梅德，得知他們的父親準備娶一個年輕許多的女人。這不是不尋常的事；在娶她之後，沙爾曼仍然只有兩個妻子，而在沙烏地男人可以同時娶四個女人。但他已經西化的兒子認為一夫多妻制已經過時，而且對他們母親是羞辱，特別是在她正面對攸關生死大病的敏感時期。

沙爾曼不理會兒子們的顧慮，但在匹茲堡，法赫德表達更強烈的反對，他衝出醫院前往附近的機場，登上一架私人飛機，在飛機上寫了一封給他父親的信，請信差帶回匹茲堡。法赫德寫道，別娶這個女人，那是對你妻子的侮辱。

沙爾曼還是娶了她。這個年輕女人法赫達・本特・法拉赫・希特蘭是阿吉曼部落酋長的女兒，該部落有與紹德並肩作戰——有時候也反抗紹德——的悠久歷史。兩年後，法赫達生下她的第一個兒子穆罕默德・本・沙爾曼，後來又生了五個兒子。

這六個兒子的教養與年長許多的哥哥們大不相同。已屆中年的沙爾曼不再像撫養第一個王妃所生兒子時那般嚴厲。一名隨從回憶說，在與法赫德國王的兒子位於吉達家中的晚間牌戲時，五歲的穆罕默德跑進房間並開始扯下每個男人的頭巾。小男孩踢翻一杯茶，並把紙牌丟到地上，然後沙爾曼才笑著制止他，並給這個矮胖的孩子一個擁抱。「把穆罕默德帶回去。」沙爾曼告訴男孩的照顧者。年幼的穆罕默德繼續踢那名保姆的胯下。

穆罕默德和他的同母弟弟們沒有培養出第一王妃所生兒子對學術和在外國生活的熱愛。在年長的哥哥們建立自己的事業時，少年穆罕默德似乎沒有目標。他有在家庭活動時做白日夢的習慣，一些人誤以為是精神不集中的傾向。在馬貝拉或其他地方度假時，他和他弟弟哈立德會到處探險或在海裡浮潛。他會花好幾個小時玩電腦遊戲，包括可以建立軍隊或征服敵人的「世紀帝國」系列遊戲；他也酷愛吃速食。沙爾曼仍然會邀請教授和作家並舉辦每週討論會，但他對穆罕默德減少玩遊戲和學習課業或讀書的要求聽起來像是嘮叨，多過於這位親王過去對較年長兒子下的嚴格命令。

一天下午，沙爾曼接到一名慌亂的幕僚打來電話：不滿十歲的穆罕默德在當地的一家超級市場，穿著一身軍服引發一場混亂。警察想拘捕他，但年輕王子說他們不能這麼做。他是國王的姪子、利雅德總督的兒子。沙爾曼私下解決這件事，但很顯然這個嚴厲的老人對穆罕默德有個弱點，因為兩人將近五十歲的年齡差距讓穆罕默德更像是他孫子。

二〇〇〇年在一次坎城的家庭旅行中，沙爾曼邀請巴黎名叫海特姆（Elie Hatem）的律師過來；海特姆因為與支持君主政治的團體共事而認識沙烏地王室家族，並經常在他們前往法國期間接待他們。有一天海特姆前來共進午餐時，沙爾曼告訴十五歲的穆罕默德：「不要老是玩電腦遊戲，去讀書。」兩個男人慢慢享用各式豐盛的中東料理，穆罕默德吃的卻是麥當勞。男孩懶散地回答：「好，爹地。」

另一個下午，沙爾曼要求海特姆監督穆罕默德，並吩咐務必讓他做點有用的事。沙爾曼告訴這位律師，鼓勵他閱讀任何東西，即使是雜誌或報紙，但不能玩電腦遊戲。男孩卻一直看電視。

這次法國之行後不久，少年王子的世界發生了變化。他的發現將在日後改變他對金錢和權力的了解。雖然像海特姆這些旁觀者看到的是一個漫無目標、在有成就的兄長陰影下無所事事的年輕人，他們卻不了解這位王子多年來在一旁領悟的東西。他的哥哥們也許從父親請來的教師學到許多教養和學識，但穆罕默德卻能就近觀察沙爾曼，並學習有關權力的事。

到了阿卜杜拉臥病不起時，穆罕默德已將近三十歲，成為阿卜杜拉的兒子和朝臣的可怕對手，而且比任何人預料的更精力充沛、有創造力和更凶狠。他堅定地相信自己知道這個國家需要的不只是生存下去，而且要興盛發展。由於在二十幾歲時緊隨在父親身邊而非離開沙烏地阿拉伯求學，穆罕默德得以深入了解王室家族內部對手的弱點。

沙爾曼作為家族執法者的角色隨著王室成員增加而益加繁重和棘手。每個親王最多可以同時有四個妻子，而且每個妻子可能有三、四個兒子和數量相當的女兒。在沙爾曼擔任利雅德總督四十八年間，整個家族擴大到約七千名王子和人數差不多的公主，所有人都覺得有權利分享王國的石油利潤。許多人過著富裕但相對正常的生活，有些人變成慈善家或投資人；但另一些人變成無賴、賭徒或酒鬼。還有不少人極度貪婪，花費無法想像的錢在收藏布加迪汽車和百達翡麗名表上，以致於「沙烏地人」在西方城市變成揮霍無度的消費主義的同義詞。

奢豪的生活為統治國家製造一個問題。伊本．紹德和他登上王位的兒子們至少有一部分童年在沙漠中度過，曾接近支持他們的貝都因人戰士和保守派教士。對他們來說，嶄新的凱迪拉克、帶著獵鷹打獵，和山珍海味就是奢豪的生活。但新的世代在海外留學，長時間住在倫敦梅費爾和巴黎十六區的尊貴泡泡裡。許多人遺忘了一部分沙烏地文化，以及他們對被紹德王朝緊緊擁抱的伊斯蘭教利益的了解。

進入二〇〇〇年代後，許多紹德家族最傑出和聰明的人已與沙烏地脫節，無法與國內激增的年輕人連結。沙烏地阿拉伯日增的人口與世界其他地方的連結日增，他們對穿拘束衣般的生活也更加煩躁不安，而這要歸因於智慧手機和社群媒體普及。但這些年輕一輩的親王對國內發生的事大多麻木不仁，只顧著度假或追求學位。

沙爾曼嘗試扮演阻擋這種身分意識淪喪的防波堤，為那些對保守的沙烏地阿拉伯而言，不適合西方行為而管教王子。對許多人來說，他似乎自視過高，是一個只能在家族內和王國內發號施令的紹德家族成員，但永遠無法攀升到高於利雅德總督的職位。對沙爾曼來說，他做這些似乎徒勞無功。

到二〇一〇年阿卜杜拉國王統治第五年後，沙爾曼已經七十歲，還有兩個成就相當的哥哥阻擋在他和王位之間。在阿卜杜拉統治的大部分時間，皇宮總長圖瓦伊里沒有理由把沙爾曼或他的兒子視為威脅，因為他們距離繼位順序還太遠。

然而兩位哥哥分別在二〇一一年和二〇一二年相繼去逝。這兩次阿卜杜拉都自己冊立一個新王儲而未經忠誠會議決定繼位人選，雖然他設立這個會議就是為了這個目的。在第二個哥哥去逝時，阿卜杜拉冊立沙爾曼為王儲，並指定他最年輕的尚存弟弟前情報局長穆克林為副王儲。

隨著阿卜杜拉身體日益虛弱，圖瓦伊里嘗試製造國王和王儲間的距離。他仍然希望阿卜杜拉不排除除名沙爾曼。圖瓦伊里有時候拒絕沙爾曼和他兒子使用皇家飛機。當沙爾曼希望安排晉見時，這位皇宮總長會告訴他阿卜杜拉太忙。這種情況經過幾個月後，沙爾曼在一次家族聚會看到阿卜杜拉時終於明白是怎麼回事。「為什麼你不再來看我？」國王問他：「你是我最愛的弟弟之一。」沙爾曼了解圖瓦伊里嘗試排擠他。

圖瓦伊里啟動他的耳語網絡，散布沙爾曼出現痴呆症狀的說法，嘗試加快繼承計畫。他收買其他有影響力的王室成員以進行，他宣稱是思想開明的阿卜杜拉最後的大改革：把王位傳給下一代。也許阿卜杜拉的兒子之一——可能是米特卜或圖爾基——可以列入副王儲的繼承順序，以便將來繼承王位。也許可以把與中情局和美國國務院關係緊密的內政安全大臣穆罕默德．本．納伊夫（Mohammed bin Nayef）列入繼承順位，以有助於爭取美國的支持。納伊夫也控制勢力龐大的沙烏地內政部。由於阿卜杜拉的兒子們控制沙烏地國民警衛隊——傳統上保護王室家族的貝都因部隊——這兩大勢力的結盟將可穩穩控制軍方。

為了讓他的計畫成功，圖瓦伊里必須在沙爾曼能夠干預前做好家族間最後的安排。最好的方法是讓阿卜杜拉在沙漠中去逝，沒有其他家族成員在身旁。那將給圖瓦伊里時間，至少數小時，也可能幾天，以整備這項計畫的支持，確保沙爾曼不安插他的兒子之一擔任重要職位。隨著阿卜杜拉在沙漠帳篷裡氣息逐漸變弱，圖瓦伊里下達一項命令：別告訴沙爾曼。

阿卜杜拉的兒子們緊張不安，但支持這項計畫。他們相信自己適合統治王國。在阿卜杜拉最後一次病倒前，他兒子米特卜告訴美國大使威斯特法爾（Joe Westphal），他預期自己將被列為王儲人選。

圖瓦伊里很快將發現，他的計畫有一個問題，就是他的團隊有缺口。在阿卜杜拉家族看不到的地方，穆罕默德・本・沙爾曼組織了一群忠心而有效的官員，在王室家族和家族以外蒐集資訊。他們向穆罕默德報告國王的情況，而且穆罕默德確保讓紹德家族高階成員也知道狀況。

更多的家族成員知道後對國王惡化的情況感到震驚。即使是原本知道他已罹患癌症的成員也不知道他多接近死亡。他們施壓圖瓦伊里把阿卜杜拉從沙漠行宮移到利雅德由國民警衛隊管理的醫院。遷移的工作在黑夜掩護下進行，醫院撤離所有可能洩露國王已命在旦夕消息的人。一名驚訝的醫生告訴友人，他被迫翻越圍牆從後門進入醫院檢查病人。為了製造假印象讓人民認為王位繼承一定會天衣無縫而且勢在必行，保密極其重要。

這時候阿卜杜拉家族和圖瓦伊里已不得不放棄保住王位，他們最多只能期望如果沙爾曼繼承王位，新王儲是一個對阿卜杜拉的子女沒有惡意的人。也許最重要的是，確保沙爾曼不會冊立他的兒子穆罕默德為新王儲。因此他們散播這位年輕親王沒有專長、行事粗暴和個性貪婪的故事。

不確定的情勢仍持續了幾天。皇宮在醫院外面架設帳篷，以接待前來探視垂危國王的朋友和親戚。數千名沙烏地人——其中有許多是貧民——聚集在醫院四周徹夜禱告。利雅德美國大使館的官員不斷聽到親王們將召開會議，以決定阿卜杜拉的繼承人，但始終無法確定開會的時間。

大多數訪客在帳篷與米特卜、圖爾基或阿卜杜拉的其他兒子坐在一起，只有親近國王的人被允許進入阿卜杜拉被安置在一樓房間的醫院。訪客走過一條一百碼的走廊，經過其他病房，來到一面七呎高的玻璃窗。玻璃窗後就是瀕危國王的臥床房間。

阿卜杜拉住院幾天後，穆罕默德打電話探詢他伯父的病況。別擔心，圖瓦伊里回答，他很穩定。這聽起來令人難以置信。兩天前國王的一個年長女兒才到醫院探視她父親，透過玻璃窗看到他額頭蓋著一條綠布，看不出他呼吸的跡象。她對陪同探視的人說，他看起來好小，他看起來像是死了。

不久後，穆罕默德接到一通電話說阿卜杜拉已經逝世。他催促他父親坐上一個車隊，疾馳到國民警衛隊醫院。他們發現圖瓦伊里等在走廊。沙爾曼已經受夠這個人了。他掌摑這個皇宮總長一個耳光，聲音大到響徹醫院走廊，穿透候診室的牆。這時候圖瓦伊里知道他在嘗試邊緣化沙爾曼所下的重注已經全盤皆輸。這位新國王和他身邊的年輕兒子以掌摑一個耳光宣告了新統治的開始，而這個新統治將和過去王國封邑林立、王侯交相掠奪駱駝、糧草和黃金的時代大不相同。

阿卜杜拉國王駕崩的消息花了幾天時間才傳開，部分原因是國內的新聞記者在皇宮的要求下延遲報導。在不公開的情況下，沙爾曼立即解除圖瓦伊里的忠誠會議祕書長職務，並驅逐他離開皇宮，但還保留許多其他官員的工作。出任沙爾曼皇宮總長的穆罕默德不動聲色地投入構思和規劃。當他父親疲倦或需要休息時，穆罕默德挑燈夜戰，主持會議和打電話。無疑的，這是穆罕默德施展長才的機會，正如他年邁的父親終於等到揚眉吐氣的時候。

到了該宣布的時候，沙爾曼冊立他的異母弟弟穆克林為王儲，和他姪子穆罕默德．本．納伊夫為副王儲。這個似乎經過深思熟慮的安排，目的在於向全國各地掌控小權力的大家族和部落酋長保證一切照常運作。在改制期間，被任命為國防大臣的穆罕默德．本．沙爾曼仍未被列入立即的繼承順序中，雖然他已展開一連串雄心勃勃的計畫，但出於尊重仍默默順從比他年長的家族成員。

較自由派的家族成員擔心，沙烏地阿拉伯陷於困境的另一個時代正要到來。許多外交官對過去半世紀來這個王國改變步調的評語是「像冰河」。他們完全不知道這個國家即將展開一場巨變。

CHAPTER 2

穆罕默德・本・沙爾曼

二〇一五年一月二十三日—五月一日

圍坐在沙烏地國防部戰情室桌子的將軍們認為，他們很了解即將發生什麼事。他們已經率領沙烏地軍隊數十年，並相信他們的新國防大臣會和舊國防大臣差不多。在面對逆境時，沙烏地阿拉伯一直是追隨長期保護者美國的領導。今天和這整週他們將進行嚴肅的商議，然後決定再做更多嚴肅的考慮，直到華盛頓特區決定該怎麼做。

但當二十九歲的穆罕默德．本．沙爾曼帶著他管理沙烏地軍方不到八週的經驗，坐在V形桌子的首位並下達前所未聞的「派遣F15」命令時，他們驚嚇得沒有人出聲。沙烏地阿拉伯不只是準備打仗，而且是帶頭開戰。

胡希（Houthi）叛軍已經穿越沙烏地阿拉伯的鄰國葉門，攻下一個又一個城市。他們的猖狂、來自伊朗的支援，迫近利雅德，使得這支游擊部隊成為南方邊界的重大威脅。

對沙烏地阿拉伯來說，沒有比伊朗更大的威脅，它的什葉派教士認為中東是他們的戰略範圍。伊朗供應的飛彈和軍事硬體讓叛軍信心大增，敢於面對更強大、裝備更好的沙烏地軍隊。一天前，叛軍指揮官宣稱，如果沙烏地阿拉伯干預，胡希軍隊的占領將不會止於麥加，而會「直搗利雅德」。

穆罕默德不會容忍這種威脅。那是在二〇一五年三月，他下令展開沙烏地歷史上最雄心勃勃的軍事行動。和他手下的將軍們一樣，這個突然的決定大出美國的意料。一名美國國家安全會議官員回憶說，當沙烏地不久後連絡白宮，詢問美國是否想加入轟炸行動時，「我們措手不及」。

在發動攻擊前一週，穆罕默德與國王和皇宮顧問舉行非正式會議，他保證採取快速而猛烈的戰術。「戰爭會在兩個月內結束。」他告訴沙烏地官員和美國國務院連絡人。

美國國務院和沙烏地的將軍很緊張。雖然美國多年來鼓勵沙烏地阿拉伯接管自己的安全事務，沙烏地卻從未帶頭發動攻擊，讓人民的安危和軍隊的作戰能力面對考驗。和這位從未接受過軍事訓練的激進年輕親王恰成對比，許多將軍長期在美國的西點軍校或英國桑德赫斯特的皇家軍事學院學習，他們對動用任何軍力都極其審慎，而且知道葉門地形多山、人口分散，還有不畏死戰的士兵，過去一百年來都是任何外國強權難以征服的國家。

美國的安全官員已習慣看到一群小心翼翼且恭敬順從的親王，但現在他們突然發現面對的是一個新類型的領導人，這個領導人似乎完全不在乎丟炸彈，而且不管美國是不是支持。白宮拒絕涉入，但開始提供情報和攻擊的目標。

沙烏地戰鬥機在阿拉伯聯合大公國和其他阿拉伯盟國戰鬥機的助陣下越過邊界，對胡希叛軍的軍事掩體投擲雷射導引炸彈。問題很快浮現。雖然沙烏地阿拉伯擁有高科技武器，卻未必有使用它們的技術。

由於擔心市民捲入危險的地面戰爭，沙烏地軍方採取以空襲為核心的戰略。軍官會在他們攻擊的葉門地區地圖上畫格線，然後沙烏地軍方會派出外國部隊前往——其中有些是貧窮的蘇丹獨裁者為交換援助而送來的青少年士兵——以撤走每個方格裡的平民。轟炸緊接著開始，任何尚未撤走的人都被視為戰鬥兵員，高科技飛彈則根據美國協助提供的情報瞄準目標，展開準確的攻擊。

這個戰略很快就行不通。外國士兵並未確實清除平民，轟炸的協調工作也經常出差錯。有時候計畫者使用的地圖和戰鬥機駕駛員的不同。即使是協調正確，沙烏地空軍的地面無線電有時無法與戰鬥機通訊。當發生這種情況時，駕駛員必須貼近地面飛行，以便任務控管人可以透過行動電話告訴他們轟炸目標。雷射導引系統經常未調校精準，導致炸彈偏離設定的目標。

果斷風暴行動造成中東動盪的情勢出現令人不安的升高，但當時很少觀察家看出它將演變成一場災難——以及它是沙烏地阿拉伯正朝向一個新方向發展的跡象。

穆罕默德成功地對王國內部做了一次力量展示。在第一波攻擊數小時內，沙烏地政府發布他帶著果斷表情研究地圖和聽取軍方將領報告的照片。這場戰爭強化了穆罕默德是新類型領袖的印象。他在面對挑釁時不會退縮。

轟炸葉門開始後不久，副總統拜登的安全顧問布林肯飛到利雅德嘗試了解情況。他會見美國最信任的沙烏地連絡人穆罕默德·本·納伊夫，當時納伊夫似乎一臉不屑。他不太想討論葉門情勢，並暗示那是錯誤的決策。事實上，他告訴一名前美國情報官員，穆罕默德在發動第一波對葉門的攻擊前甚至沒有先警告他。這場戰爭不是納伊夫的戰爭，而且他似乎不想涉入。布林肯帶回華盛頓的問題比答案多。

對白宮幕僚來說，顯然穆罕默德・本・沙爾曼是被賦予地緣政治重大決策權力的親王。而且他很快就做出那些決定，甚至是魯莽地。華盛頓方面可能開始手忙腳亂地更新他的個人資料——他的出生日期甚至很少人知道。如此野心勃勃的王室成員為什麼多年來未被他們的王室觀察人員發現？

葉門轟炸行動後，這位親王被提到的頻繁程度讓他需要一個方便的縮寫：MBS。美國官員和情報分析師深入挖掘他的歷史，發現穆罕默德的崛起比他們了解的更非比尋常。他不只是從歷史上著名的將領和戰士學習到他的狂妄自大，他的學習也來自閱讀美國企業大亨的故事。

讓穆罕默德從青少年時期的麻木、沉溺於電腦遊戲和速食中翻醒的是金錢，或者說是他「感覺缺少金錢」。有一次在和一個堂兄弟談話時，這位當時十五歲的親王得知，他父親雖然是最有權勢的紹德家族成員之一，卻沒有在擔任公職的數十年間積攢像樣的財富——以沙烏地的標準來看。更糟的是，他還積欠其他親王和企業人士債務，成為可能為沙爾曼家族帶來危險的弱點。

這導致穆罕默德為自己家族分枝的未來前途感到焦慮。日後他說：「那是我人生遭遇的第一個震撼和挑戰。」不久後，穆罕默德向沙爾曼提出一個對王子來說很奇特的要求。「我想開一家店。」他說。沙爾曼大笑起來。你只管把學校功課學好，沙爾曼回答，不知道他兒子的要求底下的焦慮。

以一般人的角度看，沙爾曼和他的子女過著極其富裕的生活。他們在沙烏地阿拉伯有宮殿，在西班牙馬貝拉有廣闊的度假別墅，那裡的園丁在草坪剪出「沙爾曼」的形狀，在摩洛哥丹吉爾附近的海邊還有一個大學校園般大的宮殿區。每個地方都有數十名員工等候滿足任何突發奇想的皇家需求。問題是沙爾曼花掉他石油利潤的大部分而未儲蓄或投資，而且他不像其他較有生意頭腦的親王那樣創立賺錢的副業。他手上沒有銷售賓士汽車或經銷奇異（GE）產品的執照——這些都是親王們用來增加收入的方法。

在沙爾曼蓄積更大政治實力的同時，以紹德家族的標準來看他的財力卻相對薄弱。雖然他的近親投資一些公司和房地產，但過的卻是奢豪的拮据生活，仰賴來自國王和國庫的津貼。如果這些錢來晚了，他可能無力支付幕僚的薪資。在二○○○年代巴黎盛傳沙爾曼親王和他家人積欠承包商和僱員的錢六個月時，朋友和家族成員都大吃一驚。為了展現親王對前來尋求協助的平民通常會展現的慷慨，沙爾曼經常開朋友經營的國內銀行的支票，而且這位朋友經常得自己掏錢兌現支票。

如果沙爾曼家族被進一步排擠到權力中心之外，財力薄弱將變成沙爾曼子女的嚴重問題。他們的收入將愈來愈少，且分配給人數愈來愈多的後代，而且他們將仰賴不管是誰繼任的國王施捨。穆罕默德知道自己遠離權力核心，且未被列入繼承順位。他想，唯一的解決辦法是成為家族裡的企業家。幾年後，他放棄開店的計畫，開始對石化產業感興趣。

當時他在訪問科威特時，問一名政府官員科威特人能不能為他生產石油提煉的副產品瀝青，那是他構思的新事業之一。他們後來回覆他，只能供應他要求數量的百分之四十。「不夠好。」他告訴他們：「我的計畫是在兩年內比阿瓦里德．本．塔拉勒更有錢。」

阿瓦里德是當時全世界最著名的沙烏地人。他經常出現在國內和國外的電視，是華爾街和一般媒體熟知的人物。他過著人們印象中沙烏地親王所過的最奢華生活。即使是家族地位遠不及穆罕默德的阿瓦里德的兒子，也開著藍寶堅尼跑車逛利雅德。企業執行長無不希望會見這些王子，名人也想被看見和他們交往——只要這些王子願意支付帳單。沒有人想和沙爾曼一起狂歡，他就寢前的最刺激的活動就只是玩一場稱為巴魯特的四人紙牌遊戲，然後每天早上七點起床。

穆罕默德也對股票交易感興趣。多年來他積存父親和伯伯法赫德國王給他，當作齋戒月結束的開齋節禮物的一些金幣，到他十六歲時他變賣這些金幣和幾只作為禮物獲得的高級手表，總值大約十萬美元。這些錢變成他展開股票交易新生涯的初始資本。他買進、賣出，後來他說，最後他「破產」了。

不過，剛開始他的投資組合價值確實一度增加。穆罕默德開始擴大投資規模，追逐短暫獲利的快感。他曾有過在沙烏地阿拉伯上大學後出國，然後進入銀行、電信或房地產業的雄心。

那些雄心因為家裡更迫切的需要而破滅。在穆罕默德十七歲時，他最年長的異母哥哥法赫德突然死亡；王室認定是心臟病，但法赫德的身體向來健康。法赫德是沙爾曼的長子，在他父親年僅十九歲時出生。他曾擔任政府官員、企業家和賽馬馬主。他的暴斃令沙爾曼心碎。

兩個月後發生二〇〇一年九月十一日的恐怖攻擊事件，和後續對沙爾曼支持伊斯蘭捐款的調查，其中部分款項被發現流向恐怖活動。次年七月，在法赫德死亡將近一年時，沙爾曼的兒子阿梅德死於心臟衰竭，年僅四十三歲。另一名堂兄王子在趕赴葬禮途中死於利雅德的一樁汽車事故。

對沙爾曼親王來說，這一連串悲劇幾乎難以承受，而穆罕默德始終隨侍在側。在許多沙烏地王子會離開王國前往波士頓、倫敦或巴黎受教育的年齡，穆罕默德把他的注意力轉向國王。他進入紹德國王大學，並把大部分空閒用在他父親會見顧問和請願者的房間做筆記。沙爾曼把他最偏愛的兒子留在利雅德還有另一個原因：看到較大的幾個兒子在海外喪失部分沙烏地的認同意識後，他希望以自己在國內的形象來栽培穆罕默德和他弟弟。「我沒有到索邦大學學習如何當王子。」沙爾曼有一次告訴一名訪客說。

那不是沙爾曼的風格。伊本．紹德曾說：「要成為眾人的領袖，就必須接受自己國家的教育，與自己的人民為伍，並在充滿傳統和同胞精神的環境中成長。」

身為利雅德省總督，沙爾曼的國際知名度比他的一些兄弟低，但他統治稱作內志（Najd）的中心地區，是紹德部落的祖傳家園。他控制實體的不動產交易，與支撐統治家族的宗教領袖打交道，並掌管逮捕和在利雅德狄拉處決人犯的大權——這個廣場因為頻繁執行斬首而被稱為砍頭廣場。他懲罰行為失檢的王子，仲裁家族成員的爭鬥，也是族譜的管理人，負責紀錄沙烏地部落數世代的家族關係。

沙爾曼也是他家族長期擁護瓦哈比派的標竿。他捐錢給世界各地的伊斯蘭教學校。他也對王國最重要的國際關係抱持懷疑的觀點，認為沙烏地—美國的結盟基本上是交易性的，而不是許多重視外交政策的親王宣稱的與美國有深厚的友誼。

一位駐利雅德的美國官員還記得沙爾曼第一次在他的議會——一個像巨大洞穴的房間，擺著許多長沙發，讓親王用來接見前來請願的大眾——召見他。一名幕僚帶他來到坐於房間後牆中間一張大椅子的親王前。一長排請願者坐在親王右邊。親王用手示意這位美國外交官坐在他旁邊的椅子。「我很歡迎你來。」他說：「我知道沙烏地阿拉伯和美國永遠會保持特別的關係。」當這位外交官謝謝他時，沙爾曼用一句但書打斷他：「只要你們繼續賣武器給我們。」

另一位美國官員陪同當時的副總統錢尼訪問王國時，在利雅德的晚宴發現自己坐在還是利雅德總督的沙爾曼旁邊。在錢尼與國王談話時，沙爾曼問這位官員一個問題：「你想不想知道過去四十年來我怎麼管理利雅德？」

「當然。」這位官員回答。

「我每週召開三次議會。」沙爾曼說：「一次為宗教學者，一次為一般人。我甚至讓打掃街道的孟加拉人來。因為我不知道孟加拉清道夫怎麼想的時候，就是我們失去權力的時候。」

有些晚上穆罕默德會與朋友進入沙漠，要侍從架起帳篷和升起營火。他們在沙丘間競駛四輪車，比賽足球，和玩電動遊戲。在營火邊吃從麥當勞買的速食或較傳統的食物時，穆罕默德會告訴他的朋友他如何成為億萬富豪的計畫。他們會談論賈伯斯和比爾．蓋茲這些藉由追求結果和比競爭者聰明來建立長久基業的人。他也會以充滿魅力和使命感的語調，談論沙烏地年輕人日益升高的挫折感和絕望。一名在場者回憶，有一天晚上他說：「我們是決定我們這個世代前途的人。如果我們不站起來，誰會站起來？」

穆罕默德早年也對亞歷山大大帝十分著迷，他讀過許多有關他的歷史書，並且欽佩他建立帝國的英勇事蹟。當時就已親近他的友人日後稱呼穆罕默德為「伊斯山大」，即阿拉伯的亞歷山大大帝。

有一天，利雅德一家企業集團——經營報紙、電信和家具事業——的七十幾歲創辦人阿布都拉赫曼．杰來西（Abdulrahman al-Jeraisy）接到一則出乎意料的訊息。沙爾曼親王的兒子穆罕默德想借一百萬利雅爾，大約二十五萬美元。那不是一個不能拒絕的請求，但杰來西也不能置之不理。他的家族企業以利雅德為基地，而沙爾曼親王掌管這個城市。明智之舉可能是支付二十五萬美元，避免拒絕可能引來的麻煩。法赫德．奧貝坎（Fahd al-Obeikan）的家族在利雅德有一家製造公司，也接到類似的請求，不同的是穆罕默德想向他借五十萬美元。這些企業家和其他人都交出錢。

王子把錢投入美國股市，幾年後在沙烏地阿拉伯成立自己的股票交易所時，他也投入資金。沙烏地證券交易所是一個沙烏地王子很容易賺錢的地方。在那裡掛牌交易的公司不多，大多數公司股價受政府措施影響，而對一整天待在皇宮的人來說，蒐集內線消息是輕而易舉的事。

穆罕默德也開始設立自己的公司並收購其他公司的股權。他創立一家收運垃圾的事業，和數家以利雅德西南部懸崖風景區突韋克為名的房地產公司。最後他以自己的名義持有十幾家沙烏地阿拉伯企業的持股，這在沙烏地阿拉伯是相對罕見的作法，大多數有權力的人都透過代理人或祕密安排擁有龐大的產業。這種透明性是急切和天真的跡象。

公司登記顯示穆罕默德和他的弟弟持有股權的一家科技公司，從政府取得備受垂涎的寬頻執照，他們也持有養殖魚業、營建開發、商品交易以及餐廳事業的股權。他們在利雅德擁有一個辦公室區，而且他們的控股公司旗下的子公司，與路易西安那州一家醫院合作，以便把沙烏地病患送到美國接受器官移植。

穆罕默德投入房地產開發事業。沙爾曼擔任利雅德總督期間一直難以解決的問題之一是土地投機。隨著資金湧入利雅德，收購未開發土地並長期持有的企業家和王室家族成員，都希望在土地增值後變賣以賺取厚利，而不願意自己開發。

穆罕默德專注於興建住宅，這是他為父親工作的結果。他開始與富有的地主交易：如果他們貢獻一部分土地，他就會找一家開發商在土地上蓋房子。然後開發商和地主可以共同擁有新開發區，而穆罕默德將為他的家族取得一個比率的利潤。這個運作模式很划算，因為對新住宅的需求很大，而且沒有地主或營造公司能斷然拒絕利雅德總督的兒子。日後他將嘗試以更大的規模複製這個模式。

看到在國內略有斬獲後，穆罕默德開始建立外國的關係。他知道皇宮裡有些較年長的王子有管道取得他無法得知的政府監視資訊，於是開始發展自己的情報蒐集能力。大約在二〇〇六年他找上華盛頓特區的智庫高階國防研究中心（CADS），這家智庫專門利用公眾可得的資訊來偵測非法融資網絡。穆罕默德要求該智庫在他自己的辦公室設立一個私人機構，但遭到智庫管理團隊婉拒。

王子請一些外國企業的連絡人來他家族的住所，招待他們與沙爾曼和他的隨從談論私人生活與哲學。這位青少年現在已長成一個高大的年輕人，經常坐在一旁專注聆聽，但很少說什麼。如果他偶爾插嘴時，往往是從歷史書或宗教典籍讀到的故事。有一次在巴黎談論太空以及神的本質時，穆罕默德以一段出乎意料有關可蘭經的引文加入談話。這時候他也已經與一位表親莎拉．本特．瑪赫修爾結婚，並立即有了小孩，最後成為兩個兒子和兩個女兒的父親。

穆罕默德從閱讀的歷史書開始以衝突的觀點看待世界。他對美國這類強權可以像殖民時代的帝國那樣控制沙烏地阿拉伯感到氣憤。「他的腦袋似乎有一個敵人，而西方有點像是羅馬帝國，或拜占庭人。」他的一個知己回憶說。穆罕默德王子在二〇〇〇年代初對他說，西方強權「沒有善待我們」。

這些談話讓只說阿拉伯話的穆罕默德看起來比他被西化的哥哥們更像傳統的「沙烏地人」。但穆罕默德用一個美國人形容的「磁力」吸引這些人，讓這個美國人更想接近這位王子。這個美國人發現，穆罕默德透過他父親的權力和他自己的野心激發眾人的忠誠，但更重要的是，他巧妙地讓進入他軌道的政治人物，感受到自己有多特別的技巧。

穆罕默德也把這種魅力轉變成商機，他透過中間人說服美國行動電話巨擘威瑞森投資在沙烏地阿拉伯的光纖基礎設施。這項在二〇〇八年敲定的交易讓威瑞森擁有一家合資事業的少數股權，而穆罕默德旗下許多公司之一則是最大合夥人。威瑞森當時由巴爾（Willam Barr）主管的法務部門派出律師希利曼（Craig Silliman）——威瑞森目前的法務長——前往沙烏地阿拉伯。希利曼與穆罕默德坐下來討論交易的細節。巴爾後來成為美國司法部長。

這樁交易成功地打響穆罕默德的名聲。「我兒子為家族賺進數百萬美元。」交易談成後沙爾曼對一名訪客誇口說。政府官員很開心，因為他們一直擔心區域的敵國發展出比沙烏地阿拉伯好的光纖網路。

但穆罕默德還是一個年輕人，而且沒有多少企業經驗。他的公司沒有經營跨國合資企業所需的能力。大約兩年後，威瑞森打包回國，把這樁投資認列為損失。

穆罕默德的國內事業較為成功，並開始賺進數百萬美元獲利，減輕了他的焦慮，並強化了誇示對重要部落和宗教團體的慷慨資助所需的實力——這些都是累積未來擁護他父親成為國王的支持者的必要條件。

但當時只有二十幾歲的穆罕默德卻遭到有關股市詐騙的調查。監管當局發現一群王子——包括穆罕默德在內——的交易帳戶出現可疑的模式。每次有重大宣布前，他們就會進場買進股票，攫取豐厚獲利。監管當局懷疑那是內線交易而非幸運的選股。交易的輸家往往是政府。

當時沙烏地阿拉伯的股市監管者穆罕默德．夏赫（Mohammed Al Shaikh）主持調查。他審問穆罕默德並發現一名代表王子交易的交易員必須為違法情事負責，而穆罕默德本人則免受罪責。夏赫建議他最好把股市的投資組合交給投資基金管理。

這個事件讓阿卜杜拉國王為之震怒，他下令即使是親王也不能凌駕股市法律之上。穆罕默德未被點名，但他因為這件事而受傷，他在家族的地位也為之下降。

他對資本市場管理局主席和曾任偉凱律師事務所律師的夏赫大為賞識，因為他對待穆罕默德堅定但尊敬，帶領他避開麻煩。他也把法律置於身分地位之上，迥異於「統治者權威至上」沙烏地舊傳統。夏赫在美國受教育，並曾為世界銀行工作。王子發現這個調查他的人有朝一日可能成為有影響力的盟友。

—

伊斯蘭教領袖賽勒曼．奧戴（Salman al-Ouda）不知道該怎麼看二〇一二年十月坐在他面前的這位年輕王子，他甚至不知道穆罕默德．本．沙爾曼為什麼邀請他來王子家的客廳，他只知道穆罕默德是皇宮裡影響力還不確定的一個小王子。奧戴原本可以禮貌地回絕這次會面，但大約一年前他在一場婚宴上已拒絕過穆罕默德一次。忽視王儲的兒子不是明智之舉。

現在穆罕默德就坐在那裡，在沙發上邊啜飲咖啡，邊談論世界歷史，而穆斯林世界最受歡迎的宗教領袖之一、在推特上有一千三百萬名跟隨者的奧戴坐著傾聽。穆罕默德分享他對伊斯蘭教、阿拉伯領導人，以及統治者應該如何管理國家的看法。他讓奧戴想到一個剛從學校畢業、知識淺薄、沒有花多少時間在圖書館讀書或踏足王國之外的人。然後穆罕默德說了一些引起這位教士注意的話。

「我的偶像，」他說：「是馬基維利。」

奧戴保持沉默。穆罕默德嘗試以他的知識贏得尊敬，而非以他生而擁有的特權，這讓奧戴刮目相看。但這個訊息的內容令人不安。這位王子引述了《君王論》（*The Prince*）；這預告了王國以及後來奧戴本人將經歷的動盪。

在當時，穆罕默德魁梧的身材和火爆的脾氣，以及蔓生到喉嚨的雜亂鬍子已在他的敵人間贏得「流浪熊」的綽號，在王室家族間則以鋒芒太露著稱。有一則經常被傳述、但總是略加變化的故事是，一名地政官員拒絕交出穆罕默德要求的一張土地所有權狀後，他送給那名官員一顆子彈——這為他又添上一個「子彈之父」的綽號。

即使在他的官方工作上，穆罕默德也博得對有權有勢的親戚頤指氣使的名聲。有一次他帶著幾車坐滿菲律賓移工的巴士出現，並告訴自己的伯母——已故法赫德國王的王妃之一——她必須被逐出一座需要改作其他用途的宮殿。他說，宮殿的電力到午夜就會切斷。這在年齡和階層地位備受尊重的沙烏地文化特別罕見。

在深夜笑談中，富有的沙烏地人喜歡談論穆罕默德，從他母親這邊得到的部落遺傳，暗示他的個性可以追溯到他的貝都因人血統。他母親法赫達來自沙烏地阿拉伯東北部的阿吉曼部落。該部落最著名的成員是奧圖曼時代備受尊敬的戰士拉坎・本・希特蘭。另一方面，穆罕默德的祖父伊本·紹德則是偉大的沙漠戰士：身長六呎四吋、強壯、善謀略、有膽識。穆罕默德是這兩個血緣的匯聚。雖然這是民間傳說，但日後在沙烏地年輕人尋求擁護一個直接與他們對話的改革派王子時，它對創造神話式的背景故事將很重要。

在紹德家族裡，穆罕默德變得以野心和自信聞名——並且受到他有權勢的父親沙爾曼親王保護。

二〇一一年，沙爾曼的弟弟、擔任國防大臣四十八年的蘇丹去逝。沙爾曼接任這個職務，並進行權力大轉移。蘇丹家族控制軍方帶給它強大的權力和龐大的財富。轉移給沙爾曼讓這位原本已很有影響力的親王增添了新權力基礎。不久後，沙爾曼讓穆罕默德擔任軍方顧問。

還只是二十幾歲的年輕親王開始對長期擔任軍官的年長親王發號施令，其中包括對前國防大臣和阿卜杜拉國王的兒子們。最後他終於因為斥責一個比他大約三十歲的堂兄而做得太過火；這位名叫哈立德·本·班達爾的親王官拜將軍已經許多年。年長的親王拒絕接受穆罕默德的命令，這讓穆罕默德動怒。

等到四位高階軍官——都是親王，其中之一是阿卜杜拉國王的兒子——因為穆罕默德而辭職時，阿卜杜拉知道他必須節制這位年輕親王。他召喚穆罕默德到他丹吉爾的度假行宮。但穆罕默德抵達後，他沒有遭到阿卜杜拉國王通常會給的嚴厲訓斥，反而叫皇宮總長圖瓦伊里訓斥他。這是羞辱。對穆罕默德來說，圖瓦伊里基本上是僕人，而現在他卻高高在上訓斥伊本·紹德的孫子。他回到利雅德後告訴他父親這件事。

同時是王儲和國防大臣的沙爾曼比自己的兒子還更生氣。他打電話給阿卜杜拉並告訴國王，穆罕默德是代表他做那些事，如果國王不滿意，沙爾曼願意辭職。阿卜杜拉退讓下來，而穆罕默德得以保留他在軍方的職位。

從穆罕默德陪同父親參與議會開始，他每天都學到沙烏地阿拉伯國內權力運作的新知識。他了解沙爾曼有許多弱點，保護父親和家族的延續有賴他的努力。

當時已七十多歲的沙爾曼等著繼承王位，但和阿卜杜拉一樣，他也有健康問題。在接受背部手術後，他逐漸對止痛藥成癮。止痛藥讓他脾氣暴躁和健忘，這些症狀也變成哈立德・圖瓦伊里和他的盟友在阿卜杜拉國王去逝前幾個月利用來反對他的弱點。

穆罕默德著手對付成癮問題，一天二十四小時陪伴父親，他給沙爾曼吃多年來服用的相同藥片，但實際上卻是穆罕默德特別購買的較低劑量藥片。幾週之後，他終於幫助父親克服長期的萎靡並重新振作起來。關係日益緊密的父子利用他們相處的時間，談論沙烏地阿拉伯的病症和振興王國的想法。

「有沒有注意到王儲出現任何改變？」穆罕默德不久後問一位家族的朋友。「有。」這名友人回答：「他不再每次都對我大吼大叫了。」穆罕默德露出他招牌的大笑容，嘴角寬到眼睛瞇成一條線。

外國人直到二〇一一年和二〇一二年才開始注意到紹德家族出現雄心勃勃的新面孔。圈內人刊物《波斯灣國家通訊》由前外交官、情報界人士和其他沙烏地王室觀察家撰寫的報導說，穆罕默德在二〇一一年三月他父親還擔任總督時，於利雅德主持全國退休人員協會的一項儀式。「這位通常行事低調的親王近來在公眾場合的能見度大增。」一則短評寫道：「觀察家指出穆罕默德親王被認為特別有野心，想爭取總督職位和控制其他政府機構。」

穆罕默德的野心大多專注在經濟，那是他在短暫涉入企業和股市後自認有專長的領域。他四周圍繞許多有經濟學、商務和法律背景的圈內人和顧問，他們花許多時間提出建議，並擬訂後來成為沙烏地阿拉伯二〇三〇國家轉型計畫與願景的主要構想，希望在短短二十年內把經濟從石油轉向其他產業。這些構想很少是創新的，但從王國長期抗拒改變的觀點看，它們確實具有革命性。沙烏地阿拉伯向來畏於改變，一直到一九六二年才在甘迺迪總統施壓下廢除奴隸制度。

穆罕默德決定創立一家只要他一個人同意就可以做決定的基金會，並把它當成一個實驗。那將是一個從頭創立一家現代沙烏地機構的機會。他為它取名為穆罕默德·本·沙爾曼·本·阿卜杜勒阿濟茲基金會（MiSK）。為了避開過去的陷阱，他向顧問業者招標以協助從頭設計這家基金會。西方公司爭相把握這個商機。

穆罕默德也與他富有的堂兄阿瓦里德·本·塔拉勒建立關係。二〇一二年阿瓦里德寫一封信給阿卜杜拉的皇宮總長哈立德·圖瓦伊里，表示沙烏地阿拉伯可能面臨一場危機。當時油價高漲，但沙烏地的預算吃緊，因為必須負擔龐大的補貼和對人口的救濟。沙國的醫療大部分免費，海外留學由國家資助，市民每生一個孩子都可獲得特別福利。利雅德的居民可以打開自來水幾個小時而不必負擔成本；但沙烏地阿拉伯是世界上最缺水的國家，每年必須淡化十二億立方公尺的海水——比世界任何國家多。

王國的人口持續增加，支出也水漲船高，而全世界正在談論必須加緊減少使用石油。萬一油價下跌怎麼辦？阿瓦里德寫道，為了避免災難，沙烏地阿拉伯必須分散經濟，投資在太陽能和核能，並開始移動部分石油財富到國外，以使收入來源多樣化。

為了達成這些，阿瓦里德建議沙烏地阿拉伯的國營投資機構公共投資基金（ＰＩＦ）改制成一家大型基金管理公司，以便把沙烏地的石油收入投資在其他產業。這是許多鄰國採取的模式：阿布達比、科威特和卡達都以這種方式處理石油盈餘。阿瓦里德在一個高階親王和阿卜杜拉皇宮官員聚集的會議提出這項計畫。「我贊成阿瓦里德的建議。」穆罕默德說。在第二次會議中，他們向阿卜杜拉報告這項計畫。

但國王和他的顧問駁回計畫。把石油盈餘移到其他投資有其風險，而紹德家族向來對風險很敏感。沙烏地阿拉伯從未這麼做過。此外，公共投資基金就像長滿蛀蟲的櫥櫃，藏著被遺忘的投資，是一家國內公司的基金，這些公司的業主有些與王室有關係，把它當成像是紓困基金。想把它變成一個世界級投資基金似乎是幻想。再加上老一輩領導人認為，世界仍需要石油。

穆罕默德也與一個名叫圖爾基·謝赫的警官建立關係，這名比他年長幾歲的警官嗜好蒐集華麗的汽車和手表，他來自謝赫家族，是十八世紀瓦哈比派創辦人的直系後代。

二〇一五年初，沙爾曼已繼任王位，所有穆罕默德的構想突然成為最優先項目。阿卜杜拉國王葬禮後第一天起，穆罕默德完全接管皇宮，並在清晨四點開始下達命令，要求沙烏地重要官員和企業人士當天稍晚前來開會。除了提出其他問題外，他問與會者，廢除阿卜杜拉國王採用數十年的大部分委員會和機構會不會危及王國的治理。一些人表達這種改變應該慢慢進行，以觀察意料不到的衝擊。「胡說八道。」他對他們說：「如果是該做的事，我們今天就做。」

在他父親登基六天內，穆罕默德已被任命為經濟和發展事務委員會的主席，這個新成立的機構將是監督幾乎所有國內事務的兩個委員會之一。他有絕對的權力可以改變沙烏地的金融和發展計畫，雖然他四周圍繞一批執政經驗不足的顧問，還要鼓勵他們與他徹夜辯論政策構想。

在兩個月內，他已決定將公共投資基金作為沙烏地阿拉伯進軍全球投資版圖，和領導許多改革的機構。到了四月，他接管沙國的賺錢機器沙烏地阿拉伯國家石油公司。穆罕默德已掌控世界上最賺錢和最大的公司。

穆罕默德的第一個動作是僱用國際民調公司來調查民眾對王國的觀感，特別是負面看法。結果不令人意外：沙烏地是個封閉的社會，有出自國內的恐怖分子，沒有電影院和其他娛樂，女性只有受到嚴格限制的權利，還有更多眾所皆知的觀感。穆罕默德成立一個工作小組，擬訂行動計畫以因應每個問題。他告訴幕僚，該是沙烏地阿拉伯以平等地位進入全球社會的時候了。他也再三告訴幕僚，王國具備成為世界強國的所有條件，其強大的經濟將不再依賴石油。

最重要的是，沙爾曼宣布他的弟弟穆克林已退出繼承王位的順序，穆罕默德將成為新副王儲，是排在他堂兄穆罕默德·本·納伊夫之後的第二順位王位繼承人。穆罕默德現在已掌握實權。這個舉動在親王間引起震撼，他們認為如果穆罕默德追隨父親的腳步，沙烏地阿拉伯將進入一個以沙爾曼家族為核心的新時代，且可能持續數十年。

這些動作在相對安靜的情況下進行，沒有報紙大篇幅報導，但在沙烏地歷史上沒有前例可循。穆罕默德已成為副王儲和三軍總司令，並且控制可以為他最狂野的構想提供資金的大油田。

CHAPTER 3

馬爾地夫的派對

二〇一五年七月

模特兒最先抵達，一船又一船的長腿年輕女人登上維拉私人海島的碼頭。這個度假酒店的管家和僕役大吃一驚。她們的人數實在太多了，總共約一百五十人，大多數人經過多天的旅程，分別從巴西或俄羅斯搭飛機來到印度洋的小島國馬爾地夫首都馬利。這些女人從馬利再搭乘較小的飛機到北方的一個群島，然後坐上小船度過一片蔚藍的印度洋來到維拉。度假酒店中有人招待每個女人，然後禮節周到地以高爾夫球車送她們到一間醫療中心，以檢驗是否有性病。一直到檢驗完畢，這些女人住進她們的別墅，搭載穆罕默德．本．沙爾曼和他朋友們的海上飛機才抵達。

那是在二〇一五年夏天，穆罕默德比任何人可能預測的更接近沙烏地王位。在他父親登基成為國王的六個月內，他對利雅德造成的影響比近代史上任何親王都更大和更快。穆罕默德已接管全世界最富裕國家之一的經濟，而且可以不受節制地花費他認為該花的錢。他帶頭在葉門發動一場戰爭，並結識世界各國首都的政要。這一切都在是在他花了三年時間日以繼夜地改革他父親的慈善組織，和與最有影響力的紹德家族成員蓄積政治資本後進行的。現在該是慶祝的時候了。

這需要一個審慎挑選的地方，以符合他膨脹的新地位。馬爾地夫是絕佳的選擇：一個在大海中間美得出奇的場景，到處可見整潔的度假屋，只要親王要求就可以嚴密管制，而且是由對沙烏地特別友好、正在討論是否出售一個群島給王國的政府管轄。

穆罕默德大約一年前曾和他父親的隨從造訪維拉，並且對這家度假酒店留下良好印象。它的捷克開發商買下興建一座原始島嶼的權利，將它設計成全世界最豪華和昂貴的度假地點之一。維拉近五十間別墅有許多建在珊瑚礁上的平台，有私人露台和游泳池。每棟別墅都有一名管家。那裡有一間小舞廳和一具造雪機，狂歡作樂的旅客可以在熱帶海灘的暴風雪中嬉戲。

由於馬爾地夫政府禁止度假區的建築高度超過附近的樹林，維拉的開發商沿著海灘種植特別高的棕櫚樹，以便興建一座可以眺望大海的塔。它的屋頂剛好達到這些被移植過來的棕櫚樹樹梢。高塔底下是一座酒窖，貯藏價格極其高昂的法國葡萄酒。酒窖與度假酒店的主餐廳是分開的；主餐廳是蓋在水上，所以進餐者可以一邊觀賞腳下游泳的海龜，一邊享用美食大廚料理的大餐。

維拉度假酒店結合了世界任何地方難以媲美的服務和隱密。穆罕默德初次造訪時酒店的總經理考契（Hans Cauchi）是一位經驗豐富、來自馬爾他的旅館業主管，他讓這位親王留下深刻印象。他的工作人員受到完美的訓練，有些畢業自國際現代管家研究所，知道如何既殷勤又得體地款待客人。即使是辦公室的員工都知道穆罕默德或沙爾曼國王走過旁邊時要鞠躬。

到了規劃二〇一五年的宴會時，考契已不再為維拉工作。現在他為穆罕默德效力，處理像是購買豪宅和遊艇這類大手筆的交易。穆罕默德徵調他協助籌劃二〇一五年的宴會。

這是一次符合親王規格的度假，首先是工作人員所稱的「包下」這個度假酒店。那表示穆罕默德和他的賓客將擁有整個小島近一個月。邁阿密饒舌歌手嘻哈鬥牛梗同意到場，雖然他將住在一個鄰近小島的度假中心。韓國流行音樂PSY和世界最紅的唱片騎師（DJ）艾佛傑克也會趕來。

錢對穆罕默德不是問題。他的辦公室同意度假酒店的三百多名員工每個人都能獲得五千美元的紅利，這對每個月薪水一千到一千二百美元的員工來說是大筆錢。而且這還不算預期的現金小費。

為了保護親王的隱私，維拉的經理告訴員工，在親王度假期間他們不能帶智慧手機到小島。每個人可以帶一支Nokia 3310陽春手機，或完全不帶手機。兩名維拉員工因為違反規定當場遭到解僱。

保密有一個重要的原因。穆罕默德知道沙烏地阿拉伯的年輕人已經受夠了統治家族一擲千金的故事，並對網路上報導親王們華麗的住宅、在哈洛德百貨公司大撒錢，和開跑車在梅費爾區的馬路上飆車感到憤怒。他正在塑造改革者的形象，不希望被人看成和他這一代被寵壞的著名親王一樣——例如，法赫德國王的兒子阿卜杜勒阿濟茲·本·法赫德是權力極大的親王，他以帶著二十幾名隨從環遊世界各地聞名，但也沾染許多與性和暴力有關的醜聞。二〇一二年他的隨從之一被判在曼哈頓廣場飯店吸毒並強暴一名婦女有罪，當時阿卜杜勒阿濟茲租下廣場飯店的一排房間。

對一個致力於塑造仁慈和虔誠形象，以慷慨和穩健統治逐漸成長的沙烏地，並與伊斯蘭世界最保守的教派長期結盟的家族來說，這類行為將帶來日增的政治風險。蔑視伊斯蘭教的規定同時卻對自己的人民實施嚴格的宗教法律很容易在國內喪失民心。每一次有親王舉辦花費數百萬美元的宴會、飲酒作樂並請來衣不蔽體的模特兒，統治者和被統治者間原本的裂痕就更擴大。

穆罕默德認為沙烏地阿拉伯變遷中的人口結構使這個顧慮更加急迫。一大部分的沙烏地人生活在接近貧窮線，甚至受過良好教育的公民在國內較小的城市和較貧窮的什葉派東部省，也不容易找到工作。不穩定的因素已經存在，而穆罕默德小心翼翼地不希望以對王室家族的新怨恨來刺激他們。他已從阿拉伯之春看到後果可能是什麼：有九十年悠久歷史的伊斯蘭教運動穆斯林兄弟會，指控肆無忌憚飲酒狂歡的沙烏地王室就是波斯灣政權貪腐的證明；它的領導人曾短暫當選為埃及總統。

因此，不讓沙烏地人民發現穆罕默德支付維拉酒店約五千萬美元，招待他和他的隨從度假，是極其重要的事。

等賓客都抵達後，維拉自己的服務人員便退避旁邊，由親王的宴會僱用的服務員來招待每位賓客的需求。兩名馬爾地夫籍的員工說，這麼做顯然是因為這些沙烏地人不希望被另一個穆斯林國家的居民看到他們喝酒。

維拉的管家、清潔工和廚師都很驚訝，參加宴會的沙烏地人很少，但非沙烏地女性卻人數眾多。只有幾十個來自沙烏地的男人，酒店的職員被告知，他們都是穆罕默德的朋友和親戚。

抵達酒店後，他們各自回到自己的別墅，且大部分時間待在那裡直到晚上，雖然穆罕默德和一些友人至少玩過一次水上摩托車。酒店員工不確定他們是否怕在海灘上被狗仔隊拍到照片，或者是習慣了沙烏地人只在夏季晚上的時間活動。

一等太陽沒入海中和藝人抵達，男人們紛紛出現。一名DJ在游泳邊的主舞池播放唱片（另一些晚上則有一個樂隊演唱），島上各處的其他舞台則有較小型的表演。有一天晚上是由經常為大體育館觀眾表演的荷蘭DJ艾佛傑克主場表演。他演奏的電子音樂剛開始柔和而平靜，到最後高潮時轉為悸動奔放的舞曲，讓穆罕默德興奮得爬上舞台。當穆罕默德接手DJ桌並開始播放他挑選的唱片時，在場的男士和模特兒跟著鼓噪歡呼，艾佛傑克則喃喃抱怨，小心地避免他在退到親王能聽到的距離前就大聲咒罵。

宴會持續直到黎明，然後許多男人回到自己的別墅。他們一直到下午很晚才再度出現。即使在狂歡作樂時，穆罕默德似乎也無法放鬆自己。一位在場觀察他的人說，白天穿著短褲和T恤與兩、三個朋友散步時，他顯得若有所思。其他人興高采烈地說話，穆罕默德則默不作聲，顯然正在思考比女人和音樂更嚴肅的事。

然後一切突然結束了。一家國內的刊物洩漏了穆罕默德出訪的消息，然後伊朗支持的報紙接續大肆報導。從這個度假行程開始不到一週，穆罕默德和他的隨行人員已打包離開。女人們也很快離去。

穆罕默德在這段期間也買了一些昂貴的玩具。他在飛機上看到寧靜號——一艘四百三十九英呎的遊艇，比爾．蓋茲二〇一四年曾以五百萬美元租下它一週，決定租下它半天。穆罕默德很喜歡它。這艘遊艇有一個水下觀景室、一個按摩池、兩個直升機停機坪，和一個商務會議室。它的外型流線而豪華，特別適合招待貴賓，但它也可以改裝成派對行宮，作為與好友晚上飲宴之處。

在後來的六週裡，穆罕默德的團隊與遊艇擁有者謝夫勒（Yuri Shefler）的經紀人磋商，最後達成以四億二千九百萬歐元收購寧靜號的交易，是當初買進成本的兩倍。他的團隊也買下凡爾賽附近一座華麗的法國城堡——裡面有噴泉、漂亮的草地，甚至有一條護城河——花費超過三億美元。

那艘遊艇和法國城堡的最終擁有者是由穆罕默德的密友貝德爾．阿薩克爾擔任執行長的八投資公司。這家公司是穆罕默德二〇一四年在沙烏地阿拉伯成立的公司群之一，從此以後他也開始賺進大筆的財富。八投資公司的母公司是三五六控股公司，它持有穆罕默德許多可以追溯到二〇一二年他進行股票交易時的個人資產。這家控股公司也持有數家以數字命名的公司，包括五五投資公司和九十投資公司。

有些資產的所有權後來與國家資產的界線逐漸難以區別。寧靜號偶爾被充當與外國官員和高階企業代表團開會的浮動會議廳。最後它變成一個十一艘遊艇的小艦隊的核心，形成穆罕默德想遠離家族監視以便放輕鬆時的海上宮殿。

穆罕默德的對手從他們在利雅德和海外的數百萬美元豪宅觀察，感覺愈來愈不安。這已不再是等待沙爾曼國王駕崩，以便阿卜杜拉國王的兒子或長期擔任內政大臣的王儲納伊夫，可以成為首位第三代紹德家族成員繼承王位的一場競賽了。穆罕默德已經在他父王的祝福下掌控大局。雖然穆罕默德・本・納伊夫王儲的繼承順位排在穆罕默德之前，這位年輕的副王儲採取的措施已使他成為王國的實際領導人，他掌控的權力甚至超過歷來任何國王。

二〇一五年五月穆罕默德・本・沙爾曼被任命為一個新政府委員會的主席，負責監管沙烏地阿拉伯的國家石油公司，這讓許多他的叔叔和堂兄弟格外憂心。沙烏地阿拉伯國家石油公司（Aramco）一世紀以來一直是王國財富的來源，它獲利的一部分讓紹德家族得以過著奢華的生活。此外，如果沙爾曼希望他的兒子之一掌控Aramco，阿卜杜勒阿濟茲——多年來擔任石油部副大臣，熟悉國際石油談判——不就是理所當然的選擇嗎？

穆罕默德的主要對手之一是圖爾基・本・阿卜杜拉，也就是被已故的阿卜杜拉國王在病榻上恥笑為肥胖的兒子。圖爾基曾擔任戰鬥機駕駛員，二〇一四年被父親指派出任利雅德省總督，他喜歡宣稱自己是排第四順位的王位繼承人。但如果由穆罕默德繼承王位，這位年輕的國王可能長期統治直到圖爾基年老力衰。

離開空軍後，圖爾基變得奢豪浮誇，經常帶著由兩架七三七噴射機運載的朋友和顧問組成的隨從旅行，他們的行李往往得花幾個小時裝卸。他也供養一個現代後宮——一群住在世界各地過著奢華生活的漂亮女人，她們每個月會收到一張支票，條件是只要他提出要求就必須被接來與他會面。即使在圖爾基非正式拜訪他兄弟姊妹的利雅德宮殿時，他也會穿著裝飾金線的斗篷長袍，相當於沙烏地人的禮服。

自認是他父親「相對節儉」風格的受害者，圖爾基對金錢顯得過度貪好。而這讓他一直與醜聞糾纏不清，包括在二〇一五年底被揭露、並喧騰一時的馬來西亞主權財富基金一馬發展公司（1MDB）貪汙弊案中，扮演一個遙遠但重要的角色。他的顧問利用他的關係和名字，進行一個看起來像馬來西亞與沙烏地阿拉伯政府成立合資企業的計畫，圖爾基則以在這項計畫扮演部分角色、收受1MDB支付的數千萬美元。據說這些操作讓共謀策劃者賺進數億美元。圖爾基和其他人都否認指控。

和許多富豪一樣，圖爾基對權力的胃口日益增長。他對自己的顧問說，他認為穆罕默德是個威脅，但他覺得自己可以組織一個聯盟來挑戰沙爾曼的兒子。他的計畫能否成功取決於沙烏地阿拉伯特殊的軍方結構。

為了平衡王室家族間的權力，沙烏地的軍隊分屬三個不同的部會，各由伊本·紹德的一個兒子指揮。數十年來蘇丹親王和他的兒子控制掌管陸軍和空軍的國防部。國民警衛隊是由阿卜杜拉和他的家族控制。納伊夫親王和他的兒子長期控制第三個分支內政部。沙爾曼繼承王位後讓穆罕默德控制國防部，但是讓長期控制其他分支的家族繼續掌管其他各軍隊。

圖爾基認為可以壓制年輕的穆罕默德。「他只有陸軍。」圖爾基告訴一名顧問：「他沒有自己想像的那麼強大。」

但要擬訂一套排擠穆罕默德的計畫並不容易。穆罕默德向來以善於躲避暗算他的陰謀聞名，一名知己描述他擁有「不可思議的察覺危險的能力」。阿卜杜拉的兒子們擔心他可能使用竊聽裝置，就像多年前許多親王相信沙爾曼監聽他們的私人談話。

圖爾基嘗試打聽美國政府對可能的政變有什麼看法，他在洛杉磯這類地方會見前情報機構的律師，以避免消息傳到沙爾曼和穆罕默德耳裡。他也避免與政府官員直接會面，因為這些動作一定會被發現。「我想知道如果除了接管別無選擇時，美國政府會不會支持我。」他在推銷一個由阿卜杜拉的兒子和納伊夫領導的新政府時告訴一名律師。圖爾基描述穆罕默德是一個不穩定的人，未來可能成為暴君。

穆罕默德．本．納伊夫的作法較老謀深算。和在他之前掌管內政部的父親一樣，這位親王小心翼翼不做任何可能破壞家族平衡的事。他也篤信紹德家族的慣性，亦即數十年來一直避免高層之間的大動盪。而且近十五年來他與美國情報界和安全官員間的關係，可能沒有其他沙烏地人比得上，他一直是反恐怖主義計畫的王國主要連絡人。納伊夫認為，美國關係的重要性應該有助於讓他很安全。

到二〇一五年年中，穆罕默德的權勢已比以往任何時候大，但他知道如果不能實現他的改革計畫，那並沒有多大意義。當他與最近才設置的安全與政治事務委員會成員圍坐在長桌時，他可以預見這些變革將會多困難。

委員之一是穆罕默德．本．納伊夫，但他似乎反對所有改變，即使沒有明白說出。討論每一項提議時——允許女性開車，開放觀光業——他或他的顧問都會列出各種潛在的後果。另一位主張沿襲舊制的人是擔任官職最久的穆薩德．艾班。其他人像是畢業於普林斯頓大學的外交事務顧問紹德．本．費瑟．阿紹德，似乎專注在以色列—巴勒斯坦議題等長期衝突上。前國王沉默寡言的兒子、也是巴黎克里雍大飯店業主米特卜．本．阿卜杜拉，幾乎掩藏不住對穆罕默德的輕蔑，他的小鬍鬚和雙下巴讓他看起來似乎永遠眉頭深鎖。隨著穆罕默德力圖鞏固權力，這個委員會將逐漸暴露出那些他認為頑強抗拒改變的人。

穆罕默德也了解為了強化他的地位，他必須塑造自己的形象。激進地重新打造王國將有賴沙烏地年輕人的支持，因為國內的人口超過百分之六十不到三十歲。他們是最沒有權力的群體，許多人找不到工作並對國內不利於創業的環境感到氣憤。但他們是教育程度最高的一群，且人數是養尊處優的宗教學者和王室家族的許多倍。正如阿拉伯之春顯示的，不滿的年輕人也可能對阿紹德的統治帶來威脅。或者他們可能被有改革意識的統治者收編，變成他權力躍升的基礎。

穆罕默德的對手似乎沒有想過這個策略，他們專注於蓄積權力的傳統方法：培養老式的宗教領袖和部落長老。這將是他的對手最大的錯誤。

為了爭取年輕人的支持，穆罕默德必須熟悉他們花最多時間的地方：網際網路。在一個禁止男性和女性公開交往、喝酒、跳舞、參加音樂會、看電影，甚至抽水煙的社會，年輕人的線上生活變成一個重要的出口和溝通管道。

也許同樣重要的是，網際網路向沙烏地年輕人展示他們缺少的東西，而這要怪罪僵化的君主體制和它致力於維護基本教義派的宗教法律，偏袒數十年來掌控權力的教士階級。大體上被禁止公開交友和尋找娛樂的年輕人生活愈來愈虛擬化，他們在 YouTube 和 Netflix 上看影片，並透過臉書、推特和 Instagram 學習國際名人文化。

穆罕默德比國內年老的親王們了解社群媒體的影響力。在一個沒有民意調查或選舉的國家，推特可以透露大眾對政策或領導人的感覺，協助一個野心勃勃的年輕親王向老親王證明他獲得大眾的支持——這對一個生活在永遠恐懼人民叛亂的家族來說是一個重要考慮。另一方面，推特上的負面觀感可能削弱統治者。在阿卜杜拉國王統治即將結束的二〇一四年，穆罕默德開始關心推特上的無名氏帳戶，散播他父親出現痴呆症跡象的說法。如果情況失控，如果謠言被沙烏地人和外國人認為是事實，那麼沙爾曼的兄弟可能面臨必須推舉他的對手的壓力，把沙爾曼家族排除在王位繼承順序。

因此穆罕默德派他的助手貝德爾．阿薩克爾——為他購買遊艇和城堡的人，也是他的MiSK基金會執行長——展開長達多年的調查，以揭發推特批評者的身分。這項努力後來用上最尖端的以色列間諜科技，但剛開始是使用較傳統的方法：賄賂。以下的敘述是根據美國司法部的法院訴訟資訊，而且直到寫作本書的二〇二〇年這樁訴訟案仍在進行中。

外表和善的阿薩克爾戴著四方形深色眼鏡，看到他出現在資訊會議上不會讓你感到突兀。直到二〇一四年以前他還不是真正的政府官員。他以私人身分為穆罕默德工作，但作為王儲兒子的傭員，他幾乎可以暢行無阻。二〇一四年六月十三日，阿薩克爾飛往舊金山會見推特的中東合資事業主管，是一個名叫阿赫穆德．亞布耶莫（Ahmad Abouammo）的埃及裔美國人。

這次會談被安排為來自推特重要市場的重要人物進行的例行拜訪。亞布耶莫帶領阿薩克爾參觀位於舊金山市場南區的推特總部，阿薩克爾解釋他為一位經常使用推特的重要親王工作。兩個人交換連絡資訊，並安排秋天在倫敦再次會談。在那次會談時，阿薩克爾給這位推特主管一份禮物：一只價值至少二萬美元的宇舶錶。

接著就是提出要求了。推特的使用者正在為穆罕默德製造麻煩，包括一個暱稱為穆特伊德的用戶厚顏無恥地批評王室家族，並散布夾雜事實與謊言的高階家族成員傳聞。那是政治攻擊，但本質上並非犯罪或恐怖主義，所以推特不會透露這類使用者的身分給沙烏地執法單位。阿薩克爾要求亞布耶莫幫忙找出那些帳號登錄者的資訊。

亞布耶莫答應要求，用他進入內部系統的職權找到穆特伊德的電子郵址和電話號碼。這雖然是推特員工魯莽的行為，卻可能使批評政府的異議者身分曝光，進而遭到囚禁。

這類要求持續了好幾個月。在那段期間沙爾曼繼承王位，穆罕默德變成王儲，而阿薩克爾也發現自己是為沙烏地阿拉伯最有權勢的人工作。阿薩克爾總共支付超過二十萬美元給亞布耶莫，存在亞布耶莫的一名親戚為他在一家黎巴嫩銀行開的帳戶。「我們將主動和被動地除掉邪惡，我的兄弟。」亞布耶莫在一筆九九一一美元的錢匯入後寫簡訊給阿薩克爾。

亞布耶莫只有有限的科技能力，而且單一的內奸不是確保不斷取得推特用戶私人資訊的可靠辦法。阿薩克爾希望有更好的方法。在幸運之神眷顧下，推特僱用了一個名叫阿里．阿札巴拉（Ali Alzabarah）的沙烏地人，他以沙烏地的獎學金在美國受教育。

居住舊金山的阿札巴拉在朋友眼中是個典型的軟體工程師——一個朋友欽佩地稱他為「書呆子」。他似乎對軟體以外的東西都不感興趣，而且除非談話內容轉到未來科技的程式設計，他就不太說話。在工作之餘，阿札巴拉似乎大部分時間待在家裡，或與在灣區科技公司工作的一小群沙烏地僑民交往。

二〇一五年二月，阿薩克爾透過中間人連絡阿札巴拉，結果發現這位軟體工程師對沙烏地阿拉伯有強烈的愛國情操，希望竭盡所能幫助自己的祖國。雖然阿札巴拉的工作是維護系統以保持推特運作順利而無權進入使用者帳戶，推特仍容許他取得使用者的私人資訊。對許多使用者來說，那包括電話號碼、電子郵址和可以識別個人登入實體位置的ＩＰ位址。這意味在一些情況下阿札巴拉不但可以協助揭露匿名的政權批評者，而且能指出那個人的位置。

幾個月後，阿薩克爾以沙烏地官方代表團成員的身分前往美國，並要求阿札巴拉和他會面。阿札巴拉在短訊中告訴他妻子：「我正應穆罕默德．本．沙爾曼辦公室的要求前往華盛頓。」

會面後不久，阿札巴拉開始利用推特的內部系統過濾超過六千個推特使用者的帳號資訊。穆特伊德特別是持續關注的目標，他宣稱他的推文都是有關王室家族的私人消息，其中有些證實是事實，例如沙爾曼國王的弟弟穆克林王儲即將在二〇一五年四月遭廢除。一個月後，穆特伊德又貼出來自法國的難堪文件，詳述一位前王儲的遺孀拒絕支付住在豪華旅館的數百萬美元帳單。

幾天後阿札巴拉在阿薩克爾的要求下，進入穆特伊德的帳號並取得他的電話號碼和ＩＰ位址，接著又有其他使用者的進一步要求。阿札巴拉告訴阿薩克爾，有一名使用者在不同的時間位於土耳其和伊拉克。另一名在土耳其。第三名沙烏地人是使用加密技術隱藏身分的「專家」，但有一次他沒有加密登入，所以阿札巴拉能夠追蹤到他的ＩＰ位址。

這位推特工程師意識到他正提供寶貴的資訊給穆罕默德的手下——皇宮當局懷疑他進入的一些帳號與恐怖主義有關，而且沙烏地官員宣布將給任何協助阻止恐怖攻擊的人一百九十萬美元的獎賞。阿札巴拉在他個人的蘋果筆記本寫了想問阿薩克爾他能否得到獎金的草稿。

阿札巴拉在六月十八日和阿薩克爾通電話，並在次日進入奧馬爾・阿卜杜勒阿濟茲（Omar Abdulaziz）的推特帳號，這個沙烏地人後來因為王國政府以公開批評政府為由取消他的獎學金而在加拿大獲得庇護，並與名叫賈邁勒・卡舒吉（Jamal Khashoggi）的沙烏地新聞記者和政權批評者建立密切的關係。

隨著監視的力度加大和更加複雜，阿札巴拉前往利雅德，並在沙烏地阿拉伯繼續進入使用者帳號。這個過去的「書呆子」現在已變成神祕的國際人，他希望獲得沙烏地政府的肯定和萬一他陷入麻煩的一些保證。「我在做什麼？對我將來會有什麼影響？」阿札巴拉在另一則蘋果筆記本的筆記中自問，他無法確定政府會不會協助他陷於困境的父親，或獲得穆罕默德基金會的企業訓練。基於他為高階官員冒的風險，他希望有一份「永久的工作……能確保我的未來和我的家人的東西」。

阿札巴拉回到舊金山和推特公司，繼續提供有關政府批評者穆特伊德的資訊給阿薩克爾。

不久後，他取得一項顯著的勝利：穆特伊德的帳號被關閉，而穆特伊德在線上宣稱推特告訴他，他的帳號遭到「外洩」，雖然幾天後帳號恢復啟用。

阿札巴拉繼續為阿薩克爾工作，並在推特公司被擢升為更高階的工程師。「雖然我很喜歡這個職位，但我更喜歡而且感到自豪的是與你合作。」他寫了顯然是給阿薩克爾的一封信的草稿。

穆罕默德的手下知道像阿札巴拉這種人力資產可能來來去去——他們可能心生畏懼，或被捕，或喪失寶貴資訊的管道——所以在穆罕默德另一名親信朋友紹德·卡塔尼（Saud al-Qahtani）協助下，他們發展出其他蒐集資訊的方法；卡塔尼是阿卜杜拉國王皇宮的前僱員，他很快被穆罕默德的魅力吸引，後來成為穆罕默德最信任的朝臣之一。二〇一六年六月，卡塔尼寄一封電子郵件給義大利公司駭客隊，那是一家為政府設計間諜軟體以便從事線上間諜活動的公司。卡塔尼寫道，國王辦公室「希望與你們展開有建設性的合作，並發展長期的策略夥伴關係」。一份在線上被洩漏的駭客隊內部文件顯示，沙烏地政府最後支付了數百萬美元購買該公司的間諜軟體。

卡塔尼告訴穆罕默德，除了搜尋個別的批評者之外，他還可以做得更多，而且可以利用推特來蓄積對穆罕默德改革的支持，和評估他的受歡迎度與其他王室家族成員的比較。後來的發現是一個隱密的小組在教育部的資助下，已經展開一項計畫轉向這些目標。

在一個名叫納瑟·畢卡米（Nasir al-Biqami）的沙烏地電腦科學家監督下，一名為洛克希德公司工作的美國人帶領一群程式設計師，利用人工智慧嘗試了解推特上的想法和策略是如何形成的。卡塔尼把這群人帶進皇宮接受他的指揮，要求程式設計師檢視推特使用者對穆罕默德和他的主要對手的觀感，包括阿卜杜拉國王的一些兒子和王儲穆罕默德・本・納伊夫。

卡塔尼認為穆罕默德需要更廣的能見度，更努力營造他的形象，並且要攻擊那些嘗試抹黑他的人。在皇宮建築所在的利雅德市外交區一個辦公室裡，卡塔尼聚集一群專家，創造成千上萬個假推特帳號，各有看起來像是屬於一般沙烏地年輕人的照片和名字。他們發出讚揚穆罕默德和他的計畫並批評對手的推文。

無獨有偶的，圖爾基・本・阿卜杜拉的團隊也發現社群媒體的重要性，並把它們視為一種武器。他們僱用一家瑞士顧問公司，並在推特和 Instagram 上大量散發反對穆罕默德・本・沙爾曼的宣傳內容。

卡塔尼以更具侵略性和更花錢的作法還擊，利用看似屬於外國人的帳號發表支持穆罕默德的推文。一位住在卡達的英國教授發現，這些帳號一部分是假的，另一些美國人的帳號包括一位已經作古的氣象學家，一位電視財經評論員，和一位奧林匹克滑雪運動員，都是被沙烏地人控制的真實帳號。卡塔尼也開始追蹤批評親王的人，有時候用軍方的推特機器人追蹤他們。他以積極地在推特上發文而贏得「主題標籤先生」（Mr. Hashtag）的封號，他的網軍則被沙烏地年輕人稱為「蒼蠅」。

卡塔尼的努力讓阿薩克爾宣稱的推特滲透相形失色，而且正值阿薩克爾的好運氣逐漸用完。

他的內奸阿札巴拉的小心謹慎顯然達不到戒慎恐懼的科技專家應該有的水準。他透過公開的電話線與阿薩克爾談話，並以電子郵件溝通，結果被美國情報單位截獲。

那是個敏感的情況。情報單位的目標不在於發掘美國法院會審理的犯罪案件，他們專注於美國以外地方發生的事，而且利用他們蒐集的龐大資料作為法院的呈堂證供會引發各種潛在的問題，包括暴露在海外被監聽的人是誰。

但有時候他們會發現顯然值得檢察官調查的東西。一家美國公司的僱員收受外國政府的錢以竊取使用者資訊就是個例子。因此情報單位把訊息傳遞給司法部，然後輾轉交給舊金山的聯邦調查局辦公室。

二〇一五年底，一名聯邦調查局探員從位於舊金山骯髒的田德隆區老舊的聯邦建築走下山坡，經過一個到處可見注射針頭的街區來到推特總部所在的市場街。這名探員與公司律師坐下來後透露一個消息：推特內部有個內奸。

當時亞布耶莫已經離開公司，但阿札巴拉仍然很活躍。情況很敏感，這名探員解釋說，調查還在初期階段。探員要求公司不要告訴阿札巴拉發生什麼事——如果他走漏調查的風聲可能危及這個案子。

但推特的律師群懷疑聯邦調查局的說法。和許多科技圈的公司一樣，他們厭惡執法當局自以為是地認為可以任意取得私人資訊。對推特的律師來說，使用者資料是神聖不可侵犯的。即使美國政府要求提供資料以追究誰洩露給外國政府，推特也不願合作。所以推特的律師沒有遵守聯邦調查局要求的保密以協助辦案，而是在第二天下午就找來阿札巴拉，指控他不當進入使用者帳號，並告知他已被暫時停職。

阿札巴拉回家並打電話給他在灣區科技圈認識的一個沙烏地裔創投資本家朋友，幾個小時後這個朋友來接他，阿札巴拉告訴朋友他出事了。他因為「好奇」而進入一些使用者的帳號，並且被發現了。現在他被推特停職，並且自認必須返回沙烏地。

「為什麼？」他們坐在朋友的汽車裡，這個朋友問：「我不認為這件事有什麼嚴重。」他告訴阿札巴拉，要是有法律或安全的顧慮，警方或其他單位早就逮捕他了，而且不會允許他離開美國。

「不，我必須離開。」阿札巴拉說。聯邦調查局取得的電話紀錄顯示，他用朋友的電話打給阿薩克爾，最後阿薩克爾連絡上洛杉磯的沙烏地領事館。經過一番交涉後，阿札巴拉在剛過午夜不久與領事通了電話。不到七個小時後，阿札巴拉和他妻子與女兒登上洛杉磯飛往利雅德的班機。他在班機上發了一封給推特上司的辭職電子郵件。

司法部官員大為震怒，推特搞砸了他們的案件，走漏消息給一個他們想逮捕的人——一個他們會以為外國政府從事間諜工作的罪名指控他觸犯推特的規定，並且竊取使用者隱私資訊的人。現在他已經鞭長莫及。至於阿札巴拉，阿薩克爾給他一個穆罕默德基金會的工作，以確保他日後的生活。根據司法部提出的法院文件，阿札巴拉的職責是為王國的利益「監視和操縱社群媒體」。

穆罕默德在推特下的功夫似乎有效。許多沙烏地人似乎真的對他快速果斷的改革刮目相看，甚至一些過去傾向於批評沙烏地政策的人也是如此。曾擔任沙國政府官員的資深新聞記者賈邁勒·卡舒吉有超過一百萬名推特跟隨者，剛開始也改變他的立場。他在二〇一五年接受《中東觀察》訪問時，為果斷風暴行動辯護，稱它是沙烏地阿拉伯不會容許伊朗控制該地區的重要跡象。而且他對穆罕默德的改革似乎很熱中。「沙烏地應該成為這股自由復興運動的一部分。」他告訴訪問者：「我希望我的國家站在歷史的這一邊。」

蓄著灰白鬍子的卡舒吉在說好故事時總是咧著嘴笑，他從一九八〇年代就開始報導沙烏地王室的新聞。他在職涯中見識過許多事，包括奧薩瑪·賓拉登和他在阿富汗的聖戰士組織，他也曾在華盛頓特區的沙烏地大使館任職，也受過王室高層的寵愛和失寵。

雖然卡舒吉一度讚揚賓拉登在阿富汗的努力，這位新聞記者反對他的國際恐怖主義。在賓拉登遭殺害後，他在推特上寫道：「剛才我放聲大哭，為了你阿布·阿卜杜拉。」他以親暱的小名稱呼賓拉登，意指他是阿卜杜拉的父親。「在阿富汗那些美好的日子裡，你既美好又勇敢，在你向仇恨和憤怒屈服前。」

他的政治盟友和對紹德家族的批評有時候徘徊在可被接受的邊緣；但有時他會跨越紅線。一篇訪問巴林行動主義者的文章導致巴林當局關閉由他共同創立的「阿拉伯電視台」，當時該電視台才開播數個小時。

但卡舒吉獲得的待遇一直就像他是個任性的家人一樣，即使在發生會終結其他新聞記者職涯的事件後，他似乎總是能再度獲得當局的寵幸。他一度收受圖爾基・本・阿卜杜拉的沙烏地商業夥伴支付的十萬美元，寫了幾篇奉承馬來西亞總理的文章——比起後來爆出的一馬發展有限公司的大醜聞，這只是個小事件。但在二〇一五年，身為曾經批評王國領導階層的記者，他對穆罕默德的讚揚對有影響力的外國人來說十分有分量。他是一個有魅力和足智多謀的角色，既是新聞記者，也是公關官員，後來又成為異議者。

塑造公眾信譽是穆罕默德打磨形象努力的一部分，同樣重要的是他致力於私下向外國領袖展現，雖然他年輕、缺少經驗和排名在王位繼承的第二順位，但這位親王在新沙烏地阿拉伯是一個舉足輕重的人物。

因此在接掌國防部、對葉門展開空襲行動，和控制沙烏地阿拉伯的國營石油公司後，穆罕默德決定開始行事像國家元首。有一天大約晚上十點，他在利雅德的辦公室和一位他信任的中間人——美國大使威斯特法爾——坐下來。

威斯特法爾是一位和善而幹練的美國軍事管理老將，也是典型的老派外交官：平易近人但也滑溜而敏銳。他的圓臉帶著隨和的笑容，可以用傻氣的笑話或自嘲的故事為緊繃的會談降溫。每次回美國時，他一定會在格林威治村一家他喜歡去的書店購買兒童書，然後帶回沙烏地送給沙爾曼國王——他們在沙國買不到，而國王喜歡唸兒童書給他的孫兒女聽。

有一次威斯特法爾帶給沙爾曼一本《李伯大夢》。「這是一本應該能引起你共鳴的書。」他告訴沙爾曼：「想像如果有一個人在你當上利雅德總督時睡著，然後一睡四十八年在你離開這個職位時醒來呢？你會看到一個完全認不出來的現代城市。」

即使在奉承和開玩笑的同時，威斯特法爾在沙爾曼登上王位前很久就已注意到穆罕默德，他向白宮官員回報這個年輕人具有王室成員中少見的好奇心、企圖心和做事態度。穆罕默德也發現威斯特法爾對他的注意，感覺這位大使願意聽他說話，因此隨著他獲得更大的權力，他愈來愈把威斯特法爾當作傳達訊息給華盛頓特區的管道。這表示他經常與這位大使進行深夜會談。

在那次晚上十點的會見中，穆罕默德告訴大使，普亭總統邀請他到克林姆林宮會談。但穆罕默德說，他希望先到美國做一次正式訪問。邀請必須來自歐巴馬總統。威斯特法爾答應轉達他的要求。另一方面他也表示，如果穆罕默德真的見了普亭，這位大使很願意聽聽他的想法。

穆罕默德渴望訪問美國，因為那將明顯地展現這位初出茅廬的親王將變成一個尊重兩國特殊關係的世界領袖。但美國總統通常只會見其他國家元首，而非他們的繼承人。而且穆罕默德甚至還不是繼承人。在當時，穆罕默德·本·納伊夫是第一順位王儲，穆罕默德·本·沙爾曼排在其次，他還差了兩步。

因此穆罕默德決定先會見普亭，但也安排了一扇通往白宮的後門。由於美國與沙烏地宿敵伊朗談判限制其核子野心帶來的緊張，歐巴馬政府決定決定召集美國的波斯灣盟友在大衛營討論區域情勢。沙爾曼婉拒參加，而歐巴馬幕僚擔心他有意輕忽，直到得知國王身體不適。他派遣王儲穆罕默德．本．納伊夫和他兒子穆罕默德．本．沙爾曼代表他參加。

以年紀和頭銜看，穆罕默德．本．納伊夫都是資深親王，但據一名陪同兩位親王前往美國參加會議的安全官員說，穆罕默德．本．沙爾曼「並不聽從納伊夫」，而且這種互動美國人看在眼裡。穆罕默德對美國官員問的任何問題提供他的看法，毫不顧忌沙烏地文化中對更年長和更資深官員的服從慣例。歐巴馬要求改善沙烏地阿拉伯的人權紀錄。

穆罕默德利用這趟行程向歐巴馬的主要幕僚透露他積極的經濟改革策略。他從阿卜杜拉還是國王時就潛心策劃至今兩年多，現在他有機會向世界最大經濟強權的領導人展現它。在白宮西廂的羅斯福廳，掛著一九四五年與伊本．紹德在一艘船艦上奠立沙烏地—美國聯盟基礎的小羅斯福肖像。穆罕默德在那裡向包括財政部長路傑克（Jack Lew）在內的美國官員，報告他轉移沙烏地經濟到石油以外部門的計畫。

這套計畫清楚地整合在一起，顯然由熟知如何把近乎烏托邦的構想，變得務實可行的美國顧問修飾過。穆罕默德解釋道，沙國將首度在國內實施稅制，削減電力補貼，並鼓勵私人部門優先僱用沙烏地人而非外國勞工。計畫也將引導石油財富到外國投資，減少目前幾乎完全仰賴石油收入的情況。

這些構想聽起來不錯，但數字似乎太過樂觀，尤其是對沙烏地經濟將多快成長和可以創造多少新就業的假設。當陸伍提出進一步的問題時，穆罕默德的回答顯得很膚淺。一名會議參與者說：「顯然除了經濟計畫的表層外，他對實質層面了解不多。」

在這位親王說話時，陸伍邊點頭邊傾聽，會議後他告訴另一位白宮官員說，對一個如此年輕和才進入政府的人來說，穆罕默德擁有非同尋常的信心。另一名與會的白宮官員則有較不委婉的說法：親王的經濟假設背後的數學有錯誤。

而這不只是一個沙烏地阿拉伯的問題。如果穆罕默德真的要減少對他子民的救濟、實施新稅和增加他們的電費，而且無法讓經濟創造他所預測的新就業，那麼沙烏地阿拉伯將陷於動盪不安，進而搖撼區域的穩定。

幾天後，穆罕默德飛往俄羅斯與普亭會面，並簽訂數項影響性相對較小的政府對政府協議。

在同一年夏天，白宮官員注意到他們與沙烏地駐美國大使阿德爾・朱拜爾（Adel al-Jubeir）談話的改變。在華盛頓外交圈任職近二十年的朱拜爾，在正式或非正式場合開始更常談到穆罕默德，例如八月在南塔克特他家中與美國國務卿凱瑞（John Kerry）的正式會談時。

一名前美國官員回憶說，朱拜爾是在「推銷穆罕默德・本・沙爾曼將是未來五十年的沙烏地阿拉伯國王，而那令人感到困惑」。當時穆罕默德是排名第二的王儲。為什麼他的姪子穆罕默德被說成是未來的國王，但實際上他只是第二順位的王儲？

「我們對這種說法有點懷疑，因為朱拜爾似乎只是特別欣賞他。」那名前官員說，意思是這位沙烏地大使只是特別喜歡這位充滿魅力的親王，而不是真的發生了權力轉移。白宮和國務院的幕僚覺得這類談話很古怪——他們不想被捲入紹德王朝內部的鬥爭。「挑選下一位沙烏地阿拉伯統治者不是我們的事。」他們對彼此說。

到了九月，穆罕默德再次訪問白宮，這一次是陪伴他父親——他已從流感復原——與歐巴馬進行較正式的會談。當時美國已與伊朗簽訂核子協議，而穆罕默德並未掩飾他的失望。在凱瑞位於喬治城家中的晚餐後，穆罕默德走向凱瑞的小三角鋼琴，開始演奏貝多芬的《月光奏鳴曲》，這場表演讓賓客大為驚豔，國務院呈給白宮的正式報告裡還特別提到它。他後來告訴一名顧問，他自學彈奏了幾首鋼琴曲。

穆罕默德也一反美國人過去面對面會見沙烏地親王時常聽到的客套話及避免直接衝突的印象。穆罕默德並沒有提高聲調或發脾氣，而是偶爾帶著微笑告訴凱瑞，歐巴馬在中東地區犯了三個重大錯誤：在阿拉伯之春期間放棄埃及的穆巴拉克；當敘利亞跨越「紅線」使用化學武器時沒有動用武力；以及與伊朗磋商核子協議時未徵詢沙烏地的同意。但當沙爾曼與歐巴馬發表聲明時，這位國王表達對伊朗協議的支持，而不想公開表現與盟友有歧見。

對穆罕默德來說，這是一個眼花撩亂的夏季。他出任高階官員還不到一年，但已踏進地緣政治的一個棘手領域。沙烏地阿拉伯最堅定盟友的領導人歐巴馬，似乎對沙國抱持冷淡而懷疑的態度，願意與沙烏地阿拉伯的死敵伊朗談判。穆罕默德在返國後對利雅德的一個朋友表達他的失望，說美國在克林姆林宮的長期敵手似乎也精於計算和交易，沒有什麼好處可以給沙烏地阿拉伯。

但從一層重要的意義看，這趟訪問是一大勝利：世界各地的通訊社，以及最重要的沙烏地阿拉伯的新聞媒體，都報導穆罕默德．本．沙爾曼與其他國家領導人進行嚴肅的討論。他與普亭和歐巴馬談話的形象證明他在海外的重要性，使他看起來有當國王的資格。

穆罕默德竄升的知名度可能有助於提升他在年輕沙烏地人心目中的地位。但這也使他在國內的敵人焦慮和愈來愈鋌而走險。一個只願意自稱是伊本·紹德孫子的對手，決定對他施以致命的打擊。他寫了一些匿名的抹黑函給王室家族的高階成員，同時張貼在推特上，被閱讀和轉推數百萬次。包括英國《衛報》在內的報紙，都以顯著版面報導了這些匿名信。

信中的批評極其嚴厲。作者寫道，沙爾曼已「喪失能力」，沙烏地被「在無能為力的國王背後」操縱的「少年傻瓜」統治。這些傻瓜中最首要的是「貪腐和破壞國家的竊賊穆罕默德·本·沙爾曼」。作者呼籲沙爾曼尚存的兄弟罷黜國王，並指派比穆罕默德更年長和更有經驗的人掌管政府事務。他寫道：「我們呼籲伊本·紹德的兒子們，從最年長的班達爾到最年輕的穆克林，與高階家族成員召開緊急會議以展開調查，並議定拯救國家的辦法，改變優先事務的順序，從統治家族的每一個世代引進人才。」

表面上看，沙烏地阿拉伯沒發生任何事。皇宮沒有發表任何評論，也沒有官方證實國王看到或收到那些黑函。但穆罕默德極為憤怒，並下令調查誰洩漏訊息。他的敵人膽子變大了，所以他必須向他們展示他已更加強大和更有企圖心。

CHAPTER 4

我是策劃者

二〇一五年九月

二〇一五年九月十一日下午五點以後，麥加瀰漫著世界末日的氣氛。天空在沙塵和下雨中逐漸變暗，夾雜著每小時六十哩強風的呼嘯聲。突然間幾乎就像慢動作那樣，十幾架矗立在麥加大清真寺之上的起重機之一開始翻覆。當起重機的六百二十呎橫臂——比華盛頓紀念碑還長——撞擊在它的牆壁上，整架起重機似乎在它自己的撞擊力下融化。在清真寺的庭院內，指引穆斯林祈禱方向的天房黑色立方建築，因為支撐的鋼架倒塌而壓死一百一十一人，其中有許多人來自埃及和孟加拉，他們正進行畢生一次前來這個伊斯蘭教中心的朝聖之旅。另有四百多人受傷，到處可見血跡和破碎的大理石塊。

這是一樁無以言喻的悲劇，是近代史上最嚴重的起重機意外。究責突然轉向監督大清真寺——或稱為禁寺——重修的公司沙烏地賓拉登集團，它是沙烏地阿拉伯最大的私人集團之一。它的名稱來自出生於南葉門海岸的公司創辦人穆罕默德·賓拉登，他在王國創立初期憑著與逐漸富裕的王室家族建立關係，興建了許多宮殿和別墅，並得以承接備受矚目的麥加建設工程。

穆罕默德·賓拉登逐漸變成沙國最富有的非王族，在一九六七年去逝後，他的五十六個兒女繼承了他的遺產。其中一個兒子是奧薩瑪·賓拉登，他創立的蓋達恐怖組織在劫持民航客機撞擊紐約世貿中心和五角大廈後，促使美國捲入在伊拉克和阿富汗的一連串戰爭。

意外發生時，穆罕默德・賓拉登的兒子們擁有的沙烏地賓拉登集團，正監督大清真寺持續多年的重修工程。沙爾曼和穆罕默德氣急敗壞，那是所有死傷者及其家屬的悲劇，但也是對沙烏地阿拉伯和統治者紹德家族信譽的一大打擊。國王是伊斯蘭教聖城的守護者，而伊斯蘭教本身的中心卻發生了大災難。

麥加和麥地那兩個聖城也是沙烏地阿拉伯政府僅次於石油的第二大收入來源，每年帶進數十億美元。理論上它們帶進的錢是王國非石油經濟最重要的來源，但即便是這個收入也是一個幻象。管理不善意味沙烏地政府實際上一年支付將近一百億美元，以維持兩個聖城以最高的標準運作。儘管如此，王室把履行守護清真寺的承諾視為它合法性的基礎。

對穆罕默德・本・沙爾曼而言，這場悲劇是擴大他已無人可及的權力的大好機會。從他父親繼承王位以來，他曾與當時六十九歲的沙烏地賓拉登集團董事長貝克爾・賓拉登（Bakr bin Laden）會談，請他參與穆罕默德的振興王國經濟計畫。「我們需要你把你的公司公開上市。」他告訴貝克爾，並解釋沙烏地證券市場的規模是他改革計畫的關鍵部分。「我們可以成為夥伴。」

穆罕默德在顧問群的協助下，把這個家族集團視為大而無當的歷史遺跡，他希望推廣所有權與管理分開、公開揭露財務報表，以及充滿活力的資本市場。這看起來也是個較容易的目標，它不會搖撼伊斯蘭教保守主義的基礎，不像容許婦女駕駛汽車等其他計畫。

但虔誠而含蓄的貝克爾對這種改變心存戒慎，而且習慣於與沙烏地王族打交道的舊方法，特別是二〇〇五年去逝的法赫德國王，以及阿卜杜拉國王。和黎巴嫩哈里里家族擁有的沙烏地歐格公司一樣，沙烏地賓拉登集團能夠壯大部分原因是很了解紹德家族想要什麼。如果那表示在短短幾個月為一個新王妃蓋一座宮殿，他們就會把事情辦好。付款可能要等很久或完全收不到，賓拉登集團不會吭一聲。但這是一個年輕親王提出的更大的要求：他想在核心的商業決定有發言權。

貝克爾委婉拒絕了穆罕默德，說市場情況還不理想。穆罕默德十分惱怒，暗示這是個不智的決定，因為對所有重大計畫的重新檢討可能導致一些工程被取消或延遲。貝克爾打電話給他的兄弟，討論他的憂慮。

在起重機倒塌後，賓拉登集團遭到攻擊。沙爾曼頒布皇家命令，暫停該公司的所有合約以靜候調查。生意立即陷於停頓，不但所有進一步的政府合約斷絕，既有計畫的支付也已停止。當時公司有三十萬名員工，大多數是來自印度和巴基斯坦的工人，營運很快耗盡它的現金，並達到一個危機點。穆罕默德也以私怨對待賓拉登家族，對與起重機意外有關的高階主管和一些賓拉登兄弟下達旅行禁令。

發現問題的嚴重性後，貝克爾想盡一切辦法，包括把事業的控制權交給兄弟之一，以示為起重機意外負全責。他僱用一群以德國金融家為首的西方企業人士來重組公司，但一切都無效，營運持續凍結。

沙烏地歐格公司的薩德・哈里里擁有黎巴嫩和沙烏地雙重國籍，而且擔任黎巴嫩總理，他也苦於無法維持現金流量。歐格公司的管理不良，且幾乎沒有因應付款延遲的緩衝。薩德急切地嘗試贏得穆罕默德·本·沙爾曼的認可，自願為穆罕默德在沙爾曼國王，位於丹吉爾廣闊的海濱宮殿加蓋一棟豪宅。當穆罕默德暗示他希望在皇宮有一條更直接的通道，可以進出他堂兄穆罕默德·本·納伊夫的居所時，薩德親自與工人加夜班，鑿穿大理石和水泥以便完成任務。穆罕默德謝謝他，但顯然覺得這件事沒有交換條件。薩德沒有贏得任何善意。

在法赫德和阿卜杜拉兩位國王統治下長大的薩德，驚訝地發現紹德家族的交往規則已經改變。他的家族公司從為國王、親王和高階政府官員蓋宮殿交換取得政府生意，賺進好幾倍的財富。現在他苦於想不出拯救他的家族事業帝國的方法。而且沙爾曼厭惡薩德，認為他是個諂媚的小人。

更糟的是，薩德與已故阿卜杜拉國王的隨從過從甚密，特別是阿卜杜拉皇宮總長哈立德·圖瓦伊里。在沙爾曼加冕之後幾個月，他和兒子穆罕默德聽說哈里里家族從阿卜杜拉的兒子們獲得龐大金錢的傳聞。在皇宮內外，人們竊竊私語薩德曾提著裝滿現金的許多手提箱，搭乘他的私人飛機從利雅德飛往貝魯特或日內瓦。在二〇〇〇年代初的一趟旅程中，薩德在飛機上告訴朋友，機上一疊十呎乘十呎的皮製手提箱裝滿的百元大鈔，是為了在瑞士購物花用。

阿卜杜拉國王駕崩後，穆罕默德終於可以完全看到政府以及阿卜杜拉和他自己家族的銀行帳戶，而且他對看到的大感驚訝。阿卜杜拉國王在世時比起他子女相對儉樸得多，他把龐大的財產留給了子女。每個女兒各獲得超過十億美元，兒子獲得至少兩倍於這個數字。在阿卜杜拉的宮殿裡發現成堆的現金——以百元大鈔的形式——總共超過十億美元，還有數十億美元流向阿卜杜拉國王的基金會，這個基金會是由國王設立但現在由兒子們控制的慈善機構。

還有許多錢流向阿卜杜拉身邊的人，特別是圖瓦伊里，以及阿卜杜拉的禮賓大臣穆罕默德・圖拜什。以官員身分來看，每個與哈里里家族關係密切的人都極其富有。

穆罕默德在沙爾曼繼承王位之前許多年就已知道圖瓦伊里是敵人，但圖拜什在沙爾曼繼位後頭幾個月仍設法保住工作，直到他被拍攝到掌摑一名新聞記者。沙爾曼立即開除他，穆罕默德也開始深入調查圖拜什的財務。一個基本上是國王總管家的人，是如何在利雅德獲得一座大牧場、一座養馬場、數十輛豪華汽車，以及足夠的錢與沙爾曼的兩個兒子合夥創立一家倫敦的投資基金？還有他怎麼有錢開一座阿拉伯馬的種馬場，僱用大批的外國賽馬專家和獸醫？

這些財富有一大部分與哈里里家族有關。薩德・哈里里的父親拉菲克（Rafic）創立了家族企業沙烏地歐格，也是薩德之前的黎巴嫩總理，他在阿卜杜拉成為國王之前許多年就已處心積慮培植圖拜什。

這時候，穆罕默德升高他與貪腐的公僕，和透過賄賂建立財富的私人營運商的衝突。在獲得父親派任為經濟轉型領導人後，這位親王要求企業人士和王室成員必須履行愛國的職責，即使那表示蒙受財務損失。對一個數十年來故步自封的國家來說，這是一個巨大的改變。多年來那些有錢的企業付錢給王室成員和政府官員，但從來沒有一個國王或親王願意為了必要的改革而製造敵人。

你不會聽到有人抱怨——至少在公開場合。私底下，已故阿卜杜拉國王的子女會發牢騷。圖爾基．本．阿卜杜拉——不久後就被穆罕默德邊緣化的第一順位王儲——曾對他的姊妹們抱怨沙爾曼向來就很古怪。他說沙爾曼擔任利雅德總督長達四十八年是因為他太難以預測，所以不能擔任重要的政府閣員。但阿卜杜拉的子女小心翼翼地只在私下批評——小心到在阿卜杜拉死後，他們養成交談時把行動電話留在另一個房間的習慣，因為擔心穆罕默德的手下可能在他們的家中監聽談話。據後來的發現，有時候他們確實遭到監聽。

賓拉登和哈里里家族遭到穆罕默德的重創。一個西方企業人士簡潔地解釋其中的哲理：「你被別人惡搞了，但你仍面帶微笑。」

另一方面，穆罕默德似乎認為他可以藉政府權力作靠山做自己的生意，並且直接與民間企業競爭。和他競爭等於帶著奶油刀面對槍戰。他每一次都贏。在他眼裡，他的想法永遠是對的。

穆罕默德最好的生意構想之一也專注在與麥加和它一年一度的朝聖有關的商機。每年有多達二百五十萬名世界各地的穆斯林湧進麥加，繞行天房祈禱和履行他們信仰的心願。對其中約一百八十萬名來自王國以外的人來說，沙烏地阿拉伯的國營航空公司幾乎壟斷了飛到最靠近麥加的吉達機場的航線。

儘管擁有全世界最多的朝聖客作為忠誠的顧客，沙烏地航空卻不賺錢。這家航空公司以管理不善著名，還有沙烏地政府各部門收受回扣和採購弊端也一樣有名。沙烏地航空在飛機的投資也不夠，其老舊的機隊使得維護工作困難重重。一大群外籍營運專家也無法讓它轉虧為盈。

沙爾曼坐上王位後不久，穆罕默德決定解決沙烏地航空的一大問題。他希望為這家航空公司購買一個新機隊。這將是一筆大交易，價值可能超過一百億美元。但有個小難題：在阿卜杜拉國王死前不久，沙烏地航空已經與歐洲飛機製造商空中巴士簽訂一樁交易，同意購買五十架空中巴士新客機，而沙烏地公共投資基金計畫提供融資。對沙烏地航空來說這是一筆好交易，同意一次預購這麼多客機換來很大的折扣。

不過，從穆罕默德的觀點看，這樁交易有個大問題：它沒有經過他。這是個嚴重問題，因為就在幾個月前，一家與他的家族有關的公司才跨進飛機事業。

穆罕默德的弟弟圖爾基透過一連串交易，在二〇一四年成為設在杜拜的量子投資銀行董事長和主要持股人，然而實際上穆罕默德是它最終的控制者。量子投資銀行雖然是金融機構，過去的紀錄卻幾乎空白。它與一位長期涉足伊斯蘭金融的杜拜金融家有關。

伊斯蘭教律法禁止放款賺取利息。近數十年來開拓這個領域的金融家已發展出伊斯蘭教專家認可的幾種結構，允許在技術上不收利息的放款。以最簡單的說法，這些結構附加手續費在合約裡，以取代利息支付。這是市場上的特殊區塊，但因為可以從沙烏地阿拉伯、阿拉伯聯合大公國和科威特等虔誠和富產石油國家的投資人取得龐大的資金，所以它很快變成一個利潤豐厚的利基。

沙爾曼家族的量子投資銀行聯合另一家幾乎沒有人聽過的杜拜公司，做了一項出人意料的宣布：它們將創立可能成為世界最大的飛機租賃公司。這家名不見經傳的公司一夜崛起，招募一群來自黎巴嫩和摩洛哥的聰明金融營運者在杜拜成立辦公室，成為從產油波斯灣國家匯聚資金的管道。他們的策略是向伊斯蘭投資人籌集資金用以購買飛機，然後租賃給航空公司。貸款購買飛機的成本和向航空公司收取租賃費用的利差，將是這些投資人的利潤。

這對沙爾曼家族的量子投資銀行是一樁特別好的交易，因為這家小銀行可以藉扮演所謂的募資經紀商收取費用。這表示量子的工作是募集資金，並可保留一部分募得的錢。不管租賃事業成功或失敗，量子保證都有錢賺。它與沙爾曼家族的關係意味想攀附這個王室家族的潛在投資人，只要投資就可以達到目的。這個基金後來籌募了數十億美元。穆罕默德的工作是確保有客戶願意租賃其飛機。

這個任務等到他父親坐上王位就容易多了。沙爾曼繼承王位後不久，穆罕默德派一位屬下告訴沙烏地航空公司，它將不會直接向空中巴士公司購買飛機，而是由量子投資銀行的合夥公司來購買飛機，然後由沙烏地航空向該公司租賃飛機。根據租賃條款，沙烏地航空租賃飛機的價格大約是購買一架新空中巴士的一般市場價格。「這是對所有人都有利的交易。」穆罕默德告訴朋友。他的家族將賺一些錢，而沙烏地航空將以市場價格獲得新飛機。

沙烏地航空的主管當時抱怨，問題是根據舊交易，沙烏地航空將不必支付市場價格，而是能以飛機買主的身分獲得折扣。根據新交易的條件，市場價格的百分之六十將由與沙爾曼家族銀行有關的基金獲得。然後他們準備把有折扣的飛機以沒有折扣的價格，租賃給沙烏地航空。但穆罕默德下令要這麼做，而空中巴士——儘管有一些主管擔心這樁交易幾近貪瀆——同意照做。

穆罕默德表現出好像這是他父親坐上王位以來他的第一次重大商業勝利。事後不久他在一次宮殿聚會中得意地向在場者說：「我是這樁交易背後的策劃者。」

穆罕默德了解錢在沙烏地阿拉伯的幾個層面上是權力的關鍵。對他最親近的家族來說，錢讓沙爾曼有能力在可能變成敵手的部落間慷慨施捨，和收買希望擁有更多政治力量，但願意屈就大筆金錢的新一代親王。在較高的層面上，控制國家財政讓穆罕默德得以在他的新經濟中挑選贏家和輸家。

他原本可以繼續給賓拉登集團和歐格公司營建工程，然而在那段期間他挑選的較小型營建公司的業主都較順服，與敵對家族派系的關係也較疏遠。但最重要的是石油錢。它不但支撐起現代的沙烏地阿拉伯，而且未來那些油田將如何管理的問題將決定王國的方向。

穆罕默德對如何管理石油財富有一幅清楚的藍圖。只要沙烏地阿拉伯生產和出售的石油是主要收入來源，王國將繼續受制於依賴石油產品的舊經濟。但身為著迷於科技的千禧年世代，穆罕默德堅信那個時代即將沒落，而他的改革將讓國家轉向更可長可久的收入來源。

穆罕默德告訴父親，他已決定追求他迄今最進取的經濟計畫。他想出售沙烏地阿拉伯石油公司——世界最大的公司，也是把一塊貧瘠的荒漠變成一個現代國家的引擎——的一部分股權，並以獲得的現金投資在其他事業。穆罕默德認為，有像他這麼精明的投資人掌控大權，這套策略將帶來比光靠生產石油更高的報酬率。

雖然穆罕默德對沙爾曼國王說這是他自己的計畫，實際上那是國王的姪子阿瓦里德·本·塔拉勒二〇一二年提出的，差別在於阿瓦里德對他叔叔——即當時的國王阿卜杜拉——沒有影響力。另一方面，穆罕默德在提出計畫時已經很有影響力，畢竟他父親是國王。

但為了發揮影響力，穆罕默德必須隨時警覺對他權力的威脅。它們來自有異議的親王們和不服從的朝臣。最大的威脅是穆罕默德·本·納伊夫，以及與美國關係最緊密的紹德王族。

從九一一恐怖攻擊事件以來，穆罕默德·本·納伊夫就一直掌管與美國協調反恐怖主義行動。這已證明是必要的工作——如果沙烏地阿拉伯不加入美國的行動以清剿伊斯蘭教極端分子，沙國可能遭到主要強權的摒棄。有這麼多沙烏地人參與恐怖攻擊，王國必須證明自己不但是可靠的盟友，而且也深信相同的原則。美國漸漸喜歡穆罕默德·本·納伊夫。他安靜而沉穩。他仔細傾聽，不做不切實際的承諾，而且會把事情做好。那表示如果美國情報單位截獲有關某個沙烏地有錢人支持中東地區極端分子的訊息，穆罕默德·本·納伊夫會協助提供更多訊息、凍結資產，或展開逮捕行動。

穆罕默德·本·納伊夫也有美國人蒐集到的弱點。在二〇〇九年一次暗殺他的企圖中受傷後，他變得比過去更容易疲倦。他會在會議中打瞌睡。沙烏地阿拉伯國內謠傳——美國情報圈也盛傳——他在歐洲尋歡作樂的行為可能遭到洩漏。等到沙爾曼登基為國王，傳到美國的謠言更加黑暗。部分美國政府官員認為這些洩漏的訊息可能派上用場——那表示必要的話可以成為操縱的籌碼。不過，其他人感到不安：如果這種資訊是故意傳到國外，它可能輕易在紹德家族內部被用來破壞穆罕默德・本・納伊夫繼承王位的理由。

美國情報圈的許多人對穆罕默德・本・納伊夫保持相當的尊敬，因為他似乎專心一致地投入其他沙烏地親王忽視的辛苦工作：在一個權力由個人把持的王國，穆罕默德・本・納伊夫似乎決心建立穩健的體制。

作為專制君主國的沙烏地阿拉伯有一個大缺點，即國王和他直接指派的人掌控一切。新國王或重要職位的新派任者會任用他自己的人馬，抹除已經累積的所有經驗和知識。高階職務是透過個人關係取得，而非出於才能考量。美國官員不斷告訴沙烏地的政治人物，要發展穩定和能幹的政府，沙國需要建立符合自己文化的體制和一以貫之的繼承計畫。問題是許多紹德家族的成員似乎認為強大的體制是對他們家族的威脅。他們希望權力仍由個人掌控，即使那不符合國家的利益。穆罕默德・本・納伊夫似乎是例外。曾任將軍數十年、後來擔任中情局局長的裴卓斯（David Petraeus）在華盛頓特區和沙烏地阿拉伯與穆罕默德・本・納伊夫相處過許多小時，他說：「我們兩個人坐下來，討論建立體制的問題，那讓我留下深刻的印象。」

在專注於建立一個超越自身權力的穩健安全體制的同時，穆罕默德・本・納伊夫安排一個他信任的副手薩德・賈布利（Saad al-Jabri）——一個虔誠的人，留著完美修飾過的鬍子——作為保持與美國合作打擊恐怖分子的核心人物。專職擔任公職的賈布利花數年時間處理美國情報單位的要求，他與美國中情局、軍方和國務院建立信任的關係，美國官員都知道這位擁有學位的「薩德博士」。賈布利也帶領一項協助改造極端分子的計畫，並獲得美國官員的正面評價。

美國情報圈有許多人對賈布利的信任程度遠超過對王室家族成員的信任。穆罕默德發現這點，認為那是接近美國反恐怖主義官員和博取他們信任的機會。所以在他父親登上王位後，穆罕默德協助賈布利擢升為皇宮的內閣層級官員。這個晉升並非出於賈布利或他的保護者穆罕默德·本·納伊夫的要求，而且賈布利的盟友懷疑穆罕默德嘗試收編他對手的副手，以獲得一個對美國有影響力的人。

在沙爾曼統治的頭幾個月，穆罕默德徵詢賈布利有關安全的問題，特別是與美國有關的事務。但賈布利始終未獲得穆罕默德核心圈的接納。像紹德·卡塔尼這些盟友對長期效忠納伊夫的新加入者抱持懷疑態度，這些人希望穆罕默德成為下一個國王，並擔心賈布利站在他的首要對手那一邊。

穆罕默德在阿布達比——阿拉伯聯合大公國的酋長國之一——政府內部的盟友也厭惡賈布利，原因是穆罕默德·本·納伊夫和統治阿布達比的阿勒納哈揚家族間多年來的嫌隙。二〇一五年二月在阿布達比一項國際武器採購會議上，穆罕默德·本·扎耶德·阿勒納哈揚王儲向穆罕默德透露一個震驚的消息：賈布利是伊斯蘭教政治團體穆斯林兄弟會的祕密成員；而穆斯林兄弟會正是阿紹德的死敵。這是一項沒有根據的消息，阿布達比領導人後來也這樣告訴美國政府的連絡人。

轟炸葉門的行動展開後，穆罕默德和賈布利的摩擦開始加劇。賈布利反對這項行動，擔心它會讓王國陷於泥淖。穆罕默德沒有聽從建議後，賈布利提出辭呈，但穆罕默德未批准。賈布利因此請長假，往來於他兒子在美國的家和沙烏地阿拉伯之間幾個月之久，以等待做出決定。

當美國情報官員要求與賈布利打交道，以解決美國和沙烏地阿拉伯針對葉門行動的歧見時，穆罕默德短暫地召回賈布利繼續工作，但賈布利感覺愈來愈遭到排擠。

然後在二〇一五年九月，在沙爾曼國王出國旅行由穆罕默德·本·納伊夫在國內代理國王職務時，賈布利看到推特上跳出一則震驚的消息：他被革職了。穆罕默德·本·納伊夫一樣感到驚訝，他和賈布利同意這是雙重的侮辱。在穆罕默德·本·納伊夫代理國王時開除他的首席助手似乎刻意輕視這位王儲。穆罕默德開除賈布利的理由是，他正被調查未經國王許可而與英國和美國官員會談，包括與中情局局長布倫南（John Brennan）。皇宮成立一個委員會以調查賈布利十五年來的情報活動，雖然沙爾曼國王在穆罕默德·本·納伊夫說賈布利奉他的命令與那些官員會談後，解散了該委員會。

長期與賈布利合作的美國情報圈人士無不大感震驚，而穆罕默德·本·納伊夫則十分氣憤。但賈布利勸他就此罷休——開除他似乎有意升高穆罕默德·本·納伊夫和穆罕默德間的緊張，而這件事絕不會有好結果。

開除賈布利是對穆罕默德·本·納伊夫與美國關係的一大打擊，也是穆罕默德·本·沙爾曼想破壞它的警訊。

對賈布利本人來說，那代表遠離家園的生活。他擔心如果留在國內會遭到穆罕默德逮捕，因此賈布利與西方情報界的舊識連絡並潛逃國外，雖然王國多年來嘗試抓他回來，他迄今仍留在外國。

CHAPTER 5
找麥肯錫

二〇一六年一月

在沙烏地阿拉伯國家石油公司（Aramco）位於王國波斯灣海岸的總部裡，員工處於靜默的恐慌狀態。《經濟學人》雜誌一篇文章出版前的副本在二〇一六年一月那天早上送達，上面報導了公司裡沒有人料想到的消息。穆罕默德・本・沙爾曼已決定出售公司的部分股權給投資大眾，將創造一樁金融歷史上最大規模的股票上市案。

一名員工回憶說，「一片沉默的戰慄」籠罩主管辦公室。Aramco 的高階主管一直在建議穆罕默德分散沙烏地經濟的計畫，但他們從未考慮出售王國財政引擎的一部分。那就好像是在一個擠滿人的房間想出的主意，而沒有人知道這件事會有多困難。

大約十幾個人的 Aramco 公關團隊與高階主管開會，很快草擬一份聲明，讓它聽起來好像管理團隊早已提出建議和進行過許多討論。

在與政府官員會商時私下反對首次公開發行股票（IPO）計畫的董事長哈立德・法利赫（Khalid al-Falih），證實該公司正考慮出售股票，並誇讚公司有卓越的管理。幾天後他告訴《華爾街日報》：「沒有人擔心公司有任何弱點。」這種說法不是事實。在自稱的埃克森式企業效率底下，Aramco 的許多會計和管理作法可能讓國際投資人退避三舍，其中有些可能被視為警訊。

在紐約、倫敦和東京等城市的大型證券交易所交易的股票，必須遵守向投資人負責的嚴格規範。它們的帳冊必須透明，會計作法必須遵守國際接受的標準。對照之下，Aramco 基本上是一家世界最大的家庭式商店。它只對一個人負責，即沙烏地國王，而且沒有義務遵循任何其他人的規範。Aramco 的紀錄如此散漫，以致於幫它記帳的外國會計師事務所無法在每個財報季為它計算一以貫之的獲利和虧損——而這是公開上市公司最基本的要求。

Aramco 對外宣稱「自願遵循」國際會計標準。事實上，它省略了投資人用來量化石油公司績效的沉悶但重要的細節。例如，Aramco 的會計師將只是捏造油田的折舊率，而非遵守像埃克森和荷蘭皇家殼牌公司使用的標準計算法。折舊率對一家國王擁有的公司有什麼重要性？但對一家股票在國際市場交易的公司，捏造這類細節稱得上是犯罪。

這家公司在其他方面也缺少西方投資人預期的可責性。它的管理和支薪結構向來就不以任人唯才為原則。高層決策職位都被沙烏地人占據，即使他們比屬下的外國人缺乏經驗或資歷。而外籍員工的薪資和福利也主要按照他們的種族而非成就來決定。美國籍和英國籍工程師和會計師薪資高於印度籍或巴基斯坦籍。來自非洲的專業員工薪資還更少。

在這個產業的其他大公司已因為遭到巨額罰款和訴訟賠償——像埃克森的瓦爾迪茲漏油事件和英國石油的墨西哥鑽油平台爆炸等災難——而培養出對安全幾近偏執的態度，但 Aramco 從未被要求以同樣的標準運作。它是由沙烏地法院管轄，而法院則由擁有 Aramco 的相同王室家族控制。因此它缺少誘因，來努力避免成本高昂和遭到大眾責難的意外事故。在穆罕默德宣布IPO計畫之前幾個月，Aramco才發生石油業多年來最慘痛的災難，原因就是Aramco恣意輕忽基本安全措施。

這場災難發生在毗鄰Aramco總部的一個新住宅綜合區，是由該公司租來供非美國裔外籍員工居住的。興建並擁有這些公寓建築的沙烏地公司把建築蓋得很有現代感，還附帶一個中庭游泳池和運動區。

Aramco在員工進駐前派遣建築安全專家梅爾斯（Thomas Meyers）做例行檢查。沉默寡言的梅爾斯是科羅拉多州人，多年來擔任王國政府的建築檢查員和私人公司的顧問，在許多年前發生一樁Aramco員工宿舍的致命大火後也曾被該公司僱用。這是一個他覺得不錯的輕鬆工作，待遇好，可以悠遊地住在Aramco的宿舍區，也有機會把他的安全專業帶進一個需要它的國家。

梅爾斯在新公寓大樓區發現的狀況讓他大為震驚。他在寫給經理的一份報告中說，大樓區裡八棟六十呎高的建築每一棟都有開放的樓梯井，在失火時可能形成「煙囪」效應，吸進底部的氧氣，並把熱和煙燼帶到較高的樓層。這些建築沒有充足的滅火自動灑水裝置——違反Aramco自己的規定——也缺少適當的安全出口。公寓沒有火災偵測器。而且建築的電線配置潦草地用膠帶綑紮在一起。這些問題加起來構成「重大的生命安全顧慮」，梅爾斯和他的上司寫信給Aramco管理層，敦促公司不要讓員工住進去。

管理團隊忽視那封信，讓數十名員工和他們家人住進公寓大樓。住進去的巴基斯坦籍地質學家和會計師幾乎立即注意到，他們的新家有營建和安全的問題。一名住戶在電子郵件中向住房部經理抱怨，火災警報器似乎不管用，而且沒有防火安全燈。公司並沒有解決那些問題。

二〇一五年八月三十日清晨四點四十五分，公寓大樓之一的底層停車場一具變壓器故障，住在樓下小屋裡的菲律賓籍安全警衛聞到煙味並叫醒他的同事。他們分別跑遍整個社區，嘗試叫醒居民。但火勢蔓延比他們快。變壓器燃燒的機油引燃汽車輪胎，幾分鐘內爆炸聲開始震撼社區，每一聲都來自地下室的汽車爆炸。

火焰一如梅爾斯的預測從樓梯間竄升，較高樓層的居民沒有逃生之路。一名懷孕的女人從她的窗戶跳進中庭的游泳池，她的頭撞上水泥邊緣，導致她立即喪命。另一個家庭把他們的幼兒從陽台丟給下面中庭伸開雙臂等著接的男人。一對巴基斯坦夫妻從他們的窗戶往下跳，各抱著一個小孩，希望他們的身體足以吸收跌下時的衝擊。男人的頭部遭到重擊，兩腿骨折，但小孩得以倖免於難。

居民集合在中庭以便數點人數，並發現巴基斯坦地質學家拉濟（Ahmed Razi）和他的家人還不見蹤影。一個朋友打電話上樓，拉濟的妻子尼格哈特說她的公寓還充滿濃煙，而她丈夫已不省人事。她從公寓窗戶揮手，但救援人員的雲梯車無法進入中庭，因為公寓區的入口太小。

蘇丹籍的岩石物理學家吉布列達爾（Mohammed Gebreldar）幸運地帶著他兩歲的女兒逃出來，但他回去救他另外兩個小孩、他妻子和妻子的母親時，煙已經太濃。加拿大籍工程師明哈斯（Tariq Minhas）的妻子、兒子和兩個女兒也困在屋內。

大火撲滅後，救援人員搜尋公寓區。尼格哈特・拉濟和她的兩個女兒幸運存活。她丈夫和另一個女兒已經死亡。吉布列達爾的兩個小孩和岳母也已死亡。明哈斯的所有家人都未逃過一劫。總共有十個人死亡，是十年來石油業死亡人數最多的意外事件之一。

但 Aramco 並沒有像世界最大石油公司之一英國石油那樣，在美國面對嚴厲的刑事和民事懲罰。員工不能在沙烏地法院控告 Aramco，該公司支付相對很少的賠償給許多居民，但不是全部。有些人被迫支付搶救被燒毀汽車的費用和尚未清償的汽車貸款，作為離開沙烏地阿拉伯的條件。

有人不幸罹難的家庭只得到很少賠償，但因為女兒遭到永久性傷害需要住院而要求留在沙烏地阿拉伯的拉濟，卻在公司支付三萬二千美元賠償後被遣返巴基斯坦。後來在《華爾街日報》記者詢問 Aramco 她的情況後，公司才支付她更多錢。

加拿大工程師明哈斯得到不同等級的待遇。他是一個虔誠的穆斯林，Aramco 同意在聖城麥地那附近的一座著名墓園安葬他妻子和兒女。公司給明哈斯約六個月的假，並讓來自美國、加拿大和巴基斯坦的十多名家屬搭機來參觀麥加。Aramco 當時表示，雖然法院判決該公司「沒有法律或財務責任，公司仍選擇提供適度的救濟和補償以彌補造成的傷害」。Aramco 說：「我們員工、員工家屬和我們承包商的安全是最重要的。」但 Aramco 最大的一筆賠償金是支付給興建那個火災陷阱的沙烏地公司：它獲得五百萬美元賠償，因為 Aramco 把員工遷出已燒焦的公寓區被視為違約提早終止租賃。

Aramco 的安全紀錄是對投資人的警訊：如果該公司公開上市，意外事故的風險可能導致傷害股價的昂貴官司訴訟。

另一個顧慮是 Aramco 也從事生產、加工和銷售石油以外的許多事業。該公司的工程師和員工興建沙烏地阿拉伯的大部分基礎建設。公司的團隊鋪設了王國的第一條現代公路，並且興建學校、大學和醫院。它的分析師默默為任何投資和經濟構想提供建議，即使它們與石油毫無關係。穆罕默德．本．沙爾曼掌握大權後，他很快開始要求該公司深入研究像是引進主題公園到沙烏地阿拉伯這類構想。

Aramco 在做這類工作上有悠久的歷史。在二十世紀上半葉當油田還很新、而沙烏地阿拉伯還很窮時，Aramco 的員工消滅了王國內的瘧疾。作為國內最有能力的工程和計畫管理公司，Aramco 可以設計和完成其他沙烏地阿拉伯公司無法達成的計畫。它也提供補貼給沙烏地經濟。

為了讓獨裁統治下的人民滿意，紹德家族要求 Aramco 免費供應燃料。它以虧本價格出售天然氣，有些政府顧客甚至不付任何錢。在二〇一五年，沙烏地阿拉伯最大的電力公司報告因為接受 Aramco 交付的燃料從未支付貨款——長達十五年——而累積二百億美元債務。免費燃料讓這家電力公司得以給沙烏地公民幾近免費的電力。外國投資人對買進一家把獲利拿來補貼沙烏地民眾、而非支付股東股息的股票，會有什麼感覺？

還有一些好大喜功的計畫。阿卜杜拉國王下令 Aramco 以十億美元開發有一座體育館和一座清真寺的「運動城」。他在死前不久對這個計畫如此得意，還下令再興建三十五個運動城——但沙爾曼繼承王位後取消這個命令，因為所需的成本和努力不勝負荷。Aramco 在靠近油田的沙漠中，興建了一座博物館兼表演場所阿卜杜勒阿濟茲國王世界文化中心，僱用一家瑞典設計公司創造出一棟看起來像《星際大戰》電影太空船的建築。而在大約穆罕默德宣布 IPO 計畫時，Aramco 興建了一座五千五百萬美元綜合設施，以舉辦這位親王最喜愛的傳統沙烏地活動：一年一度的駱駝選美大會。這對王室家族是好事一樁，但美國和英國的股票持有人可能寧可多配發一些股息。除非是相當小的行銷支出，資本主義對慈善不感興趣。

一名 Aramco 高階主管當時擔心王國的領導階層不了解 Aramco 花在非本業相關計畫的龐大金額。「穆罕默德・本・沙爾曼了解小數點嗎？」他問。

在穆罕默德宣布 IPO 計畫後，Aramco 領導人倉促擬出該公司與政府和王室家族脫勾的計畫。一個名叫莫塔辛姆・馬希歐克（Motassim al-Maashouq）的沙烏地經理人在會議室召集重要幕僚，宣稱這個計畫將讓 Aramco 更有效率和更透明。然後他擬定一套幾乎完全不透明的程序來達成這個目標。他指派約二十名信任的員工組成數個有代號的團隊，要他們宣誓保密，並研究各種可能的策略。一間有號碼鎖門控制進出的會議室被用來研究X計畫，負責擬訂讓整個公司公開上市的計畫。各有會議室的Y計畫和Z計畫則專注於擬定出售部分公司股權的提案。

儘管如此，穆罕默德繼續仰賴 Aramco 做與石油無關的事。他要求公司的規劃人員擬訂他希望改革國家經濟的部分計畫，並連續幾個月指派 Aramco 的石油分析師每週提出十份投資機會報告，包括葛摩群島、日本投資公司軟體銀行，和至少一家主題遊樂公園公司。一名石油分析師回憶公司內部籠罩的困惑。「六旗公司與石油有什麼關係？」

出售 Aramco 部分股權是與沙烏地的老路分道揚鑣的一大步，而且只是穆罕默德轉移石油、分散王國的經濟，和為日漸增多的年輕人口創造新工作和社會自由的第一步。

說服他父親和年老的阿紹德領導階層的其他人接受這個計畫的關鍵，是讓他們相信不這麼做將無法避免一場經濟危機，進而危及王室家族對沙烏地阿拉伯的掌控。而這有賴於把願景注入一個特定的計畫，並以數字顯示它行得通和獲得國際支持，證明它將有助於提振王國的全球地位。他知道從哪裡可以找到幫手。

從阿卜杜拉國王准許穆罕默德研究經濟改革以來的兩年多，他發現麥肯錫公司是一個現成的合作者。這家世界級的顧問公司從一九七四年就已進入沙國，當時是接受規劃一個新石油公司總部的小任務。美國的顧問群有幸與一位年輕的沙烏地工程師阿里．納伊米（Ali al-Naimi）共事，後來他在一九九五年被擢升擔任石油大臣，成為王國裡最有權勢的非王族。麥肯錫從 Aramco 逐漸擴大與沙烏地政府的合作。近幾年來它藉由僱用年輕的沙烏地人強化它與王國的關係，其中有些是政府官員的親戚，包括 Aramco 董事長兼能源與工業部大臣哈立德．法利赫的兩個兒子。

在二〇一五年十二月，麥肯錫公司的研究部門麥肯錫全球研究所公布一篇標題為「超越石油的沙烏地阿拉伯」的論文，概述一項沙烏地改造其經濟的計畫。麥肯錫寫道，從二〇一五年到二〇三〇年，沙烏地阿拉伯的ＧＤＰ將可翻倍，並「創造多達六百萬個就業」。麥肯錫說，這是一項獨立研究，由該公司出資進行而非接受沙烏地阿拉伯的委託。但領銜的作者是提供沙烏地政府諮詢的麥肯錫顧問蓋森・基布西（Gassan al-Kibsi）。這篇論文後來升級為麥肯錫為它最重要的客戶之一進行的大規模行銷活動。

由曾為世界最大公司和政府工作的顧問群蓋的認證章，給了穆罕默德新的國際可信度。到了他在二〇一六年一月宣布ＩＰＯ計畫時，他已獲得來自皇宮足夠的支持，並由他父親授予足夠的權力，使得即便是抱持懷疑立場的石油大臣兼 Aramco 董事長法利赫也無法阻止ＩＰＯ計畫。

沙爾曼繼任王位前，穆罕默德在創立自己的公司和ＭｉＳＫ基金會時已吸引許多顧問的好感。他喜歡的點子之一是創立重要績效指標（ＫＰＩ），並且很快在被各政府部會與政府相關公司稱作「ＫＰＩｓ」。穆罕默德不相信沒有數字支持的策略，而且對數字有令人刮目相看的記憶力，往往可以說出顧問幾個月前給他看的預測數字，以證明他對問題有根本的了解。

麥肯錫和許多其他顧問公司隨時準備要回應穆罕默德對他的經濟轉型計畫的重大要求。為了吸引他的注意，他們製作 PowerPoint 報告，以幻燈片顯示各種預測、圖形和表格，搭配許多數據、統計數字和重要績效指標，迎合這位親王的喜好。

穆罕默德結識麥肯錫在王國的主要合夥人蓋森・基布西，他從麻省理工學院畢業後就回到中東工作。穆罕默德提供他一個大膽的願景讓他做研究：沙烏地阿拉伯將擺脫對石油的依賴，並讓它孤立的經濟與世界其他國家接軌。

這些顧問公司可以把穆罕默德的構想轉變成計畫，以可信的指數和標準來滿足世界銀行和國際貨幣基金（IMF），以及懷疑的老一輩沙烏地官員。他支付麥肯錫和另一家波士頓顧問集團（BCG）數千萬美元，為他願景的每一面寫報告。麥肯錫負責研究經濟現代化和官僚機構改革。

穆罕默德開始使用KPI在他推動的政府改革上。像法利赫和負責經濟轉型、甚至娛樂的內閣大臣都有必須達成的KPI，並接受定期的考核。如果未達成KPI，他們可能被解職。為了給大臣更多誘因以專注於治理，而不因循從與政府簽合約的企業撈錢的舊習，穆罕默德改變部會官員的薪酬結構。過去他們每月支薪約一萬美元，外加福利和紅利，而且國王通常聽任他們收受回扣。在穆罕默德的新制下，大臣每年可以獲得數百萬美元，但他們必須達成各自的KPI，而且政府將不再聽任他們拿回扣。

他也把注意力放在部會裡懶惰且僵化的文化，例如每個人都喝茶看報紙等待幾年後退休的財政部。他授權長期擔任企業律師並為親王處理許多重要事務的穆罕默德・賈丹（Mohammed al-Jadaan）來整頓財政部，並以有銀行業背景的較年輕幕僚來取代舊官員。輕鬆混日子、工作安全和退休金有保障的日子已經過去。

公職生活改變從經濟與發展事務委員會的每週會議可以明顯看出，這個委員會由穆罕默德設立，用來取代較老式、較官僚的前身。大臣們被期待的不只是做枯燥的例行報告和奉承領導人的高瞻遠矚，而是要提出各階段的部會藍圖、達成目標的策略，以及計畫的最新進展。在他們做報告前，他們必須通過委員會內部檢討報告內容的特殊小組。當時三十歲的穆罕默德會提出問題，有時候還會對著年齡是他兩倍的頑固大臣叫嚷。大家都知道，穆罕默德會翻遍報告和讀完所有文件，同時寫下提問的問題。

當時擔任文化大臣的埃德爾．托萊菲（Adel al-Toraifi）曾出席報告內容的檢討會，他說：「剛開始每個人都受不了，大家都不習慣。」

在遠離麥肯錫和 Aramco 的地方，穆罕默德正監督幾項完全不合西方標準的行動。

—

阿瓦米亞市位於距離 Aramco 總部三十哩的沙烏地阿拉伯波斯灣海岸，是一個人口約二萬五千人的綠洲城鎮，過去數十年從未享受過王國開始生產石油以來其他地方經歷的相對和平與繁榮。

阿瓦米亞市與眾不同的是，它的居民大多數是王國的什葉派穆斯林少數族群。這在一個與遜尼派結盟的君主國是個問題。在從王國建立就一直支持紹德家族的教士眼中，什葉派穆斯林不是真正的穆斯林，他們是異端者。而在沙烏地政府眼中，任何什葉派都被懷疑同情王國的死敵伊朗。

沙烏地的什葉派向來很難找到好工作和進入政府部門。數十年來阿瓦米亞市和鄰近的城鎮不斷發生示威抗議和殘暴鎮壓。近年來在什葉派教士尼姆爾・尼姆爾（Nimr al-Nimr）領導下，居民走上街頭為國內和國際事務抗議，因而觸犯不准公開示威遊行的沙烏地法律。

比示威遊行更嚴重的是尼姆爾散播的訊息。尼姆爾在一段有一百六十萬人點閱的YouTube影片上講道說：「在任何地方的統治——巴林、這裡、葉門、埃及，或任何地方——不公義的統治者都被憎惡……任何為壓迫者辯護的人就是壓迫者的同路人，而任何與被壓迫者站在一起的人都將獲得真主的獎賞。」在其他講道中他稱呼國王和他的家族為「暴君」，並說：「我們不接受阿紹德作為統治者。我們不接受他們，並希望推翻他們。」

穆罕默德比他的前輩還更不容忍什葉派異議者。而且跟他的前輩不同，他對質疑阿紹德統治合法性的人特別敏感。這就是為什麼在二〇一六年一月初的一個早上，尼姆爾和另外四十七個人被押到利雅德的廣場處死的原因，一些人遭到斬首，一些人被槍斃。

執行處決引發眾怒。政府宣稱尼姆爾遭處決是因為不服從沙烏地王國、擁有軍火，和嘗試引外國勢力介入沙烏地事務。一名沙烏地官員說，尼姆爾要為一樁針對穆罕默德・本・納伊夫王儲的人身威脅案件負責。但國際特赦組織和其他人權團體說，他真正犯的罪只是批評王室家族。尼姆爾的弟弟因為在推特上發表處決的消息而遭逮捕。

這些衝突導致伊朗人的示威抗議，和伊朗政府官員發表煽動性的聲明。沙烏地阿拉伯宣稱這些聲明充滿「敵意」，因而驅逐伊朗外交官員，伊朗也採取相對的報復措施。處決事件和葉門的戰事使穆罕默德與伊朗陷於衝突的僵局。

但在王國內部，許多人感覺處決尼姆爾的訊息很清楚：穆罕默德並沒有改變一些事，其中之一是質疑他家族統治的人可能人頭落地。

不過，整體來說，穆罕默德已成功地說服有影響力的西方人，他是一個數十年來他們希望在沙烏地阿拉伯看到的改革者。

在與尼姆爾遭斬首同一個月的二〇一六年一月，前中情局局長、已退休的四星上將裴卓斯前往利雅德。私募股權公司KKR以他在國際市場的專長僱用他，而且他和KKR創辦人柯雷維斯（Henry Kravis）都對該地區的投資機會感興趣。

裴卓斯曾領導美國在中東的數次軍事行動，從二〇〇八年到二〇一〇年擔任美國中央司令部指揮官，負責中東的軍事行動。他與沙烏地王國和紹德家族的成員有悠久的淵源，並曾和法赫德和阿卜杜拉兩位國王會談。他認識阿卜杜拉擔任國民警衛隊指揮官的兒子米特卜，並在沙爾曼二〇一二年訪問美國時接待這位國王。二〇一五年，他與穆罕默德在華盛頓會面。

當穆罕默德得知裴卓斯在利雅德時，他邀請裴卓斯會談。穆罕默德的使者說，親王想讓他看一些東西。因此柯雷維斯繼續他的行程，而裴卓斯則同意留在利雅德與穆罕默德會面。

穆罕默德的手下帶這位前將軍來到一座宮殿，引領他穿過一個個華麗的房間，最後進入穆罕默德的辦公室。等在那裡的還有一張熟悉的面孔：沙烏地阿拉伯駐美國大使阿德爾・朱拜爾，他為穆罕默德做翻譯，而穆罕默德希望裴卓斯成為第一個聽到由顧問擬訂的沙烏地經濟改造計畫細節的美國人。親王稱它為「願景二〇三〇」。

裴卓斯喜出望外。多年來他會見過無數位垂垂老矣的親王，他們生活在改變可能顛覆他們統治權的恐懼中。現在有一個三十歲的親王策劃出一套將立即開始激進改革沙烏地經濟的詳細計畫。穆罕默德身材高大且精力充沛，鼻樑高挺且臉上帶著微笑。裴卓斯回憶當時心想這個人長得「相貌堂堂」。他說：「如果你想打造一個沙烏地王子，那就是他長的樣子。」更令人驚訝的是，在一個領導人的動作和社會進步遲緩的國家，「他散發出能量。他散發急迫的渴望」。

穆罕默德連續說了兩個小時，憑著記憶敘述令人驚嘆的詳細財務預測，完全不需要看筆記。他逐一地提出可以加強或從頭開始創建的經濟類別，以便降低沙烏地對石油的依賴，並列舉這些類別可以多快成長，以及它們可能帶進多少收入。這套計畫混合了實際的改變——減少補貼、開徵新稅——和似乎古怪的點子，例如在沙烏地阿拉伯的紅海海岸設立一個新省，並在一年多以後引進飛天汽車和機器人勞工。

「將軍，」穆罕默德說：「如果我們只達成我們努力目標的百分之六十，那不就已經是了不起的成就嗎？」

「那將是很了不起。」將軍說：「那將是驚人的成就。」

在那次會面中有一些小跡象透露出穆罕默德正暗中使勁，想取得凌駕家族對手的權力。和其他美國情報官員一樣，裴卓斯和穆罕默德．本．納伊夫王儲有長期且融洽的關係，而納伊夫是阻礙穆罕默德繼承王位的人。裴卓斯要求駐美大使朱拜爾安排與這位王儲會面，但後來沒有下文。

裴卓斯猜想是王儲過於忙碌。但他回到美國後接到一則親近穆罕默德．本．納伊夫的人傳達給他、且讓他感到困惑的訊息：「穆罕默德．本．納伊夫希望與你見面，為什麼你沒有順道探訪？」

期望領先參與世界最大ＩＰＯ案的美國和歐洲銀行家，紛紛搭乘頭等艙班機飛往利雅德會見這位親王。它們包括倫敦摩根大通銀行的銀行家曼格拉（Achintya Mangla），和高盛集團的龐建忠（Jonathan Penkin）。這些人是世界首屈一指的ＩＰＯ銀行家，他們無不使盡渾身解數向親王下功夫。這樁交易不僅牽涉數億美元的手續費，還有未來許多年可望參與的重大交易。這是一股投資銀行業的淘金熱。

前美國財政部長和哈佛大學校長桑默斯（Larry Summers）前來拜望。前美國眾議院多數黨領袖康特（Eric Cantor）接踵而至。兩人都為綜合投資銀行業者工作，尋求分Aramco交易的一杯羹。前英國首相布萊爾（Tony Blair）也不遑多讓，他在離開公職後開始為政府領導人——其中有些被普遍認為是獨裁君主——提供改革事務的諮詢，並為在極權國家營運的公司提供顧問，賺進數千萬美元財富。他花一個晚上在沙漠帳篷和穆罕默德相處，討論治理哲學和權力。布萊爾當時為摩根大通工作，雖然他的部屬之一說他們未談論銀行業務。

忙於早期階段磋商的還有多年來與阿瓦里德．本．塔拉勒密切合作的前花旗銀行交易員凱恩（Michael Klein）。他代表自己的財務公司，運用他因為另一樁交易而結識的能源大臣哈立德．法利赫的關係，爭取到在早期為 Aramco 提供顧問的角色。很快他也攀上沙烏地阿拉伯主權投資基金高階主管的關係，成為第一個建議國際投資人應接受 Aramco 的估值為二兆美元的人。

當穆罕默德在後續的會談告訴美國和歐洲的銀行家他預期 Aramco 估值二兆美元時，他們都點頭認同。事實上，這位親王後來告訴大家，一家歐洲大銀行說它價值二兆三千億美元。

在金融業巨人湧進王國之際，穆罕默德開始對他賴以擬定願景的顧問公司萌生隱隱的懷疑。麥肯錫和波士頓顧問集團當然很聰明，但這些顧問業者也是傭兵，而且它們有天生的利益衝突：顧問業者從不說不，因為那就無利可圖。如果親王問某個突發奇想的計畫是否可行，他們永遠會說是，因為那對他們有利。顧問業者靠爭取到大計畫賺錢，而不是告訴他們的僱主計畫不可行。

穆罕默德了解這種利益衝突，即使他要麥肯錫和其他顧問公司為各政府部會提出數十個計畫，他告訴沙烏地友人他認為沙國過度依賴外國的專業。對這些沙烏地阿拉伯支付重金交換他們的石油、工程或經濟知識的外國人來說，王國的成敗與他們的個人利益沒有多大關係；不管他們的計畫是否奏效，他們都能賺到酬勞。

穆罕默德開始在這些顧問的研究中看到這類利益衝突的例子。這位親王熱愛ＫＰＩ，但麥肯錫訂出來的一些KPI比他想要的模糊。而且大多數顧問公司在沙烏地阿拉伯沒有足夠的辦公室，而是從杜拜以飛機接送它們的專家往返於沙烏地，因為美國和歐洲籍的工作人員不想住在喝酒被禁止和女性法律地位次於男性的沙烏地阿拉伯。穆罕默德心想，他怎麼可以把國家的前途託付給甚至不願意暫時住在這裡的一群人？

這套計畫目的是協助沙烏地阿拉伯到二〇三〇年達到特定的目標。因此穆罕默德提議他只根據結果來支付給顧問公司。這位親王說「我將在你們達到KPI時付錢」——在二〇三〇年。顧問公司不答應，他們做了就要拿到錢，否則他們不會接這個工作。

開銷很快愈來愈多，在大約五年期間，願景二〇三〇在重新打造沙烏地軍隊上的顧問費用就高達二億五千萬美元，而且還看不出多大的改變。顧問公司建議一套複雜的架構，在軍事將領上設置一個龐大的文官體系，這得罪了必須支持這套計畫才能讓它運作的軍官。為轉型計畫延宕感到挫折的官員為了解決這個問題，僱用一家新顧問公司來評估其他顧問公司的工作。新顧問公司後來遭到解僱，因為它提出的報告做出整套計畫勢必失敗的結論，而且未解決王國最大的軍事問題：沙烏地阿拉伯花費約百分之十的GDP在軍事上是難以長久持續的巨大金額，部分原因是提供強大的貝都因部落成員工作。新顧問公司說，如果不削減支出，沙烏地阿拉伯將難以達成穆罕默德想要的經濟成長。

對許多美國政府官員來說，Aramco的IPO和其他備受讚譽的成就都排在優先清單很下面的順序。雖然美國駐沙烏地阿拉伯大使威斯特法爾與紐約證交所主管，和穆罕默德討論在紐約ＩＰＯ，他和其他美國政府官員都呼籲穆罕默德，專注在較少公眾注意的邊界安全和建立有效的系統，以防衛對沙烏地石油設施的攻擊等優先事務。

——

那就像一個愚人節的玩笑。

牛津大學出身的《彭博新聞》總編輯米克爾思韋特（John Micklethwait）二〇一六年四月一日在電視上報導，沙烏地阿拉伯將設置一個二兆美元的投資基金。「很了不起的一件事。」米克爾思韋特這麼形容它：「如果你深入想想，它的規模足夠買下Google、微軟、Alphabet（Google的母公司），加上好多公司，和華倫·巴菲特。」

穆罕默德在一項持續五個小時的訪問中揭露這套計畫，並概述他改造沙烏地經濟的策略。在概念上，外國的經濟學家和企業領袖一致看好他的構想。穆罕默德將利用Aramco的ＩＰＯ籌措現金，把它們投資在新產業，為他的國家帶進石油以外的新收入來源。

但沒有人清楚在實務上該怎麼做。把那麼龐大的現金倒進全球市場可不可能製造出一個巨大的泡沫？還有穆罕默德會指派誰來管理這些投資？目前掌管沙烏地主權基金的亞西爾·魯梅揚（Yasir al-Rumayyan），在國內和國外的名聲主要是利雅德高爾夫球社群一個隨和的傑出球友，他對好雪茄很有品味，喜歡流連於經常有長腿短裙俄羅斯妹出入的杜拜深夜酒吧。

儘管心存懷疑，光是西方的注意對親王就已是一項勝利。到了四月底，他已登上《彭博商業週刊》封面，週刊中還詳述顧問公司已經認可的沙烏地阿拉伯轉型計畫。願景二〇三〇用了數百名沙烏地和外國顧問好幾個月時間才完成，它條列出美國和世界銀行多年來建議的廣泛目標。外國人認為，一個鼓勵創業與創新和容許女性自由參與勞動力的經濟體，當然能造就一個更強大的國家。

穆罕默德的計畫設定一個野心勃勃得幾近荒謬達成這些目標的時程表，因為沙烏地阿拉伯的經濟結構大致上仍與約半個世紀前石油財富開始冒出時一樣。願景二〇三〇的聲明說：「所有成功的故事始於一個願景，而成功的願景建立在強大的基石上。」這三個基石正在讓沙烏地阿拉伯成為阿拉伯和伊斯蘭世界的中心，變成一具「全球投資發動機」，並把這個國家轉變成「連結三個大陸的全球中樞」和「貿易的集中點」。

消息宣布後，穆罕默德知道他必須很快展現進步。在接續的幾週，他嚴厲地詢問沙烏地官員和外國顧問需要多久時間才能顯示他們的構想行得通。他已對財政大臣等官員失去耐性，轉而向經濟與規劃部要求進行一項急迫的任務。「原則每週改變，命令每隔幾天修改。」一名波士頓顧問集團的顧問抱怨。

主權財富基金的成立向世界展示穆罕默德準備花多少錢。一個月後，他在他的寧靜號遊艇上設宴款待美國國務卿凱瑞。但他仍需要一項眾人叫好的交易來介紹公共投資基金（ＰＩＦ）是市場上的新交易者。

不久前，穆罕默德透過介紹認識了當時紅極一時的Uber創辦人卡拉尼克（Travis

Kalanick），兩人一見如故——親王後來以朋友和這位創業家相稱——穆罕默德也認為 Uber 是有吸引力的投資對象。商業媒體大力吹捧這家公司。它正快速擴張到世界各地，而且可望在女性仍被禁止開車的沙烏地阿拉伯扮演一個重要角色。穆罕默德和卡拉尼克討論投資事宜。在六月初，公共投資基金總共匯款三十五億美元給 Uber。穆罕默德因此變成世界最熱門科技新創公司的最大投資人，然後他讓他的部屬——公共投資基金執行長亞西爾．魯梅揚——出任 Uber 董事。他已證明沙烏地正在做不同於以往的事。

這項投資將成為西方企業家、顧問和銀行家承諾這個世界將帶給這位親王滿滿的收獲、但未能兌現的第一個例子。對 Uber 的投資未能為他賺進財務報酬。Uber 也未大舉投資在沙烏地阿拉伯。事實上，沙烏地阿拉伯奉上三十五億美元換來宣布它是 Uber 投資人的殊榮。它可能把錢賺回來，但投資報酬率卻不如預期。

一位多年來已深諳其中套路的中東主權財富基金專家解釋波斯灣投資人運作的方式。所有最好的交易和機會都在紐約銀行家的協助下被美國的大銀行攫取，次佳的交易則由歐洲人瓜分。然後剩下的次級品經過重新包裝和貼上新品牌，丟給被恥笑為「傻錢」的中東銀行家。「他們根本不在乎我們。」他說：「他們只想要我們的錢。」

幾天後，穆罕默德飛往矽谷。

企業主管熱烈地歡迎這位親王。穿著牛仔褲和西裝外套的穆罕默德擺姿勢與祖克柏（Mark

Zuckerberg）合照，並拜訪 Google 的創辦人。

創投資本家的接待顯然較不熱絡，但穆罕默德卻很想多結交這些人。雖然創業家渴望得到沙烏地的金援，創投家卻是不同種類的生意人。他們通常浮誇自大，開著特斯拉到帕洛阿爾托山區桑德希爾路（Sand Hill Road）的低矮辦公室上班，他們專精於投資剛創立的新創公司，並靜待從比率很低的成功中獲得巨大的報酬。創投業正在勃興中，而成功的創投公司最不想看到的是擁有數千億美元的親王來哄抬新創公司的價格，並告訴它們該怎麼做。

「我們不需要你們的錢。」一位著名創投家在穆罕默德訪問加州前告訴他的使者：「我們有很多錢。」另一位創投家解釋說，他的公司已經有來自沙烏地的金主，但這個解釋激怒了親王的隨從，因為這個基金經理人顯然不知道，某個沙烏地金主的錢和穆罕默德提供為沙烏地王國管理錢的機會，兩者之間有很大的差別。

那些似乎真的渴望與親王會面的創投家來自創投業的另一端——一些野心勃勃、初嚐成功滋味的創投家——但他們也因為誇稱有沙烏地人的金援而觸怒親王的隨從。其中之一是資料分析公司 Palantir 的共同創辦人朗斯代爾（Joe Lonsdale），他曾與成功的創投家泰爾（Peter Thiel）共事。據投資人回憶，在穆罕默德訪問前，朗斯代爾告訴他們他已經爭取到沙烏地的投資，但實際上他只從沙烏地能源大臣的兒子獲得一筆小金額。那與和王國政府建立關係有很大的差別。在追問下，朗斯代爾說「不方便透露」他為誰管理錢，而且他從未誇稱有來自沙烏地的投資。朗斯代爾表示，他後來已不再爭取來自該地區的投資。他說：「那種社會似乎有許多人靠兜售關係賺錢，而不是靠創造事業或善用知識。」

但在舊金山諾布山上費爾蒙特飯店的晚宴中，似乎愈來愈多較大咖的創投基金態度出現轉變。「我需要沙烏地和矽谷間的一座橋。我需要你們協助我們改革。」穆罕默德告訴包括安德森（Marc Andreessen）、泰爾、杜爾（John Doerr）和莫里茨（Michael Moritz）在內的一群人，他們是創投業的巨頭，有數十年支持新創公司並把它們轉變數百億美元公司的經驗。

從親王的觀點看，創投資本的模式可以無限制擴大。如果他們能從相對較小的投資獲得巨大的報酬，想像如果他把他們的資本擴增十倍會賺多少錢。晚宴後，杜爾手臂搭著能源大臣哈立德・法利赫，興奮地告訴他：「我們將共同重新打造能源業。」

但矽谷創投業的動作對穆罕默德來說不夠快。他們已習慣於做小投資的舊方法。穆罕默德想做巨大的投資，而且他希望馬上做。在創投業者想出順應他的方式前，這位親王遇見一位志趣相投、來自日本的新手投資人，而且他承諾繞過矽谷的老派作法。不過，有一些惱人的聲音必須先處理。

CHAPTER 6

紹德機長

二〇一六年二月

紹德機長有些不對勁。

坐在停於巴黎的波音737-800訂做鑲板座艙裡一張精緻的皮椅上，紹德外表看起來就像飛行機師。他的制服筆挺，舉止自信而友善。他談笑自若，展示他兒女的照片給預定要載往開羅的一位重要人物的部屬看，這位重要人物是沙烏地親王蘇丹·本·圖爾基二世（Sultan bin Turki II）。

但一些小事似乎不對勁。親王的隨從之一是一名休閒飛行員，但紹德似乎聽不懂他談論波音737駕駛訓練的瑣事。機長的飛機上還有十九名機員，是正常巴黎—開羅班機機員人數的兩倍多。這些機員清一色是男性，其中有些比一般人預期的粗壯些。那些沙烏地王室專機少不了的長腿金髮歐洲美女哪裡去了？

還有那些手表。紹德很驚訝親王的那位隨從戴著百年靈緊急求救表。他以完美的英語說：「我從未看過這種手表。」

這種售價一萬五千美元的手表有無線電信標，萬一墜機時會發出求救訊號，是有錢的飛行員最受歡迎的奢侈品。哪一種飛機機長沒看過這種手表？還有哪一種飛行員會戴紹德手腕上的宇舶錶，那麼招搖、笨重的大表價格可能是大多數飛行員三個月的薪水？

手表、十九名機員、飛行知識不足——不協調的小細節愈來愈多。在蘇丹登機前傳送給他的安全評估警告這位親王不要登上這架飛機。那是個陷阱。

但蘇丹親王很疲倦而且孤單。他思念在開羅等候他的父親。而且穆罕默德・本・沙爾曼本人派出這架飛機。蘇丹猜想他可以信任這位最近才掌控大權的堂弟。

蘇丹・本・圖爾基二世親王的取名是因為他父親是伊本・紹德兩個取名圖爾基的兒子中的第二個（第一個英年早逝），他的族系位於阿紹德最有權勢分支的邊緣。他父親是前法赫德國王和沙爾曼國王的同母弟弟，在他娶了一位蘇菲派穆斯林領袖的女兒前原本是王位繼承人之一，但因為蘇菲派穆斯林是伊斯蘭神祕教派的一個分支，這樁婚姻遭到許多紹德家族反對。在羞辱中出走的圖爾基親王搬進一家開羅的旅館，在那裡住了許多年。

他兒子蘇丹與他在沙烏地阿拉伯有權有勢的伯叔和堂兄弟們保持關係，並娶了他的堂妹為妻——當時還是親王（後來繼承王位）的阿卜杜拉的女兒。但她過著享樂的生活，在一九九〇年死於利雅德一次汽車意外，年僅二十二歲。

靠著法赫德國王給的慷慨津貼，蘇丹帶著一群保鑣、模特兒、喬事人和朋友組成的隨從周遊歐洲各地。年邁的國王對生活奢豪的親王很寬容——有人說是縱容——而且一直很溺愛這位姪子。二〇〇二年法赫德在一家日內瓦的醫院接受眼睛手術出院時，推著他輪椅的就是蘇丹，那對爭搶著接近國王的眾多王室成員來說是一項殊榮。

蘇丹沒有擔任政府公職，但他喜歡被認為他在王國是有影響力的人。他經常對外國新聞記者談論他對沙烏地政策的看法，採取比大多數親王更開放的立場，但總是支持君主體制。二〇〇三年一月，他開始轉向不同的道路。蘇丹向記者表示，沙烏地阿拉伯應該停止援助黎巴嫩，並宣稱黎巴嫩總理拉菲克·哈里里貪腐，用沙烏地的錢過揮霍無度的生活。

在國際間，這些談話沒有什麼大不了。哈里里被各方懷疑貪腐，但他在沙烏地阿拉伯從未被公開指控犯任何罪，而且這位親王對王國的批評不像對黎巴嫩那麼多。但在皇宮內，這件事變成一顆汽油彈。法赫德國王的兒子阿卜杜勒阿濟茲——被稱為阿魯茲（Azouz）的一名政府官員——與哈里里關係密切，而蘇丹的談話似乎有意與他的堂兄為敵。幾個月後，蘇丹更進一步傳真一份聲明給《美聯社》，說他已成立一個委員會，致力於根除沙烏地親王和「過去二十五年來掠奪國家財富」的其他人的貪腐。

一個月後，阿魯茲寄給蘇丹一張邀請卡。他說，請到國王的日內瓦宅邸來，讓我們解決彼此的歧見。在會談中，阿卜杜勒阿濟茲和其他沙烏地大臣嘗試勸說蘇丹回到王國。當他拒絕時，武裝的護衛撲向這位親王，對他打了一針鎮定劑，拖他上一架飛往利雅德的飛機。

那是一樁稱不上優雅的綁架，蘇丹當時體重約四百磅，在整個煎熬的過程中，不知道是藥物或拖拉神智不清的蘇丹四肢過程，傷害了他連接橫隔膜與雙腿的神經。他在接下來的十一年間進出沙烏地阿拉伯的監獄，經常遭到旅行限制，而且有時候住進利雅德被封鎖的政府醫院。

二〇一四年蘇丹感染豬流感，導致一連串威脅性命的併發症。由於這位已半身癱瘓、與充滿怨氣的年輕時代判若兩人的親王已不再是威脅，政府允許他在美國麻州尋求醫療照護。對蘇丹來說，他總算自由了。

蘇丹在王國遭到拘禁期間，紹德王朝發生了巨大的變化。法赫德國王死於二〇〇五年，他的繼位者阿卜杜拉對親王們的炫富行為較不容忍。阿卜杜拉削減對親王的津貼，並譴責最浪費和行為不檢的親王。這位新國王不贊成享有特權的年輕人為家族招來公眾的鄙視。

但蘇丹似乎未體察這個轉變，後來從嚴重的健康問題康復後，他也未看到更嚴厲的沙爾曼國王登基的二〇一五年初發生的更大變化。蘇丹沒有退隱至低調的生活，而是做了抽脂和整容手術，並開始聚集昔日人馬，重回他放蕩奢華的生活。

蘇丹連絡他十多年前遭綁架以後未曾談過話的昔日保鑣、顧問和朋友，在這些老隨從的簇擁下，蘇丹整裝前往歐洲，就像一九九〇年代全盛時期的典型沙烏地親王那樣。

武裝的保鑣、六名全職護士和一名醫師的醫療團隊、從一家瑞士模特兒經紀公司僱用的輪值「女朋友」，以及各式各樣的沙烏地和歐洲食客，使他的開銷激增到每個月數百萬美元。一名隨從回憶說，那就像一個現代的超級豪華版篷車隊。從奧斯陸到柏林、日內瓦和巴黎，他們只吃最好的食物，只喝最好的葡萄酒。在一個城市待了幾天或幾週後，蘇丹會開始心煩氣躁，並下令管家打包行李，然後打電話給沙烏地大使館，要求伊本．紹德的孫子可以享受的護送，然後登上包租的私人飛機，飛往下一個城市。

二〇一五年中，蘇丹親王包下薩丁尼亞風景最優美的海灘上最豪華的旅館，讓他可以每天在地中海游泳。在海裡，蘇丹半癱瘓的腿可以支撐他的體重，那是他最接近自由活動的狀態。

在他周遊各國的同時，皇宮不斷存錢進他的銀行帳戶。但蘇丹知道錢不會無限存入，而且他沒有其他收入來源。然後他想到，沙烏地政府還欠他賠償金。畢竟他在二〇〇三年的綁架中受到永久性傷害，而他的殘廢導致他無法像他的堂兄弟那樣創立公司或投資基金。

所以蘇丹找上一個他認為可以幫忙的人，就是新國王最寵愛的兒子也是他堂弟穆罕默德·本·沙爾曼。蘇丹和穆罕默德不熟。這位年輕的親王還不到二十歲他就已遭到拘禁。但他從家族成員聽說沙爾曼的兒子已變成皇宮裡最有權力的人，而且是個果斷的人，會履行給錢的承諾而不會開空頭支票。所以他要求穆罕默德賠償他受到的傷害。

但他沒有如願。穆罕默德不願意賠償一個散播家族醜事而惹禍上身的人。這能帶給其他王室家族成員什麼教訓？所以在二〇一五年夏天，蘇丹做了一件史無前例的事：他在瑞士法院控告王室家族成員綁架他。

他的心腹好友很擔心。蘇丹在波士頓的律師柏格史崔塞（Clyde Bergstresser）警告說：「他們綁架過你一次，為什麼不再一次綁架你？」通常蘇丹會聽從柏格史崔塞的建議。這位紐澤西人律師與沙烏地沒有關係，是蘇丹在麻州接受治療時有人介紹認識的，他在向蘇丹提供建議時，比蘇丹的隨從和家人更直接，因此與蘇丹培養出信任的關係。但蘇丹對這件事很固執。他在七月時僱用一名日內瓦的律師，然後提出告訴。瑞士的刑事檢察官展開調查。報紙報導這則消息。蘇丹來自皇宮的支付突然停止。

直到幾週後正在薩丁尼亞的蘇丹親王要求客房服務時，他的隨從才發現問題大了。親王和他的隨從已住在建於蔚藍海灣上的旅館兩個月，累積的開銷超過一百萬美元。現在餐廳拒絕提供他們服務。

隨從之一不得不告訴親王原因。「你的錢已經完全用完。」他的幕僚解釋說。旅館原本可以只是把他趕出去，但承擔不起註銷幾週的未支付帳單。親王向他的幕僚保證他可以想出讓皇宮恢復支付的方法。他們說服旅館繼續賒帳，然後蘇丹下了一把大注。他猜想穆罕默德．本．沙爾曼已觸怒許多有權有勢的王室成員，所以他可以用計策壓制國王的兒子。

蘇丹寄出兩封匿名信給他的叔叔們，也就是還存活的伊本．紹德兒子。沙爾曼國王既「無能」，又「沒有統治的實權」，蘇丹寫道：「他最嚴重的問題是心智方面的，這已不再是祕密，所以國王變得受制於他兒子穆罕默德。」他也寫到，穆罕默德不但貪腐，而且利用他親近國王來牟取私利。蘇丹宣稱穆罕默德挪移超過二十億美元的政府資金到一個私人銀行帳戶，並竊取石油錢。他寫道，唯一的解決之道是孤立國王，然後「號召高階家族成員召開緊急會議以討論情勢，並採取一切必要措施以拯救國家」。

蘇丹未簽名的信被洩漏給英國報紙《衛報》。他的名字未被公開，但批評的內容——和這位親王的過去——顯示寫信的人是王室的高階成員。

蘇丹親王等待事件的後果。也許他的叔叔們會嘗試節制穆罕默德。或者穆罕默德可能給他一些錢來阻止他惹麻煩。蘇丹希望，控告和黑函加起來在當時會讓穆罕默德想息事寧人，因為穆罕默德正嘗試推銷他的改革願景，所以皇宮會給錢了事。蘇丹推想，這可能就像他父親當年的情況，最後讓他父親得以在與王室鬧翻後仍過著獲得財務支持的生活。

神奇的是，這個方法似乎管用。寫了黑函後，奇蹟似的來自皇宮的二百多萬美元出現在蘇丹的銀行帳戶。他付清旅館的債務，並更新他的旅遊計畫。更好的是，他很快接到他父親要他到開羅探望以修補父子緊張關係的邀請。另一個紅利是，他父親告訴他，蘇丹不必自己支付到開羅的開支。皇宮已派遣一架豪華客機來接送親王和他的隨從到開羅。看起來穆罕默德・本・沙爾曼希望他任性的堂兄重新歸隊。

親王的幕僚們不敢置信，其中有些人在上次他批評阿紹德並以被押上皇宮飛機收場時也在場。那次收場是被綁架、監禁，和一輩子纏身的健康問題。現在親王再度批評王室家族，而皇宮再度派出一架飛機。他竟然還考慮上飛機？

但蘇丹似乎願意相信那代表的是和解。也許穆罕默德・本・沙爾曼真的是新類型的領導人，他不會容許暴力行為。

皇宮派了一架特殊裝備的737-800——一架在商用時可以乘坐一百八十九名旅客的噴射客機——到日內瓦，蘇丹則派遣屬下前往會見機員和了解情況。

回報是感覺不太對勁，機長紹德似乎不進入狀況，十九名機員好像是安全官員，而不是機艙服務員。一名蘇丹的幕僚警告他：「這架飛機不會在開羅著陸。」

親王駁斥這些疑慮。「你不信任他們？」他問。

「你為什麼信任他們？」這名幕僚反問。蘇丹沒有回答。但他搖擺不定，直到紹德機長建議把十名機員留在巴黎以紓解他的憂慮，以釋放善意展現這不是綁架。對親王來說這已經足夠。

他告訴隨從開始收拾行李。連同管家、護士、保鑣和向模特兒經紀公司僱用的一名「女朋友」，這群隨從的人數超過一打。

飛機順利離開巴黎，然後有兩個小時客艙各處的螢幕都能看到它飛在往開羅的飛行路線。接著螢幕閃爍一下並關閉。

親王的幾名隨從開始驚慌。「怎麼了？」一名隨從問紹德機長。他返回機艙檢查，回來後解釋出了一些技術問題，唯一能修好它的工程師被留在巴黎了。但沒有必要擔心，他告訴他們；他們正按照預定路線飛行。

到了飛機開始降落時，飛機上的每個人都發現它不是降落在開羅。從窗子往外看，他們沒有看到尼羅河蜿蜒流經城市，也沒有吉薩的金字塔。這裡是向外蔓延擴展的利雅德，錯不了。

當王國中心塔——一座中間有個大洞、被嘲諷像是《魔戒》中索倫之眼的摩天大樓——映入眼簾，客機上爆發了混戰。蘇丹的隨從大聲叫罵。美國人和歐洲人問他們會面對什麼遭遇？他們降落在沙烏地阿拉伯卻沒有簽證，而且違背他們的意志。他們會被扣押嗎？他們的政府必須介入嗎？他們能不能打電話給大使館。虛弱且呼吸急促的蘇丹親王決定該是採取行動的時候了。

「把我的槍拿來！」他咆哮道。

親王的一名保鑣拒絕他。紹德機長的人有槍，而在飛機上發生槍戰絕對比發生任何事還糟。所以親王和他的隨從停止叫嚷，靜靜坐下直到飛機降落。反抗已經不可能，蘇丹在紹德機長的人員協助下緩慢地步下空橋。這是他的隨從們最後一次看到他。

安全警衛出現，驅趕親王的隨從到機場的一個等候區，最後他們被送到一家旅館，在那裡待了三天，什麼事也不能做。沒有簽證，他們無法離開，所以他們只能等待。

終於到了第四天，警衛把隨從帶到皇宮一間隱蔽的辦公室。外國人逐一被召喚到一個巨大的會議室，中間放置一張巨大的桌子。桌首坐著紹德機長，現在他穿著長袍而非飛行員制服。「我是紹德．卡塔尼。」他說：「我在皇宮工作。」紹德不再只是穆罕默德的主題標籤先生，他已變成皇宮安全機構的核心，一個穆罕默德可以放心交付敏感、侵略性任務的人。

蘇丹也許不是位高權重的親王，但穆罕默德感覺他是個麻煩。蘇丹已決定站在和家族作對的一邊，而紹德展示了他對穆罕默德視為芒刺的人可以做到什麼程度。紹德要求那些外國人簽署保密協議，提供錢給一些人，然後送他們回家。整個行動很成功，而紹德將運用這個經驗在類似的任務以便讓異議者噤聲，包括近三年後，因反對改革計畫對默罕默德造成威脅，不惜顛覆自己生活的人。

CHAPTER 7

數十億美元

二〇一六年九月

有將近兩年的時間尼札爾．巴薩姆一直嘗試與穆罕默德．本．沙爾曼做生意。現在，在二〇一六年九月的東京，他的機會即將到來。

尼札爾在德意志銀行工作直到二〇一五年底，他專門透過策略性的魅力攻勢接觸有權力人士。這類努力通常牽涉尼札爾的專長，就是在奢豪的午餐他親自為賓客挑選的一道道珍饈中，把動輒數十億美元的交易賣給他的顧客。他是個完美的關係牽線人，往往可以從顧問和助理一路打通關節到他想結交的寡頭或親王。

尼札爾出生於達蘭（Dhahran），他父親納比爾（Nabil）擔任Aramco的高階主管兼董事直到二〇〇七年去逝，因此尼札爾成長於Aramco「園區」，它們多半像典型美國市郊住宅區，外面圍繞著圍牆，住宅前有草坪，社區有戶外棒球場，而且主要說英語。他從小在那裡上學，長大後進入麻州密德薩斯的寄宿學校和緬因州的科爾比學院，所以他對美國文化的融入和沙烏地文化一樣深。

在尼札爾任職德意志銀行的最後幾個月，穆罕默德．本．沙爾曼因為想把公共投資基金轉變成大型主權財富基金的計畫而備受矚目。尼札爾立即開始嘗試認識與這個基金有關的人士，包括它的執行長亞西爾．魯梅揚，而且獲得一些進展，讓他有機會為公共投資基金的團隊在二

○一五年六月的聖彼德斯堡國際經濟論壇安排一系列會議，並提議紓困瀕臨倒閉的德意志銀行前顧客營建公司沙烏地歐格。但他仍然無法見到老大本人。

數百名金融專業人士、律師和交易員都在積極爭取——而且有時候成功地——參與願景二○三○計畫和相關專案創造的商機。除了諮詢和顧問計畫外，這些商機包括債券標售、私募股權，以及各式各樣可分一杯羹的交易。這股十年來僅見的淘金熱正如火如荼地開展，而且每個人都想分食大餅。對尼札爾來說，那也是完美的下一步——他擁有沙烏地人和成功銀行家的雙重優勢。

除了財務機會外，穆罕默德・本・沙爾曼正大規模地開放王國的旅遊業。在沙烏地立國以來大部分時候，除了前往麥加和麥地那朝聖外，它並未開放外國人旅遊。穆罕默德認為沙國有成為度假地點的巨大潛力。王國擁有一千兩百哩紅海海岸線，包括似乎對較高溫海水有免疫力的著名珊瑚礁。而且王國有歷史古蹟——例如有兩千年悠久歷史的瑪甸沙勒，有納巴泰人從巨大沙岩露頭鑿出的華麗陵墓，而納巴泰正是在約旦鑿出古代城市裴卓斯的文化——還未被納入大多數中東觀光景點名單中。這位親王已擬出計畫，包括一套有一連串海灘度假區的紅海計畫，準備開放它們並興建支持該計畫的旅館和交通基礎設施。

他也開始在歐拉的納巴泰廢墟旁邊興建一座鏡像音樂廳，並在利雅德郊外蓋一座幾乎和拉斯維加斯一樣大的「娛樂城」。這座由一個前迪士尼主管帶頭開發的娛樂城稱作奇地亞，將有主題公園、賽車道，和典型的波斯灣式計畫，如類似杜拜的室內滑雪坡。

這是一位年輕的親王，他能掌控他的國家，有大量可以花用的錢，而且還準備花更多。他是人人都愛的新沙烏地統治者，只差他還沒有那個頭銜。百仕通創辦人蘇世民已成為這位親王的顧問。裝滿整架飛機的銀行家紛紛擁進，急切地想搭上車。即使是一身刺青的 Vice 媒體公司創辦人史密斯（Shane Smith）也來參一腳。

起初尼札爾想讓德意志銀行成為公共投資基金挑選的銀行，或剛取得大權的沙爾曼家族的御用銀行，但到了二〇一五年底，他對這家銀行逐漸感到不滿，因為它減縮對所謂新興市場的雄心。到二〇一六年五月，他離開德意志銀行並與包括前高盛公司銀行家阿利伯努（Dalinc Ariburnu）等人合夥創立一家顧問公司。他們最早的構想之一是為一連串投資基金發掘隱藏的資金，特別是在中東。在尋找合夥人時，尼札爾和他的同僚開始搭上另一位前德意志銀行的老手，即日本科技集團軟體銀行策略金融部主管、愛抽電子菸的拉吉夫・米斯拉（Rajeev Misra）。

拉吉夫是一個高傲的金融工程師，偏好債券和風險投資，在金融危機期間是德意志銀行的高階銀行家，帶領一個最後從作空房屋市場獲利的團隊。不久後他離開德意志銀行，先後跳槽到瑞士銀行和堡壘投資集團，然後落腳在軟體銀行。

拉吉夫在幾個月前義大利的一場婚禮上，與軟體銀行迷戀科技的創辦人孫正義再次相遇，並接受一個協助孫正義發展複雜債務結構，以資助他雄圖大略的工作。兩個人多年前曾共同合作，拉吉夫協助孫正義籌集一百六十億美元在二〇〇六年收購日本沃達豐。當時軟體銀行正在進行幾樁重大交易，並遭到資金窘困的難題，但孫正義卻有更大的野心。

矮小、滿臉笑容的韓裔日本人孫正義在二〇〇〇年網際網路泡沫的全盛時期，一度成為世界第一的富豪，只不過不久後他的大部分財富隨著泡沫破滅而化為烏有。但二〇〇〇年對中國線上市集阿里巴巴一筆幸運的二千萬美元投資，到了二〇一四年阿里巴巴掛牌上市後成長為價值約七百四十億美元的股票。利用他龐大的財力，孫正義希望押人注在他對世界正加速邁向「奇點」的信念上，因為當時科技業的成長如此迅速以致於科技成長似乎擁有自主的生命，並把世界改變成今日的樣貌。

拉吉夫感覺難以在軟體銀行找到自己的地位，因為他與另外兩名更接近孫正義的印度裔主管衝突不斷。據說他與一個義大利企業家共謀破壞他們；這名企業家設置一個後來未得逞的利誘陷阱，並刊登要求開除兩名印度裔主管的假廣告。不過，拉吉夫否認涉入這件事。不到一年後，拉吉夫正在考慮離職。但與尼札爾和他的事業夥伴談過話後，拉吉夫想到雖然他曾是多年專精於債券市場的銀行家，他相信市場外還有更多等待機會的資金。接著是他的對手之一辭職，為他開始在軟體銀行鞏固權力開了一條路。

比起主權財富基金，孫正義的財力是小巫見大巫。軟體銀行和尼札爾的新公司ＦＡＢ合夥公司（後來改名為 Centricus）共同為一個二百億美元的基金創造一個取名水晶球計畫的主題，準備利用軟體銀行及能接受孫正義直覺式快速投資的合夥人聚集的錢，投資在科技新創公司。

他們決定先向卡達推銷這個計畫。尼札爾在那裡已有綿密的關係，而且這個很小的波斯灣半島酋長國因為有廣大的天然氣田和極少的人口而儲蓄率高居世界第一。但當二〇一六年八月二十八日孫正義搭乘私人飛機在清晨四點抵達後，一同搭車前往旅館的尼札爾即將面對卻是驚嚇。在飛來卡達途中，孫正義和他的助手做了一些修改：水晶球基金現在計畫籌集一千億美元，成為歷來最大的這類基金。「如果我要成立基金，它必須大到足以破壞整個科技界。」他在前往旅館的車上說，並表示軟體銀行將貢獻數百億美元，其中一部分是債務。這對孫正義是一個巨大的風險。大多數基金發起人通常會投資象徵性的百分之一，並要求投資人提供其餘資金。當時他並不知道，自己押重注正好是說服波斯灣投資人加入大計畫需要的策略。

卡達人對孫正義的堅定信心印象深刻，但討論沒有具體結果。這個團隊仍需要龐大的錢才能達成一千億美元的目標，而尼札爾相信沙烏地人是有潛力的對象，特別是穆罕默德・本・沙爾曼。在幸運之神眷顧下，穆罕默德幾天後會抵達東京。於是尼札爾順便搭孫正義的飛機一起回東京。

幾個月來公共投資基金的團隊一直表示願意會見孫正義，但雙方一直未能做好安排。尼札爾發了一連串訊息給他的連絡人，希望至少讓孫正義先見見隨同穆罕默德出訪的主要顧問和大臣。孫正義要部屬把他在軟體銀行東京總部第二十六樓的辦公室隔壁房間空出來。他們遊說連絡人的方式就像在進行政治競選。

穆罕默德抵達那天，尼札爾感覺他放在胸口的電話在震動。他睡著時會把電話放在那裡。

公共投資基金執行長亞西爾・魯梅揚終於打電話給他了。魯梅揚可以在四個小時內會見孫正義。團隊慌忙準備接待他，知道他們只有半個小時可以向他促銷水晶球計畫。「這很有趣。我必須與副王儲討論一下。」魯梅揚最後告訴他們。

團隊繼續向能源大臣和 Aramco 執行長哈立德・法利赫做相同的簡報，而商務大臣馬吉德・卡薩比（Majid al-Qasabi）則提出尖銳的問題。最後電話終於打了過來，穆罕默德・本・沙爾曼同意在赤坂迎賓館會見孫正義。那是穆罕默德訪問日本的最後一天，所以重要性不言而喻。如果沒有王國公共投資基金，水晶球基金可能永遠難以達到孫正義想要的天文數字目標。

這次會談氣氛親切且簡單，只有穆罕默德和他的重要顧問與由孫正義帶領的一個軟體銀行小團隊，在一個燈光明亮、擺著鑲金邊家具的房間進行。孫正義用 iPad 做過簡報後，穆罕默德說他已經和他的團隊仔細討論過這個構想，並希望成為這個新基金的基石投資人。他希望沙烏地阿拉伯進入全球科技轉型的核心，藉以吸引創新公司到他的國家，並以賺得的報酬協助經濟從石油轉移到其他部門。簡單地說，那完全契合他的二〇三〇願景。

尼札爾對幾分鐘後孫正義宣布的消息大為吃驚。他原本想像他們需要數個月時間談成交易，但他們立即得到四百億美元的承諾投資。然而在會議即將結束時，穆罕默德說，他希望孫正義花幾天時間參觀沙烏地阿拉伯。「我希望你來看看我的國家，並且愛上他。」他告訴孫正義。孫正義表示他只能空出半天的時間。「既然是這樣，那你最好是不來。」穆罕默德說，臉上仍帶著笑容。選擇很明顯：孫正義同意挪出三天時間。

雙方後來花了九個月時間達成這項交易的架構和條件，但孫正義喜歡以他一貫的浮誇說，這是一項四十五分鐘談成四百五十億美元——每分鐘十億美元——的交易。不久後，阿布達比同意和沙烏地阿拉伯一起加入基金，承諾投資一百五十億美元。

水晶球計畫即將變成願景基金，成為金融史上專注於科技的最大私募股權基金。那是穆罕默德・本・沙爾曼透過果斷的行動強力影響世界的典型方法。其他世界領導人控制更強大的軍力和更大的經濟體，但他擁有比地球上幾乎任何人更大的石油力量，而且願意憑著直覺採取行動。沒有別的投資人在第一次出手押注時，就在一家毀譽參半的基金管理公司賭上四百億美元。

在他的第一趟沙烏地阿拉伯之旅參觀過 Aramco 和沙漠後，孫正義在奧賈的宮殿與穆罕默德坐下來午餐。這位親王脫下頭巾，露出逐漸後退的髮線，解開上衣第一顆鈕扣，並問孫正義和他的團隊有沒有興趣聽他正在構思的另一項稱作 NEOM（新未來）的計畫。

用了一個小時的時間，穆罕默德揭露一個孫正義在日本做白日夢也想不到的更激進的未來願景：一整個新城市，從平地打造成，並在它的 DNA 中嵌入科技，它座落於王國北部一萬二千五百平方公里的土地，包括一長條的紅海海岸線。這片土地很少人居住，而且住在那裡的人不管他們同意與否都會被遷走。

「你願意參與這個計畫嗎？」穆罕默德問。

「這是一件藝術作品。」孫正義回答，並同意擔任創始顧問。

親王說服孫正義幾個月後回來，親自看 NEOM 計畫的預定地點。他們飛到塔布克的一座小機場，並登上直升機，飛到一座山區牧場上空，再飛過海岸，降落於停在舊漁村莎瑪外海一艘租來的遊艇。

親王計劃建立一個只有在科幻小說才能看到的宏偉城市。沿著筆直伸展的海岸線將有一座從零興起的摩天大樓城市，市區將提供飛天機器人計程車的服務。鄰近一個規劃中的度假中心將成為法國蔚藍海岸的替代地點，以未被破壞的珊瑚礁吸引沙烏地人和歐洲人前來。海岸線外不遠的一座無人島將蓋一座電腦控制的侏儸紀公園式樂園，以真實尺寸的機器人恐龍為賣點。

更令人驚嘆的是，這些計畫似乎已經在實現。遊艇上有數十名來自麥肯錫、波士頓顧問集團和奧緯（Oliver Wyman）的顧問，正在研究如何讓NEOM的構想變成現實。對顧問來說這是一個高賭注的計畫，按照合約三個團隊輸的兩個團隊必須把他們的研究交給贏家，由後者主持這項預定價值五千億美元的計畫。

和其他改造沙烏地經濟的計畫不同，NEOM並不是外國顧問或經濟專家提議的。它是來自穆罕默德一時靈感的夢想。

在他父親繼承王位以後，穆罕默德不再為繼承和宮廷詭計煩惱。他有時間退一步思考重新打造後的沙烏地阿拉伯會是如何，還有必須怎麼做才能實現這個願景。

這個工作將極其艱鉅。阿卜杜拉國王曾嘗試進行社會、經濟和教育改革，但在他十年後去逝時，女性仍然不被允許開車。沙國的創業文化才剛興起，而年輕的男人仍然不能與年輕女人一起上咖啡館，除非他們是兄弟姊妹或配偶。沙烏地經濟沒有多少值得誇耀之處——沒有創新或國際知名的大企業可言。大型計畫如阿卜杜拉國王經濟城（KAEC）看起來只是杜拜和新加坡類似發展計畫的次等模仿作品。

經濟依賴石油，而且孤立於世界之外，和以往沒有兩樣。沒有人願意投資沙國。穆罕默德．本．沙爾曼的顧問發現，從二〇〇九年到二〇一六年，王國的年外國直接投資減少了百分之八十五。情況似乎愈來愈糟。顧問群說，沙烏地阿拉伯在二〇一一年是全球排名第十的國際企業最容易做生意的國家；到二〇一六年它的排名已跌至第八十二。

和小鄰國不同，沙烏地阿拉伯經濟有夠多的人口可以支撐國內產業，但有錢人傾向於到國外花錢：到杜拜娛樂，到巴黎觀光，還有到倫敦、瑞士或美國尋求醫療照顧。很少沙烏地人喜歡「宅度假」。

穆罕默德把它們視為「經濟漏損」。而且他對沙烏地的錢花在國外正在耗損王國經濟的想法愈來愈偏執。政府慷慨地給予其公民補貼和就業，但利益卻流往國外而非循環於國內企業和零售商之間。

穆罕默德發現，沙烏地阿拉伯已困在同樣的窠臼半世紀之久。它生產石油，賣掉它們，然後把錢花在向其他國家購買東西。只不過現在王國的人口正快速增長，而其石油——至少是國際對石油的需求——正逐漸減少。

一天晚上，穆罕默德正在思考這些挑戰時，用他電腦的 Google 打開王國的地圖，從太空鳥瞰他國家的圖像，然後開始掃視阿拉伯半島，接著從吉達和麥加往西看，越過空曠區到西部達蘭的油田，他心想自己有沒有錯過什麼。還有哪些進步的機會可能隱藏在沙漠中？

他突然想到：吉達以北的地區，從沿著約旦邊界的山區緩緩降至紅海是一片空白。那個地區只有一個小城，環繞著人口稀少的沙漠。穆罕默德召喚一架直升機帶著他和一些朋友來到那裡。

他從空中看到的景像讓他大為振奮。他曾來過這裡，但現在他是以初訪王國旅客的新鮮眼光看它。他飛越的山區高到冬季會降雪，還有空無人跡的白色海灘環繞著寧靜的海灣。近海的珊瑚礁可以媲美埃及附近的潛水勝地沙姆沙伊赫，但幾乎完全沒有開發。

雖然這個地區有許多明顯的不利條件，包括幾乎完全沒有淡水，但它有一個大優點：它的人口稀少，而且對沙烏地阿拉伯的宗教或經濟既有體制沒有重要性，穆罕默德可以進行大規模改變而不致遭遇抗拒。這個地區的本地人大多數是半遊牧的貝都因人，他們已經在沙漠遊牧數個世代。他們可以藉財務誘因和極少的武力威脅而驅離這個地區。

也許更重要的是，這個地區不像既有的沙烏地城市，這裡沒有阻礙社會變革的老舊基礎設施、僵化的官僚體系、腐化的政府機構，和嚴厲的宗教法院——以及對外國投資的禁令。

重建利雅德和吉達、改造低效率的治理，以及廢除西方盟友抱怨為嚴刑峻法的伊斯蘭教律法，是極其困難的工作，必須面對頑強的抵抗。但在他宣稱的新邊疆從零興建一座模範城市將不會有人反對，而一旦成功，一旦NEOM能夠像他想像的那樣創新、適於居於和繁榮，它將帶給整個王國更加樂觀的未來。這有點類似他早期生涯創立ＭｉＳＫ基金會——他自己的公司，在外國顧問協助從零打造而成——只不過規模大得多。

穆罕默德決定不只是打造一個城市，而是一個迷你王國。那裡將有尖端科技和醫療照顧，所有電力來自太陽能而非石油。附近地區將是海灘客和遊艇的首選地點，還有供玩滑翔翼和攀岩的山區，甚至在冬季工程師可以造雪來點綴山巔。它的法院將是伊斯蘭教法院，但不是瓦哈比派的。女性將無需掩蓋她們的頭髮或身體，甚至可能開放飲酒。而且每個人——法官、官僚和金融當局——將聽從穆罕默德的號令。

他召集一個董事會，成員包括沙烏地住屋大臣、前利雅德市、法院顧問和曾任證券管理局局長、後來成為親王心腹的穆罕默德．夏赫（Mohammed Al Shaikh）。另一名成員是負責沙烏地阿拉伯主權財富基金的銀行家亞西爾．魯梅揚。

穆罕默德擔任董事長，並引進外國顧問公司協助規劃。初期他們決定使用ＮＥＯＭ的名稱，混和希臘文的「新」和阿拉伯語的「未來」，「因為這個計畫代表人性在文明上的躍進，所以名稱不應該來自一個特定的文明」。

穆罕默德後來告訴一個《彭博》的訪問者，他告訴另一位連絡人ＮＥＯＭ實際上代表的是「神經元城市」，因為它的目標是之一將是駕馭人類大腦的能力。

當他在二〇一六年八月召開ＮＥＯＭ第一次董事會議時，穆罕默德向顧問們表明他們的工作是，把他的奇思異想轉變成可以在短期未來實施的計畫。雖然董事會包括一些精明幹練的沙烏地官僚，但沒有人在科技或大規模規劃上有經驗。顧問的工作就是想出可行的方案，然後擬訂成可以達成這些目標的計畫。

但對顧問們如何規劃這個未來城邦所下達的指示很模糊。穿著長袍、未戴頭巾的穆罕默德坐在長董事會議桌的盡頭，他說了一些深奧的諺語，深奧得對顧問們沒有多大用處。

「NEOM將代表新世代的城市，把所有創新概念結合在一座城市。」他宣稱。

顧問將如何實現這句話的含意？

董事會在一次會議中決議，「顧問業者應該看看媒體、文化內容、書籍和文獻，以尋找與未來的想像有關的創意」，這基本上是要求專家根據過去的人對未來應該是何種情景的想法，來建構這座未來的城市。

在另一次會議它又建議，「利用明日世界作為未來城市可能是什麼樣子的靈感」，命令顧問研究這個迪士尼主題公園吸引眾人的特性，包括3D的麥可．傑克森影像、單軌電車，以及一部片名為《親愛的我，我縮水了》（*Honey, I Shrunk the Audience*）的電影。

穆罕默德也指示了一些優先的目標，包括避免經濟漏損。他的想法是，NEOM可以取代沙烏地人在海外花費數十億美元消費的度假中心、醫療照顧，甚至汽車，把錢留在沙烏地經濟內。

這位親王聚焦的另一個重點是外國企業在沙烏地阿拉伯營運的困難度。沙烏地投資數百億美元在外國公司，現在穆罕默德希望這些公司投資在沙烏地。穆罕默德說，世界最大的科技公司、汽車製造商和航太公司將到NEOM興建辦公室和工廠。這將需要新的法律架構，因為沙烏地阿拉伯的伊斯蘭教法院沒有可行的破產法，而且連單純的商業爭議都可能難以解決。

穆罕默德也深知王國的其他挑戰：沒有西方人想搬到沙烏地阿拉伯居住。它的氣候太嚴酷，和它對娛樂和女性權利的限制太不受歡迎。這些在NEOM也必須改變。

最後一點是，它必須比區域的對手杜拜還要好。

把這些命令轉變成可行的計畫對顧問們來說就像是不可能的任務。但在穆罕默德同意花費五千億美元在這個計畫下，他們知道它可能是畢生難得的大好機會，誰爭取到主辦的角色就可能賺進數以千萬美元計的錢。

在這些初期的NEOM會議中，麥肯錫的顧問和來自波士頓顧問集團及奧緯的對手，與坐在董事會室長桌對面的沙烏地顧問分別提出NEOM的焦點應是什麼的想法。他們列出NEOM董事會同意的九個作為這個城市基礎的領域（顧問用的術語是「集群」）。不令人意料的，它們包括能源、科技、製造和娛樂等方面。然後在顧問業者稱為「構思」的會議中，穆罕默德宣布還有一個新集群——「集群零」——將專注於「適居性」的概念。NEOM必須是全世界居住起來最愉快的地方。

在歷時數個月的董事會議中，穆罕默德對顧問們拋出似乎無窮盡的想法。NEOM需要飛天汽車和一座斥資數十億美元的橋樑連接到埃及。可不可能創造一個人工的滿月，以便每天晚上都升上夜空？還有關於度假區的海灘：「我希望沙礫發光。」穆罕默德告訴其中一名規劃者。商業太空旅行將是適合引進這個城市的產業。農民市場也是。

NEOM必須是「開路先鋒，並領導未來的所有產業」，穆罕默德告訴圍繞董事會長桌的沙烏地人和西方人。它將有全世界最高的人均GDP，和無與倫比的工作與生活的平衡。

他的一些要求似乎彼此矛盾。董事會宣稱，沙烏地政府將花費五千億美元在NEOM，但這個計畫將不會「建立在補貼上」。主權財富基金執行長魯梅揚在一次討論NEOM將全天候監視其邊界內的所有人以立即抓捕罪犯，以及沙烏地人只有符合特定資格才准進入的會議前說：「NEOM將確保所有人的平等和公正對待。」

美國瑞生國際律師事務所同意成為NEOM的「法律夥伴」，並建議沙烏地既有法律體制的一些問題可以藉由實施一套新架構來解決，而且所有法官應由穆罕默德來任命並向他報告。這家事務所在《華爾街日報》報導時拒絕發表評論。

在超過兩千頁的規劃文件中，顧問提出所有問題的解決方案。波士頓顧問集團表示，NEOM每年可以止住多達一千億美元的經濟漏損。「適居性」過去只是親王個人偏好的項目，現在它是麥肯錫特別為NEOM發明的一套嶄新評估系統。麥肯錫的顧問在解釋他們如何設計出評量城市適宜人居的客觀標準時寫道，它是「根據經驗證據和利用大數據來衡量市民的滿意度、快樂和參與性」。他們在給沙烏地客戶的簡報中承諾，NEOM將是最適宜人居的城市。顧問們把NEOM最顯著的缺點轉變成優點。這個地區可能沒有任何淡水，但有「無限的海水可供汲取」，並且可藉由海水淡化廠變成「全球海水淡化的楷模」。波士頓顧問集團也建議，也許美國太空總署（NASA）願意合作發展親王的人造月亮，而且那將是世界最大的人造月亮。

經過幾個月內召開的四次工作會議後，董事會和它的顧問為這個計畫擬出一份願景聲明：「在這片未來的土地上，最偉大的心智和最有才能的人將被賦予實現開拓創意的權力，並在一個由想像激發的世界超越極限。」它是顧問們嘔心瀝血的傑作，說盡了一位野心勃勃的親王內心深處最想聽的話。

在會見停在NEOM海岸外擠滿遊艇的顧問後，孫正義稱許穆罕默德是高瞻遠矚的領導人，並同意參與NEOM最雄心勃勃的計畫之一：實現——根據顧問後來的描述——「一種從生到死的新生活方法，邁向基因突變以增進人類的力量和智商」。

孫正義在後來的演講中，把穆罕默德．本．沙爾曼比喻為「貝都因族的史蒂夫．賈伯斯」。

但軟體銀行主管拉吉夫有自己的重要工作等著完成。沙烏地和阿布達比的資金讓他改變離開軟體銀行的想法。現在他手上掌握的金融子彈比世界上幾乎任何人還多，而且有一個不經縝密思考就採取行動的老闆，喜歡開一次倉促的會議和憑著「直覺」就投資數百億美元。唯一的問題是，願景基金有二十名員工而沒有投資程序或遵循規章。更糟的是，雖然它已經開始投資錢，它必須在基金的團隊打造完成前暫時把錢留在軟體銀行的資產負債表。

公共投資基金的團隊成員對與他們的上司簽約的願景基金有疑慮，但他們的地位沒有置喙的餘地，所以他們開始要求這家公司即將拿到這麼多現金的細節和證明。

願景基金正式關閉的時間還有幾個月，但在孫正義、尼札爾和拉吉夫再度拜訪利雅德時，親王的態度似乎有疑慮。在海灘上的一次晚宴上，大家熱烈討論有關NEOM和孫正義烏托邦式的願景，包括這座城市將有一百萬具機器人處理所有的家務工作，讓人類可以空出時間做更重要的事。這是典型的孫正義：一個漂亮的整數和炫目的概念，卻沒有多少實質。

晚宴後，穆罕默德把孫正義請到海邊長談，要求他考慮研究投資在Uber。這家公司當時有許多負面的新聞報導，包括治理和安全的問題，還有一樁高階主管竊取對手機密的醜聞。Uber是公共投資基金的第一樁大交易，穆罕默德不希望看到投資打水漂——這類不良的公關可能傷害公眾看待他剛起步的投資紀錄。

「我很擔心。」穆罕默德說。孫正義原本想避開共乘事業，但他同意深入研究一番。

——

穆罕默德．本．沙爾曼的憂慮不只這些。他已能熟練地操控權力，讓國家啟動從近八十年前首度發現石油以來的最大變革，並開始花費數十億美元在對外投資上。但在葉門的戰事仍然激烈進行中，而被他逼迫退至邊緣的昔日菁英正在背後密謀造反。和他的伯叔輩和祖父一樣，為了生存他需要來自美國的支持，而美國即將舉行的大選對王國來說可能是大好的機會。

川普和希拉蕊似乎都不是天生的盟友。沙烏地的領導人早已發現希拉蕊在擔任國務卿時就是一個討厭的對手，她堅持對國王和他的大臣施壓人權議題，並在與他們會談時要求應給女性更大的自由。川普還更麻煩，原因是他不加掩飾的伊斯蘭恐懼症，和批評歐巴馬嘗試阻擋一項容許美國人為九一一攻擊向法院控告沙烏地阿拉伯的法案。

但穆罕默德在阿拉伯聯合大公國的盟友協助下，認為川普是更好的選擇。川普似乎傾向於廢止沙烏地領導人厭惡的伊朗核子協議，而且對希拉蕊列為優先的人權議題似乎不太在乎。

因此，在總統選舉之前三週，穆罕默德的一位遠房堂兄帶著一個知名的民主黨捐款人出現在洛杉磯，並與甚有影響力的民主黨國會議員希夫（Adam Schiff）合照時，他大為惱火。這件事讓全世界看到好像一個沙烏地王室家族成員支持民主黨。

這位堂兄沙爾曼·本·阿卜杜勒阿濟茲·本·沙爾曼·阿紹德名義是一位親王，但他不是王國創建者伊本·紹德的後代（而穆罕默德是）。這位沙爾曼只是伊本·紹德親戚的後代，所以他未列入王位繼承人順序。

沙爾曼相貌英俊且極其富有，主要因為他父親曾擔任法赫德國王的顧問，並累積了龐大財富。他和穆罕默德從小相識，兩人還是少年時，沙爾曼經常取笑體重過重的穆罕默德，而且在沙爾曼能說流利的法語和旅遊國外時，穆罕默德還沉迷於玩電腦遊戲。到了二十幾歲時，沙爾曼嫌惡穆罕默德沒有文化和令人不悅，他告訴朋友穆罕默德是紹德家族年輕人嘗試避開的一個堂弟。

現在他們都已三十幾歲了，穆罕默德是王國中僅次於國王最有權勢的人，而他的堂兄沙爾曼在穆罕默德眼中是個打腫臉充胖子的小丑。在財富和權力的吸引下，沙爾曼盛大地創立了「前瞻行動者俱樂部」，嘗試以慈善倡議來結合世界領袖，卻洩露了他說英語的流利程度不如他的自誇。

經常出現在名人合照的沙爾曼親王留著一頭整齊修剪的短髮，穿著合身的訂製義大利西裝，翻領寬到近乎荒謬。他追逐政治領導人和媒體報導，吹噓他在索邦大學受教育，並承諾要解決像保護清潔水源等全球問題。

一位杜拜的生意人介紹沙爾曼認識民主黨的金主加州企業主管卡瓦賈（Andy Khawaja），卡瓦賈再介紹沙爾曼會見希夫。希夫後來告訴有線電視新聞網（CNN），他只記得會見時談的都是有關中東政治的一般話題。但沙爾曼事後告訴他的隨從，他與卡瓦賈和希夫的談話專注在他的慈善活動。（另一方面，卡瓦賈後來在美國因涉及與穆罕默德．本．扎耶德有關的陰謀，被以輸送非法競選獻金給希拉蕊的罪名起訴；卡瓦賈說他「從未收受任何外國領導人的錢。一切都是謊言」。）

但穆罕默德氣急敗壞。為什麼這個沒有人聽過的親王搞得像王室家族支持希拉蕊？他打電話給沙爾曼，沙爾曼向他保證會談都不牽涉政治。那天晚上，皇宮的官員打電話給沙爾曼的父親。「為什麼他在美國？」那名官員問。受到驚嚇的沙爾曼決定保持低調，至少暫時如此，然後他寫一封信給皇宮，表示他在美國是為了生意和社交目的，不是政治。但對穆罕默德來說，即將舉行的大選是關鍵時刻，而他堂兄的出現時機太不恰當。

CHAPTER 8
小斯巴達

二〇一六年十二月

拋掉他的白色長袍並換上扣領襯衫和一副飛行員太陽眼鏡，肌肉結實的阿布達比王儲穆罕默德·本·扎耶德抵達曼哈頓川普大樓的祕密會議地點時，看起來像一個阿拉伯的詹姆士·龐德。

迎接他的人完全不像他多年來與美國——他的西方盟友和保護國——打交道見到的人。一邊是前銀行家和右翼媒體主管班農（Steve Bannon），他穿著磨損的毛衣，套在兩或三層有領襯衫上，紅潤的臉頰、蓬鬆的灰髮，和喜歡誇大談論古老的過去，讓他看起來像個潦倒、很反動派的教授。然後另一邊是整潔的房地產家族繼承人、娶了伊凡卡·川普的庫什納，他曾在飛機上告訴班農，他認為對過去有深刻了解的人未必是策劃地緣政治未來的最佳人選。

「我不相信那一套。」庫什納說。

「你不相信什麼？」班農反問。

「歷史。」庫什納說：「我不閱讀歷史書。它只會拖累你。」

站在他們兩人中間的是佛林（Michael Flynn），一位曾獲得動章的前陸軍中將，剛離開在私人事業擔任顧問和為外國政府進行遊說的工作。他們現在都為房地產大亨川普做事，而川普則在經歷一場艱困的選舉後成為美國總統，部分原因是以一套「美國優先」的號召動員了近一半的大眾選民。他的一些政策對穆斯林世界極度敵視。

但在班農開始說話時，穆罕默德・本・扎耶德突然感覺到十分放鬆。

「我在這裡只談波斯人。」班農說。

穆罕默德・本・扎耶德露出驚訝的微笑。「你是說波斯人？我找像你這樣的美國人已經二十年。」

班農以一種這位酋長國領袖了解的方式說話。「伊朗」是一個國家，歐巴馬信任它的政府，所以與它達成一項核子協議。另一方面，「波斯人」指的是伊朗的種族群體，也是阿拉伯人的宿敵。對穆罕默德・本・扎耶德和班農來說，如果波斯人決定重建三世紀前曾支配區域大多數地方的薩法維帝國，他們將是阿拉伯聯合大公國和沙烏地阿拉伯——和它們在西方的盟國——的威脅。

二〇〇七年六月在一次與海軍上將科斯格雷夫（Kevin Cosgriff）的討論中，穆罕默德・本・扎耶德精簡地說明他的文化觀點。根據洩漏的國務院電文，他告訴科斯格雷夫：「任何文化要是有足夠的耐心並能專注地花幾年時間編織一條地毯，它就能等待幾年、甚至幾十年來達成更大的目標。」伊朗的目標是「一個偉大的新波斯帝國，擁有核子武器所帶來的影響力」。

穆罕默德和班農又繼續談了一個小時，談到歷史、安全，和他們看到歐巴馬天真地與伊朗達成協議的危險。然後這位酋長國王儲提出一個建議：川普陣營應該會見穆罕默德・本・沙爾曼。「他是你們在這個區域擬訂計畫的關鍵。」他說。

提出這個建議凸顯這位阿聯酋王儲想拉抬這位初出茅廬的親王，在幅員遠為廣大的沙烏地阿拉伯的重要性。從一九七一年建國以來，阿拉伯聯合大公國與沙烏地人和沙烏地的瓦哈比派伊斯蘭有著複雜的關係。波斯灣（或者他們稱呼的阿拉伯灣）各酋長國的親王很快建立了許多著名的國際都市，如杜拜、阿布達比和多哈，而老邁的沙烏地阿拉伯國王和他們的瓦哈比派支持者似乎著迷於可以追溯到二十世紀初的現況。現代沙烏地阿拉伯的歷史——和紹德王朝宣稱的合法性——與保守的宗教體制和麥加與麥地那聖城的託管權，有密不可分的關係。

但沙烏地阿拉伯是一個擁有眾多人口和廣大幅員的波斯灣國家。它是該區域唯一在全世界舉足輕重的國家，但它長期以來拒絕扮演領導角色，寧可依賴美國維護區域安全，同時耗費龐大的錢傳播瓦哈比主義——一種視看電影或聽音樂為邪惡的世界觀——到穆斯林世界的偏遠角落。

在阿拉伯半島各地都可以看到許多相同的現象：龐大的石油蘊藏和伴隨而來的財富、保守的社會規範、部落的習俗，以及沙漠的地形。不過，每個波斯灣城市的差異可能很大。杜拜的阿勒馬克圖姆家族是標準的重商主義者，多年來專注於創造一個未來主義的貿易中樞，吸引數百萬外僑來這裡過著和他們在雪梨、倫敦或紐約類似的生活。科威特的薩巴赫家族比其他鄰國更早容許國內設立民主式機構，甚至好爭吵的報紙可以批評政府官員，是區域內其他國家罕見的現象。阿曼的喀布斯家族以其低調的外交官聞名，在西方國家和伊朗的對話中扮演重要的中間人。還有小半島國卡達的阿勒薩尼扶植伊斯蘭主義者，包括穆斯林兄弟會和遍及阿拉伯世界的類似團體，而其他波斯灣國家則視它們為專制君王統治的最大威脅。雖然是一個極小的國家，卡達的外交政策卻在整個區域中最具侵略性。

阿布達比王儲穆罕默德・本・扎耶德是酋長國創建者扎耶德・阿勒納哈揚（Zayed Al Nahyan）十幾個在世的兒子之一，他在父親逝世後很快變成權力最大的酋長之一。當他擔任酋長國總統的哥哥哈利法二〇一四年生病時，穆罕默德・本・扎耶德成了掌管國家日常政務的人。其他兄弟分別擔任政府的高階職位，包括外交大臣、國家安全顧問和內政大臣。

曾擔任直升機駕駛員的穆罕默德・本・扎耶德是一個充滿矛盾的人，他監督阿布達比最雄心勃勃的一些計畫，包括創設一個和平用途的核能計畫，設立紐約大學阿布達比校區，主要接受海外學生，而且往往提供全額獎學金，還有在阿布達比主島附近的一座小島打造一座羅浮宮博物館。但他身邊也圍繞一些可疑的人物，包括前美國和英國的間諜，以及惡名昭彰的私人安全承包商黑水創辦人普林斯（Eric Prince）這類人。穆罕默德・本・扎耶德渴望讓阿聯在軍事衝突中變成有正當性的參與者，包括派遣特種部隊協助美國在阿富汗的戰事，贏得美國海軍陸戰隊將軍馬提斯（James Mattis）為阿布達比取了「小斯巴達」的綽號。

在同一個早上，穆罕默德・本・扎耶德可能在他的辦公室，與為情報相關事務提供顧問的前軍情六處軍官崔克斯（Will Tricks）開會，然後一起散步穿過他宮殿庭園一座養滿珍禽異鳥的巨大鳥籠，談論有關他父親博學多聞的前翻譯官努賽貝（Zaki Nuseibeh）的故事；據說努賽貝家中有數千本書。對西方友人來說，他是個哲學家國王——謙遜、熟習世事、不畏批評，且有勇氣面對敵人。對被囚禁在阿布達比國安監牢的人來說，他是個殘暴的獨裁者，他們甚至說他願意親自做骯髒事，雖然他否認這些指控。

蓋達組織高層領導人艾曼・查瓦希里（Ayman Zawahiri）的弟弟穆罕默德・查瓦希里（Mohammed Zawahiri）在一次訪問中宣稱，一九九九年他在阿聯遭逮捕後，被押解到阿布達比，由穆罕默德・本・扎耶德審訊他，並在過程中毆打他。這個埃及人宣稱，然後他被裝進一只打了洞的木箱送交給埃及安全當局，埃及將他丟進黑牢中，不承認他的存在長達七年。接近穆罕默德・本・扎耶德的消息人士否認這些指控。

儘管擁有數十億美元的個人財富，穆罕默德・本・扎耶德以相當低調聞名，在辦公室經常戴著一頂棒球帽，自己開車在阿布達比市區逛或到他最愛的咖啡館，並曾與一位來訪的外交官在一家叫瓊斯雜貨店的店舖一起午餐。

多年來被沙烏地老一輩領導人輕視的穆罕默德・本・扎耶德，把他的努力專注在透過一個頭頂全禿的阿聯人尤塞夫・歐泰巴（Yousef al-Otaiba）與美國打交道。歐泰巴在二〇〇八年成為阿布達比駐美國大使後，很快成為華盛頓特區關係最緊密的阿拉伯人。

歐泰巴的技巧主要靠他在文化層次上與美國人連結的能力，包括在他位於華盛頓特區近郊豪華的大使宅邸喝啤酒、吃烤肉，為運動隊伍加油，或者招待更優雅的賓客享用由帕克和其他知名大廚準備的特別晚餐。

阿拉伯聯合大公國與沙烏地王室家族有悠久的關係，且理論上是緊密的盟友。當阿卜杜拉國王臨終時，穆罕默德．本．扎耶德押注他兒子米特卜．本．阿卜杜拉即將繼承王位。一直到穆罕默德．本．沙爾曼趕到病榻前並崛起成為一股新勢力，阿布達比才開始注意他。

穆罕默德．本．沙爾曼的許多行事後來讓這個阿聯人很感興趣。這位沙烏地親王是個年輕的科技愛好者，他希望他的王國也進行類似阿聯的轉型。阿布達比比利雅德更早有一套由管理顧問擬訂的二〇二〇計畫，而且阿布達比的發展說服了全世界，開始看待這個城市有如中東的華盛頓特區，吸引外交官、企業人士、間諜和有權有勢的人物定期來這裡舉行大會和商議策略。

穆罕默德．本．扎耶德從穆罕默德．本．沙爾曼看到畢生難得的機會，可以與遠為遼闊和強大的鄰國打造更深的盟友關係。穆罕默德不但可以扭轉沙烏地阿拉伯退化的道路，而且可以和阿聯在全球外交政策中形成一股強大的勢力，甚至開始為整個區域打造一個更好的未來。

依穆罕默德．本．扎耶德所見，問題是穆罕默德．本．沙爾曼面對紹德家族的競爭對手，而且尚未鞏固他的權力和影響力——其中一些對手如王儲穆罕默德．本．納伊夫仇視酋長國。（穆罕默德．本．扎耶德曾在美國外交官面前形容王儲的父親納伊夫是人猿。）所以穆罕默德．本．扎耶德展開綿密的遊說和影響力操作，目的是向西方傳達訊息：一個令人耳目一新的人物正在沙烏地阿拉伯崛起，他們應該見見他。這在美國尤其重要，因為穆罕默德．本．納伊夫與美國官員建立了長期的緊密關係。在新任美國總統剛上台和穆罕默德親王聲勢逐漸攀升的情況下，正是穆罕默德．本．扎耶德獲得更大影響力的機會。

歐泰巴是這個行動的關鍵人物，穆罕默德・本・扎耶德的弟弟塔努恩・本・扎耶德——擔任國家安全顧問（相當於阿布達比的情報頭子），也是一個巴西柔術冠軍——也很重要。塔努恩因為眼睛對光敏感而經常在室內戴太陽眼鏡，他也經常藉由漂浮在隔離艙來放鬆自己。塔努恩開始成為穆罕默德和美國官員的中間人，曾與穆罕默德在丹吉爾、華盛頓特區和利雅德見面，進而對穆罕默德產生重要的影響，甚至說服他嘗試一個名叫阿提亞（Peter Attia）的醫生推薦的生酮飲食，減少他偏好的麥當勞速食。當凱瑞（John Kerry）二〇一六年在停泊於紅海的遊艇與穆罕默德見面時，塔努恩也在自己停泊於附近的遊艇上休閒。

負責阿布達比主權財富基金穆巴達拉發展公司的穆巴拉克（Khaldoon Al Mubarak），也與沙烏地主權財富基金合作研究經濟多樣化計畫。

回到華盛頓特區，歐泰巴開始透過他與前美國政府官員的網絡散播訊息，這些官員再與他們在國務院、五角大廈和白宮的舊同僚談論穆罕默德・本・沙爾曼。在歐泰巴的敦促下，退休將領裴卓斯第一個去見穆罕默德・本・沙爾曼。

根據一群自稱「全球洩漏」的駭客取得的電子郵件，裴卓斯事後寫道：「令人難以置信、坦誠、驚人的遠見。其中有些已經開始執行。只要有一半能實現，那將是非比尋常的成就。」

「穆罕默德・本・扎耶德的評價完全一樣。」歐泰巴回信說：「現在你必須傳達這個看法給對穆罕默德・本・沙爾曼極度焦慮和深具戒心的政府，要求他們像我們一樣投資在他身上。」

穆罕默德・本・扎耶德在川普大樓的會談觸發還有兩個月就要卸任的歐巴馬政府的警報。

外國領袖與即將上任的政府舉行非正式的會談不常發生。

從美國地質學家近一世紀前在沙烏地阿拉伯沙漠發現原油以來，美國一直是王國最堅定的支持者。美國公司奠立了沙烏地石油業的基礎，並提供王國武器和軍事訓練。相對的，沙烏地阿拉伯變成美國在該區域最可靠的盟友。即使在一九七三年的石油禁運和九一一恐怖攻擊後，以及水力壓裂技術的創新終結了美國對沙烏地石油的依賴，兩國穩定的關係持續到二〇〇〇年代初，這都要歸功於美國國務院、中情局，以及沙烏地阿拉伯情報和安全單位老一輩官員的努力。

但這種友誼在歐巴馬總統的治理下開始變調。阿聯和沙烏地阿拉伯的領導人氣惱歐巴馬未與他們商量，就決定與他們的死敵協商核子協議。更糟的是，協商是在鄰近的波斯灣合作理事會成員之一阿曼舉行。當歐巴馬二〇一五年在阿卜杜拉駕崩後打弔唁電話給利雅德時，仍然默默無聞的穆罕默德．本．沙爾曼在一次大臣及閣員會議中站起來，痛斥歐巴馬背棄王國。美國代表團中有些人還不知道這位過度自信的年輕親王是誰。

後來穆罕默德對一群美國人抱怨：「歐巴馬已停止支持我們。」那是一個十分簡化的看法——美國在歐巴馬任內出售價值數十億美元的武器給沙烏地阿拉伯——但它反映了沙烏地皇宮和該區域普遍的觀點。在穆罕默德眼中，歐巴馬以精細的手法在與伊朗談判的同時維繫與沙烏地的聯盟等同於背叛。

即使是歐巴馬和川普一下一上，再加上對穆罕默德有利的推薦，他還有另一個大問題：他的對手穆罕默德·本·納伊夫與美國官員有更強固的關係，這種關係超越政治層次，而更深入美國的情報、軍事和外交機構。即便穆罕默德迫使穆罕默德·本·納伊夫的前副手薩德·賈布利流亡海外，這個問題也未解決。

穆罕默德·本·納伊夫執掌沙烏地阿拉伯的反恐事務二十年，他認識美國國務院和中情局裡各色各樣的人，許多人把他視為朋友。來自他的眾多情報員和線人的消息曾揭發許多不利於沙烏地和美國利益的威脅。

川普當選提供穆罕默德機會來重建以他為焦點的美國關係。表面上看，川普出乎意料的勝選似乎是穆斯林世界的挫敗。川普競選時禁止穆斯林進入美國的伊斯蘭恐懼症言論，連美國人都受到驚嚇。

穆罕默德·本·沙爾曼把它視為恐嚇。他後來說，那與川普對伊斯蘭真正的感覺無關，而是川普必須這麼說才能當選。穆罕默德·本·沙爾曼認為，在誇大的言詞底下是一個靠一點奉承和與美國公司的一些高額交易就可以贏得的人。此外，穆罕默德同樣怨恨伊斯蘭極端保守主義者：他們以向世界展現過度的宗教性而為這個宗教帶來惡名。懷疑的西方人仍然寫文章嘲諷阿卜杜勒阿濟茲·賓貝茲（Abdulaziz bin Baz）——前沙烏地最高宗教領袖，否認地球環繞太陽運行，直到沙爾曼國王的兒子蘇丹搭乘美國太空梭回來後，告訴賓茲地球的確依其軸心自轉，並環繞太陽運行。

穆罕默德在重新塑造與美國的聯盟關係中將出現兩個夥伴，他們就是穆罕默德·本·扎耶德在川普大樓會見的班農和庫什納。他們知道必須先抹除伊斯蘭恐懼症的指控，才能爭取到阿拉伯人支持他們在中東的優先要務。對班農來說那是懲罰伊朗，而對庫什納則是支持巴勒斯坦和平協議。這位年輕的房地產主管認為，用老式的生意手法和討價還價為中東帶來和平是個很棒的點子，那將是川普總統任內的重大事蹟。每一個問題都有一個可以解決它的交易。

沙烏地爭取庫什納的支持很早就已展開。穆罕默德派出兩位高階密使到川普大樓，分別是安全官員穆薩德．艾班（Musaad al-Aiban）和當時的能源大臣哈立德．法利赫。他們希望川普出任總統後的首次出國訪問是到利雅德。這似乎是一個對雙方都有利的計畫。對穆罕默德來說，那將顯示他已重新激活與美國的舊聯盟關係。對川普來說，它將消除伊斯蘭恐懼症的指控。兩國的領袖都了解，這個訪問將被視為對伊朗採取強硬的立場。

「如果你想與川普總統建立好關係，」庫什納在會談中告訴艾班和法利赫：「那很簡單：停止恐怖主義，現代化，停止極端主義。」他還補充說，沙烏地阿拉伯與以色列的關係正常化有進展將是好事一樁。

庫什納也說，如果川普同意訪問利雅德，沙烏地必須做一些改變來對美國展現誠意。「你們必須開始讓女性開車，和給她們更多權利。」庫什納告訴這兩人。他們向他保證，穆罕默德正在計畫做這些事，因為他認為它們對王國有好處。

事實上穆罕默德·本·沙爾曼已經把女性開車的權利列為首要目標。對大多數西方人來說，那似乎是一個極簡單的決定，但歷任沙烏地國王都想採取矯正落後傳統的作法，卻都在最後一刻停止行動。數十年來一套新法律歷經多次修改，但年邁的王室成員始終感覺它風險太高。專注於新一代年輕人口的穆罕默德認為這種風險不復存在——繼續以限制來疏遠年輕沙烏地人和西方盟友的風險反而更高。在二〇一七年底，國王下詔女性從二〇一八年六月起將可駕駛汽車。庫什納和其他人感覺這帶來有利的影響，即使穆罕默德在與他們會面前已經決定做這項改變。

在就職典禮後的幾週，新川普政府開始擔心訪問沙烏地的事。國務卿提勒森（Rex Tillerson）和一些國家安全會議的幕僚反對。他們有更優先的外交事務和更可靠的盟邦需要會見。他們警告，那將有在沙烏地阿拉伯的敏感時刻表現偏袒穆罕默德的風險。美國最信賴的沙烏地連絡人穆罕默德．本．納伊夫，被夾在瓦哈比派支持的國王和他偏愛的明顯有野心繼承王位的兒子中間。一些幕僚擔心訪問利雅德將有利於穆罕默德推翻他堂兄的計畫，推升他繼任王位的地位。

提勒森告訴其他官員他特別擔心穆罕默德．本．納伊夫遭到打擊。他宣稱，沙烏地人對改善女性待遇和對抗極端主義的承諾並不可靠。「沙烏地人將永遠讓你失望。」提勒森在一次會議中告訴庫什納：「他們永遠不會兌現。」

提勒森的幕僚告訴庫什納，延緩這個計畫直到二〇一八年五月。庫什納在一次白宮會議中把這個訊息轉達給班農。

「你在開什麼玩笑。」班農說。他駁斥那些官僚是「國中之國」——一個最早用來描述土耳其政府的非民選官員在幕後統治國家的詞。班農說，這類幕僚優先考慮的是維繫自己的權力，和支持他們自己在海外的盟友。要建構川普的顧問策劃的新秩序不能指望獲得他們的支持。

庫什納主張，白宮應給沙烏地兌現承諾的機會，同時川普的幕僚安排了新總統和沙爾曼國王通電話。

「我是你熱烈的仰慕者，總統先生。」沙爾曼說。

「好的，國王。」川普回答。他說他將讓他的女婿庫什納負責籌劃這次訪問。沙爾曼回答說他已經把沙烏地這邊的事交給穆罕默德負責，並且誇大地展現對這位前電視真人實境秀的諂媚說：「如果你認為他沒有把事情辦好，你可以告訴他：『你被開除了！』」

庫什納和穆罕默德開始連絡，有時候透過WhatsApp通訊，而且相談甚歡。庫什納喜歡穆罕默德解釋他不是想把沙烏地的伊斯蘭教現代化；他真正想做的是恢復它較中庸的本質。穆罕默德已對許多外國政治人物和新聞記者解釋，沙烏地阿拉伯原本已經走上較自由社會的道路，直到一九七九年對麥加禁寺的一次恐怖攻擊，促使紹德家族把權力交給保守的宗教分子。

事實上這是過度簡化的說法：紹德家族透過與瓦哈比派戰士結盟而取得權力，而這些戰士的後代在政治上形成了王國的宗教當權派。

但穆罕默德讓庫什納相信他是新類型的親王，了解金錢和科技在世界的重要性，而且對老一輩的抱怨不感興趣。比較起來，穆罕默德．本．納伊夫顯得乏味且不願意改變。

面對來自提勒森和舊政治官僚的懷疑，庫什納要求穆罕默德把訪問期間沙烏地準備做的承諾都以書面形式呈現。親王的反應是派出安全官員艾班到華盛頓幾個星期，並在那段期間與庫什納釐清美國的要求和沙烏地的承諾，並把它們寫下來。等艾班返回利雅德，穆罕默德指示他井井有條的助理團隊，開始規劃一系列盛大的公開儀式。在華盛頓，庫什納的動作並沒有那麼快。

在二月，娃娃臉的前總統先遣事務官艾特基斯（Steve Atkiss）出乎意料接到來自白宮的電話。「看起來總統的首次訪問可能是到沙烏地。」一個名叫哈金（Joe Hagin）的助理告訴前同事艾特基斯：「這裡沒有任何人知道如何規劃出國訪問，也沒有任何人了解沙烏地。」

艾特基斯自告奮勇提議幫忙。他當年曾為小布希規劃訪問沙烏地，並陪伴這位總統到利雅德。阿卜杜拉國王訪問小布希的德州農場時，他也是隨員之一。艾特基斯說，他自願為川普的白宮做事——那是幫助老朋友哈金的機會，而且對他自己開的顧問公司指揮集團也是好事。他與庫什納開了一次會後，便開始連絡沙烏地方面的對口規劃人員。

幾週後，穆罕默德·本·沙爾曼來到華盛頓，並以沙烏地國防大臣的身分會見五角大廈官員。他安排一次與川普簡短的見面，但在德國總理梅克爾（Angela Merkel）因為暴風雪而取消計畫中的白宮拜會後，這次見面變成七個小時的午餐和談話。

穆罕默德與川普的新聞照對王國老家傳送了一個訊號。王儲穆罕默德·本·納伊夫並不在這次訪問中，而應該是他副手的穆罕默德反而與美國締結了新聯盟。

穆罕默德的發現令他大感振奮。在首度出訪已不由猜忌的歐巴馬政府當家的白宮期間，他獲得遠為熱烈的接待，尤其是當他批評歐巴馬時。穆罕默德告訴川普，前總統歐巴馬最大的問題是他對中東的觀點存在根本的瑕疵，他希望擴增伊朗和穆斯林兄弟會的力量，並減少沙烏地阿拉伯的影響力。穆罕默德也說，川普的死敵、歐巴馬的第一位國務卿希拉蕊不尊重沙烏地阿拉伯。

在這次會談後，穆罕默德意識到他面對的白宮遠比以往更接納沙烏地，也遠為容易操縱。他也將發現，比起他自己的團隊，川普的白宮顯得漫無組織。這將成為穆罕默德的優勢。

一旦訪問的日程敲定，穆罕默德的幕僚開始日以繼夜地執行親王接待川普訪問的計畫。他要僱用頂尖的大廚，他的幕僚照辦。他希望川普和沙爾曼國王舉行公開的簽訂商業交易儀式，以便川普將數十億美元的沙烏地支出，歸功於自己。

為了向川普展現他——而不是穆罕默德·本·納伊夫——是沙烏地政府中最熱心的恐怖主義打擊者，穆罕默德帶著工程師和營建團隊到老舊的皇宮旅館，要他們把大廳改造成一個《星際大爭霸》式的「戰情室」，當作穆罕默德指揮的新反極端主義中心。他甚至帶裴卓斯參觀正在進行的改裝工程。這看起來可能令人印象深刻，但有點多此一舉，因為穆罕默德·本·納伊夫已執行反極端主義計畫許多年。後來證明這個工程更適合用來當作世界領袖集會的電視布景，勝過用來代表沙烏地的優先要務出現任何重大轉變。

而為了向川普展現沙烏地阿拉伯愛美國，穆罕默德要幕僚安排哈林籃球隊等表演隊伍在川普抵達時來利雅德。從來訪領袖自己的國家邀請名人到場表演不是常見的作法，但穆罕默德猜想，這可能祛除川普似乎對太陌生的場景容易不安的情況。

另一方面，美國人似乎沒有這麼縝密的心思。川普的白宮日常的生活就是美國最精彩的肥皂劇，充滿結局悲慘的戀情謠言、有人被開除，和極化的政策，例如在墨西哥邊境蓋一堵牆。庫什納和班農是劇中角色，但他們知道自己希望訪問沙烏地馬上進行——而且他們（而不是「國中之國」）必須掌控它。對川普最親近的顧問來說，由政府官僚執行總統的命令這種事絕不會發生——他們懷疑那些長期任職的官僚都是自由派的意識形態分子，會破壞川普的目標。

因此，庫什納和一位名叫包威爾（Dina Powell）的國家安全顧問助理在規劃中扮演領導角色。包威爾是埃及裔、會說阿拉伯話的前高盛銀行家和小布希的助理，她被視為白宮與中東間的橋樑。

包威爾和庫什納與前總統先遣事務官艾特基斯坐下來，開始安排後勤事宜。艾特基斯第二天就要前往利雅德，並需要聽取指示。除了安全和後勤問題外，優先事項之一是確保不會面對任何尷尬的情況。

長期擔任先遣事務官——為龐大的總統隨從團隊事先安排基本工作的人——的艾特基斯應該有相當明確的職責。白宮和隨行的商務、軍事、外交和安全人員必須擬出詳細的計畫表，而他將提早到利雅德安排後勤、評估風險，和研究必須如何執行白宮指示的大小事情，並且確保訪問進行得既安全又順暢。

但包威爾和庫什納在他們的白宮會議中給了模糊的指示。他們基本上只提供一份總統和沙烏地人想做什麼的清單，包括簽訂美國─沙烏地商業交易的儀式。儀式將進行多久？他們不知道。一小時的會議要考慮的安全問題將和十分鐘的會面不同。要簽訂什麼交易？必須請誰參加會議？波音公司的執行長必須到場嗎？奇異董事長呢？

「嗯，我不知道。」庫什納回答。「負責列這張清單的人是誰？」他、包威爾和艾特基斯看著彼此。「可以交給你負責嗎？」庫什納問艾特基斯。

這對一個自願者是個奇怪的要求，因為官方訪問的隨行者清單通常由國家安全會議負責。但這次訪問是出於白宮的要求，而艾特基斯同意幫忙。他在抵達利雅德後，前往外觀像堡壘的美國大使館，坐下來與當地的幕僚討論。「我們必須自己列出美國與沙烏地阿拉伯在這次訪問中可能簽訂的所有交易。」

皇宮也提出一些奇怪的要求。例如，沙烏地人希望聚集穆斯林世界大多數領袖在一個房間中會見川普。川普才剛當上總統，所以不可能期待他認識可能到場的五十多位國家元首的大部分。讓一個沒有經驗的總統和土庫曼與布基納法索、約旦與茅利塔尼亞的領袖共處一室，並且期待一切順利真的是個好主意嗎？

「沙烏地人希望這麼做。」庫什納回答。這個點子被採納了。沙烏地人希望沙爾曼把一枚領巾形狀的勳章圍繞在川普脖子的計畫也通過了，雖然白宮幕僚擔心川普不喜歡被陌生人碰觸。

艾特基斯檢查了還有許多事情要處理的利雅德麗思卡爾頓酒店──例如，確保川普和梅蘭妮亞・川普（Melania Trump）照他們的要求住在不同的套房，和弄清楚每個會議地點的緊急出口。

艾特基斯在第二天早上參加一個往後一個月像是重複土撥鼠節傳統的視訊會議。他螢幕上出現的是白宮方面的負責人包威爾和庫什納。他們提出有關會議和後勤的問題，然後艾特基斯追問他最擔心的問題：「誰在擬清單？」他需要知道川普和國王準備簽訂什麼商業交易。他已把大使館列的清單傳給庫什納和包威爾討論。「擬清單的進度如何？」

「清單不在我手上。」庫什納。

往後連續十九天的每一天，艾特基斯會問相同的問題。而每一天他會得到類似的回答。沒有人知道誰該為延遲負責。庫什納和包威爾都同時進行許多優先工作，而在審查商務交易扮演一個角色的商務部部長羅斯（Wilbur Ross）似乎未參與這個工作。

艾特基斯從他的沙烏地連絡人這邊可以輕易獲得他需要的指引。在白天的會議中，艾班或其他負責訪問事宜的政府官員會向艾特基斯做詳盡的工作計畫簡報，並詢問美國方面的意見。有時候穆罕默德的弟弟哈立德會參與會議，較年長的大臣們則會聽從這位即將出任駐美大使的親王指示，等候他發言。總統的早餐、晚餐和參觀活動都已安排好。一位公主將負責帶梅蘭妮亞遊覽利雅德。

在國王的行政辦公室——一座現代伊斯蘭風格的宏偉白色建築——工人已移除圍繞一片漂亮草地四周車道的每一顆鵝卵石，並重舖以使車道完全平整。有一天國王的禮賓大臣哈立德・阿貝德（Khalid al-Abad）帶艾特基斯看伊本・紹德的舊宮殿穆拉巴——現在已是一座博物館。

他們沿著川普將參觀這座重建土牆建築的路行走。阿貝德帶他看入口、出口和安全檢查哨。「然後是這裡。」他們進入一座博物館的走廊時，阿貝德說：「托比．凱思（Toby Keith）會在這裡出現。」

艾特基斯愣了一下。這位在九一一後對想當恐怖分子的人唱「我們會把靴子踢進你的屁股裡，那是美國作法」的鄉村歌手似乎跟利雅德有點不搭調。但在一頭熱地想擁抱美國下，穆罕默德要他的部屬花數百萬美元請這位歌手——他曾在川普就職前的慶祝會上表演——排除萬難來伊本．紹德的老家，給川普總統一個驚喜。

到了晚上，穆罕默德的副手會打電話給艾特基斯，轉達親王的問題。然後在白天，艾特基斯會繼續做各項準備工作，並緊迫盯人要求白宮給他交易的清單。訪問前幾天，艾班再度詢問商業交易的清單。艾特基斯承諾一拿到清單就會告訴艾班。

五月十八日，即訪問前兩天，艾特基斯登入與白宮的最後一次視訊會議。「我們檢查一遍行程。」庫什納說。

「不行。」艾特基斯。「我們沒辦法檢查行程。」他已承諾沙烏地人他會拿到交易清單，而且他現在就需要它。

庫什納奇怪地看著他。

「艾特基斯。」庫什納輕聲說：「我們就是弄不出來，你必須弄出來。」

這表示一個自願幫忙的人必須負責想出，美國總統和沙烏地阿拉伯國王會簽訂哪些數十億美元的協議。

驚訝不止的艾特基斯趕到美國大使館，與一個名叫高德福瑞（John Godfrey）的外事官一起檢視約二十項大使館官員先前湊出的交易。他們把交易分門別類——雙邊交易、商務交易和軍事銷售——然後排出一些似乎較好的選項。他們最後列出一張價值近五千億美元的武器、核電廠和其他重要戰略計畫的交易清單。

沙烏地人順著川普的心意照單全收。

CHAPTER 9
招牌交易

二〇一七年五月

川普從來沒有像在二〇一七年五月二十日抵達達利雅德麗思卡爾頓酒店時那般開心，他發現自己臉孔的五十呎高投影正從富麗堂皇的旅館沙岩外牆嚴肅地瞪著他。他龐大的臉龐旁邊是微笑的沙爾曼國王，兩個頭像中間是一雙緊握的手。市區各處的看板都是兩人的肖像，搭配「團結戰勝一切」的大字。美國和沙烏地的國旗掛滿每個地方。

這是川普就職總統以來第一次訪問外國，而沙烏地對待他有如國王。穆罕默德小心翼翼地策劃麗思的迎賓儀式和這次訪問的每個細節。這位親王知道如何與川普打交道。他成長於習於鬥爭的年長親王支配的大家族，他們害怕被羞辱、渴望被尊敬，而且執迷於擴增繼承而來的財富。穆罕默德已學會迎合這些脆弱的老人。在他父親登上王位前，讓他們需要他是在皇宮取得權力的唯一方法。現在他必須以同樣方法對待這個美國人。

邀請川普訪問利雅德將是穆罕默德邁向沙烏地王位迄今最重要的一步。這位親王在過去曾蓄積協助他父親沙爾曼成為國王所需的財富，他也擊敗其他可能篡奪王位者以確保沙爾曼繼承阿卜杜拉的王位。然後他控制了沙烏地的軍隊和經濟，排擠了堂兄兼敵手穆罕默德・本・納伊夫。完成這些步驟後，他宣告王國將不再仰賴石油財富來維繫其脆弱的現狀。還有，當然他現在富有得超乎想像。

現在他把美國總統帶到沙烏地阿拉伯進行他的初次出國訪問。這對國內和國外傳達了穆罕默德獲得世界上最強國家支持的訊息。這也向他的家族證明，他能做曾任美國國務院和國家安全會議中東軍事顧問的普法夫（Tony Pfaff）所稱的「國王的事」。

穆罕默德還不滿三十一歲，他通往王位的道路仍阻隔著遠為年長的穆罕默德．本．納伊夫，在這種情況下，普法夫說，「建立繼承沙烏地王位所需的正當性」有賴於公開展示領導能力；普法夫現在是美國陸軍戰爭學院教授。像轟炸葉門和承諾經濟改革這些事會有幫助，但沒有一件事比證明他可以重振日趨緊繃的美國—沙烏地關係更重要。

參訪三個宗教中心城市的沙烏地阿拉伯之行後，川普將繼續訪問以色列和梵蒂岡，但這並非川普首次到波斯灣國家。他曾去過杜拜，那裡的一家開發商購買了用他的名字為一個住宅高爾夫球場房地產計畫命名的權利，並在二〇一四年開始銷售。雖然川普之前未曾去過沙烏地阿拉伯，他曾與幾個沙烏地人見過面，包括賓拉登家族的幾個成員。

川普在一九八五年二月出席一場接待法赫德國王的白宮晚宴，與包括紹德．本．費瑟和當時擔任駐美大使的班達爾．本．蘇丹等親王攀談。在同一期間，奧薩瑪．賓拉登的一個異母兄弟沙非克住在川普大樓比川普自己住家低幾層的公寓。

川普後來與賓拉登集團的繼承人沙倫．賓拉登（Salem bin Laden）建立關係，這促成川普派一個團隊到利雅德，以考慮協助在該地一個興建豪華住宅計畫。但他提出一個奇怪的要求：賓拉登集團必須支付他一萬美元來進行研究。他告訴他們，他要求這筆支付是為確保他的生意合夥人會真的閱讀提案。

即使在當時川普對美國與波斯灣國家結盟也有強烈的觀點，他告訴《花花公子》雜誌「沙烏地人、科威特人欺負我們」，還有阿拉伯人在他的賭場花很多錢。「他們在賭桌上輸一百萬美元、二百萬美元，但他們很高興，因為他們過了一個很棒的週末。」他說：「如果你輸了一百萬美元，你可能懊惱一輩子。但他們寫信給我，告訴我他們玩得好開心。」

他在一九九五年把廣場飯店賣給包括阿瓦里德．本．塔拉勒在內的一個投資人集團。三年後，他向軍火交易商阿德南．卡舒吉（Adnan Khashoggi）購買一艘三千萬美元的遊艇；阿德南．卡舒吉曾是世界最有錢的人之一，也是新聞記者賈邁勒．卡舒吉的叔父。這艘遊艇著名之處包括有一間迪斯可舞廳，可以用雷射光把卡舒吉的臉投射在天花板，還有一間配備停屍間的手術房。川普將它改名為川普公主號。

當空軍一號在上午十點落地時，沙爾曼國王在停機坪上歡迎川普總統。歡慶活動立即展開，皇家航站舉行一個茶會儀式。川普穿著深色西裝，鮮藍色的領帶垂掛到他腰部以下一大截，而梅蘭妮亞穿著黑色連身裝，搭配巨大的金色排釦、腰帶和一條金項鍊。

然後，沙爾曼獻給川普沙烏地阿拉伯給外國人的最高榮譽，一條阿卜杜勒阿濟茲國王頸飾勳章。在儀式中，川普和以前歐巴馬來訪一樣不想向國王低頭，所以用笨拙的姿勢降低自己的身體，以便沙爾曼可以把勳章掛在他脖子上。

川普和沙爾曼並排坐在一個鋪了地毯的巨大房間中間擺設的桌子旁，他們的代表團則坐在沿著牆的扶手椅，然後他們簽署後來川普宣稱的價值三千五百億美元的交易，包括武器銷售和沙烏地投資於像基金管理業者貝萊德等大公司。（許多這些交易後來證明只是初步協議。）

他們在當天來到穆罕默德的新反恐中心，參觀這個由旅館大廳改裝成的尖端戰情室，那裡有約兩百名沙烏地電腦分析師，用他們說的「人工智慧程式」來過濾社群媒體張貼，尋找新目標或意識形態轉變的線索。實際的電腦操作者是，一家在利雅德市中心辦公室運作的美國承包商。這個新反恐中心主要是供作表演。

和梅蘭妮亞、沙爾曼國王和埃及的獨裁總統阿卜杜勒－法塔赫·塞西（Abdel Fattah el-Sisi）擠在房間的川普深受感動，他把雙手放在房間中央一顆發亮的球上。馬來西亞總理納吉（Najib Razak）嘗試擠進相片中。他是美國司法部調查一家馬來西亞基金被竊取數十億美元的重大案件的中心；那些錢據稱被花在購買豪宅上，包括納吉為他繼子購買的，所以與美國總統合照將對他贏回國內選民的心大有幫助。

站在邊緣的是被指控是前推特內奸的阿里·阿札巴拉。從回到利雅德以後，他就一直為穆罕默德的ＭｉＳＫ基金會工作。他告訴一個朋友，在川普訪問前的安全檢查中，他和數十名沙烏地人的名字已被提供給美國官員，所以他被允許出現在靠近美國代表團的地方。

皇宮的一名攝影師拍到這些元首圍繞這個球體的照片，川普得意地微笑，沙爾曼則以空洞的眼神觀看。穆罕默德·本·沙爾曼王儲不在現場，把光采讓給他父親，同時在背後繼續指揮運作。沙烏地人後來把這個球當作禮物送給美國政府，美國政府最後把它堆在利雅德美國大使館某個看不見的地方。

川普與沙爾曼手握著手出現在每一次會議上，但當伊斯蘭領袖高峰會的舞台搭起來後，國王必須是焦點所在。因此朝臣簇擁著沙爾曼，走向一個高挑天花板的八角形大廳精美織毯上方的桌子，在那裡等候川普抵達。

這一幕觸動了川普的心弦。「哇。」他對他的祕勤局幹員說：「哇。叫梅蘭妮亞過來！她一定要看看這個！」他的保鑣和沙烏地的安全人員搶著去轉告由一位親王陪同參觀的第一夫人。

高峰會出現一些尷尬的狀況。按照傳統的阿拉伯方式，它一開始先由各個穆斯林領袖坐上一個鍍金和天鵝絨裝飾的房間周邊沿牆放置的椅子。這是典型議會的格局，老一輩的波斯灣王室處理事務的方式，由每個人輪流發言，沒有任何時程表或進度。

在侍者把小荳蔻香味的咖啡斟滿阿拉伯領袖的瓷杯時，坐在椅子上的川普顯得有點困惑。他認得一些大國元首，像是埃及的塞西和土耳其的埃爾多安，但其餘的並不清楚。有人會怪罪總統不知道甘比亞的巴羅（Adama Barrow）或烏茲別克的米爾則亞耶夫（Shavkat Mirziyoyev）嗎？當川普問美國支持的阿富汗總統甘尼（Ashraf Ghani）叫什麼名字時，白宮的官員心頭一緊。在開會中間，一個較小非洲國家的領袖站起來並走向川普，其他人跟著他，形成一條向總統致意的人龍。

在準備期間，川普的祕勤幹員之一給先遣人艾特基斯一個暗示：「總統很討厭托比．凱思。」他把訊息傳給沙烏地人，讓他們安排這位鄉村音樂歌星到利雅德別的地方表演，而不是在總統前面。

對穆罕默德來說，這些儀式活動遠比他和他妻子為庫什納和他妻子伊凡卡．川普辦的晚餐會不重要。跟隨訪問之行的國務卿提勒森應該是美國外交政策的負責人，但穆罕默德沒有邀請他，而且提勒森直到晚餐會後才知道這件事。那是很聰明的作法，因為穆罕默德可以把他的願景和他的沙烏地歷史版本，推銷給像一個不像提勒森那樣對他抱持懷疑和忠誠於穆罕默德．本．納伊夫的美國官員。

「我父親那一輩從一無所有發跡，然後他們看到今日擁有的一切，這真的遠超乎他們的夢想。」穆罕默德告訴他的貴賓庫什納：「但我這一代看到的是無限的潛力，而且我們沒有那麼多耐性。」

在訪問過程的其他場合，穆罕默德和他的副手告訴庫什納和總統有關他們與卡達——一個占據沙烏地阿拉伯東岸的小半島、蘊藏豐富天然氣的小國——之間的問題。卡達的埃米爾渴望在國際事務扮演更大的角色，做了一些激怒沙烏地阿拉伯的決定。最令人憤慨的決定之一是創立國際新聞頻道半島電視台，把西方式的可責性新聞報導帶進這個區域，尤其是在二〇一一年到二〇一三年的阿拉伯之春期間。許多新聞記者是前英國廣播公司（ＢＢＣ）製作人，來自高知名度的公司。他們對這個區域政府的報導很深入、批評很嚴厲，而且做詳盡的解析。

他們也有一個由美國人斯維舍（Clayton Swisher）帶領的調查報導團隊，他是前美國陸戰隊軍人，一度在美國國務院擔任歐布萊特（Madeleine Albright）和鮑爾（Colin Powell）的保鑣，後來轉進中東為主的新聞報導。波斯灣領導人對美國和英國媒體批評他們的政策和挖掘他們不欲人知的祕密感到氣惱，但他們無法想像為什麼應該是阿拉伯盟友的卡達容許它。

卡達也支持穆斯林兄弟會，這個組織的起源可以追溯到一九二〇年代的埃及，今日已成長為中東各地的強大勢力，對波斯灣的君主國懷著深刻的敵意。阿拉伯聯合大公國和沙烏地阿拉伯在二〇一三年幕後支持對首位埃及民選總統穆罕默德・穆希（Mohamed Morsi）發動一場軍事政變，而穆希則是穆斯林兄弟會領導人。穆罕默德・本・扎耶德已告訴包括班農在內的白宮官員，卡達造成區域不穩定，並支持恐怖分子。

在川普訪問期間，穆罕默德・本・扎耶德和穆罕默德・本・沙爾曼都表明他們與卡達有很深的嫌隙。問題是，美國在卡達部署了中東最大的空軍基地。雖然沙烏地阿拉伯是美國在這個區域最大的盟國，卡達在軍事行動的戰略重要性可能更大。

卡達很小，只是突出波斯灣一個姆指形狀的半島，但它有龐大的石油和天然氣蘊藏，只有二百六十萬的人口給了它源源不斷的錢。卡達在世界各地收購珍貴的資產，包括倫敦的夏德塔和哈洛德百貨。它也收買了善意。多哈的美國陸軍基地是以卡達的公帑興建的，而且這筆交易包括無限制的電力、石油和天然氣供應——對美國來說是價值數十億美元的安排。

提勒森了解這一點，也重視這個聯盟關係，並且在訪問期間與波斯灣國家領袖的一次午餐中感覺兩方的敵意。提勒森事先收到的座位表顯示，他與卡達的外交大臣坐在同一桌。但他抵達時，那位大臣已被移到靠近廚房的另一張桌子。根據這個觀察和訪問期間與各國元首會議透露的明顯跡象，提勒森的結論是卡達發生了什麼事；這些他在後來都向一個國會的委員會做了報告。

沙烏地送給川普一大堆華麗的禮物——鑲珠寶的雕刻品、劍、匕首、頭巾，和一套鑲白老虎皮邊的長袍——川普和他的幕僚回到美國後將宣稱他們獲得一次外交勝利，重建了與中東盟友的關係。

這次訪問的重要性在兩週後才變得更加明顯。川普的代表團返回美國後，勇氣大增的穆罕默德對卡達發動攻勢，並在國內進行一場把他推到沙烏地政府最高職位的政變。

為期兩天的訪問最高潮是川普的演講。歐巴馬八年前曾在開羅的艾資哈爾大學——阿拉伯世界遜尼派伊斯蘭學習的中心——發表過他最難忘的演講之一。他告訴學者和政治人物群集的聽眾，他將「尋求美國和世界各地穆斯林間的新關係，這個關係將建立在共同利益和共同尊重的基礎，這個關係將建立在美國和伊斯蘭並不排斥和不需要相互競爭的基礎」。他感嘆殖民主義在這個區域加劇了衝突，並製造出讓恐怖組織得以擴張的條件。

川普在麗思卡爾頓酒店旁邊一間掛著水晶吊燈的華麗會議廳演講，他沒有表達歉意，並且描述當前的衝突是無法否認的事實。「這是一場野蠻的罪犯尋求滅絕人類，和各個宗教的正義之士尋求保護人類的戰爭。」他說：「這是一場善與惡的戰爭。」

在演講的後段，他幾乎嚴厲斥責他的聽眾。「只有等到你們的國家把恐怖分子和極端分子趕出去，才會有更好的未來。把他們趕出去！把他們趕出你們禮拜的地方。把他們趕出你們的社區。把他們趕出你們的聖地，並且把他們趕出這個地球。」

許多人站起來鼓掌。班農帶著自豪的表情觀看。這真的是新的開始。不必再道歉。

孫正義和拉吉夫・米斯拉也在川普訪問期間飛來利雅德簽署一千億美元的願景基金文件。當他們最後見到穆罕默德・本・沙爾曼時，很驚訝地發現他雖然有超過二十四小時沒睡覺，卻依然腦筋清楚和精神奕奕。

在前一天與庫什納談話直到深夜後，穆罕默德直接出席幾場阿拉伯領袖高峰會場外舉行的商務會議活動。川普帶來了三十名各行各業的美國執行長和高層主管，其中有許多人是川普競選的保守派捐款人。

有一天早上他們被帶進宮殿聽取親王本人的公開宣布，並在進入時向安全警衛交出他們的行動電話。但親王數個小時未現身，讓這些主管坐在一起等候，而且無法與外界連絡。

這種情景看起來有點奇怪，因為那斯達克交易所的傅利曼（Adena Friedman）和紐約證交所的法利（Tom Farley）、雷神技術公司的甘尼迪（Tome Kennedy）和洛克希德馬丁的休森（Marilyn Hewson），以及摩根大通的戴蒙（Jamie Dimon）與摩根士丹利的高曼（James

Gorman）這些死對頭竟然坐在一起話家常。他們是世界上最重要的企業主管，但他們在穆罕默德可能帶來的重賞下，都願意忍受與他們的幕僚長或家庭成員斷絕通訊長達幾個小時。

能參與Aramco首次公開發行股票（IPO）是銀行家和其他企業莫大的獎賞。當時對這樁交易的描述仍只有計畫出售公司的百分之五的股份，和公司的全部估值為二兆美元。而像這麼大規模的上市案總手續費可能高達數十億美元。

最後，宣布會終於開始了，川普在一旁觀看，開心地聽一連串令人咋舌的承諾交易——十年期間總共價值二千億美元的商業交易，和一千一百億美元的武器銷售。這些數字都被極度灌水，而且這些錢只有很少會很快支付，甚至可能永遠不會支付，但穆罕默德·本·沙爾曼已達成目的。這是一個根據你做多少交易來決定外交政策的美國總統，而穆罕默德宣布的交易價值超過希臘二〇一七年的GDP。

在願景基金簽署的時候，興奮的氣氛熱到米斯拉把簽署的文件忘在房間的一張桌上，他們不得不叫助理趕快找到它。

百仕通創辦人蘇世民在選舉前並沒有全力支持川普，但他保持中立，並在川普勝選後很快開始提供建議給白宮。尋求與川普軌道中的企業人士建立更緊密關係的沙烏地人，在宣布會中也與蘇世民簽署交易。公共投資基金將投資二百億美元在一個特殊基礎建設基金，主要將用於美國的建設計畫。

這是穆罕默德聰明的一招。它不但讓穆罕默德拉近與川普顧問的關係，也藉由大力貢獻美國經濟來表達善意，到最後還可能獲得豐厚的財務報酬。這是穆罕默德想成為他招牌交易的那種安排。

這些交易很快引發一股跟風。話在美國的企業領袖間傳開，穆罕默德．本．沙爾曼已準備要做生意，人人爭搶著要見這位親王。好萊塢最有影響力的經紀人伊曼紐（Ari Emanuel）與穆罕默德見面。「你是你的行業裡最優秀的。」親王告訴伊曼紐：「我希望你在這裡做你最擅長的事。」

穆罕默德急切地想把企業和投資帶進王國，但和蘇世民及其他來見親王的美國企業人士一樣，伊曼紐來這裡是為了別的目的。他們要的是沙烏地的錢，而且到了他見穆罕默德之行結束時，他已經想好一樁將為伊曼紐的公司奮進人才仲介機構從沙烏地賺進近五億美元的交易。

CHAPTER 10

「封鎖」

二〇一七年五月

二〇一七年五月二十四日清晨，川普已完成當上總統後首次出國訪問的以色列站行程，卡達埃米爾的幾則非同尋常的聲明出現在《卡達通訊社》的網站上。沙烏地阿拉伯和區域其他國家的媒體幾乎立即看到新聞，並廣為轉載散播，使數百萬人看到這些報導。

「伊朗代表一個區域和伊斯蘭的強權，不能被輕忽，所以與之對抗是不智的。」《卡達通訊社》報導，卡達統治者謝赫．塔米姆．本．哈邁德．本．哈利法．阿勒薩尼在軍校畢業典禮上以阿拉伯語說：「它在區域穩定上是一股強大的力量。」這則聲明在最有影響力的波斯灣國家遭到背叛的撻伐，這些國家視伊朗為區域的最大威脅和侵略者。

不過，這是一個詭計。塔米姆從未發表這個演講或這份聲明。其他報導也是虛構的，包括描述塔米姆與美國總統川普的關係緊張，因為塔米姆曾宣稱川普可能無法做滿四年；卡達與以色列的關係良好；以及這位埃米爾仰慕巴勒斯坦好戰團體哈瑪斯。

三十七歲的塔米姆從床上起來，下令發表一份譴責假消息的聲明，他的閣員設法在四十五分鐘內就發出。但那已經為時太遲，無法阻止沙烏地阿拉伯的《阿拉伯衛星電視台》和阿聯的《阿拉伯天空新聞》如潮水般的阿拉伯語新聞報導。

卡達王室家族立即知道他們的政府系統遭到滲透，而且他們確定愈來愈強硬的鄰國沙烏地阿拉伯和阿聯涉入其中。幾個星期後鑑識證據才出現，證明他們的系統被一個受僱的俄羅斯網軍小組入侵。

統治的阿勒薩尼家族多年來與他們較強大的鄰國小心翼翼相處，緊張關係持續數十年，但從未預料會遭到這種鬼祟的攻擊，而且剛開始低估了敵手的決心。昔日的波斯灣宿怨曾數度升高，科威特埃米爾或阿曼蘇丹主持的調停雖然修補了區域的聯盟，但仍留下一些抱怨。這次的新衝突卻來得既突然又全面。

在十三天內，沙烏地阿拉伯、阿聯和它們最緊密的盟友，包括埃及和小國葛摩群島，同步對卡達實施全面抵制。它們驅逐國內的卡達人，斷絕金融關係，並拒絕讓卡達飛機進入各自的領空。卡達雜貨店的食物賣光，因為卡達仰賴與沙烏地阿拉伯透過陸路交易乳製品和其他主要農產品。甚至跨越邊界吃草的駱駝也被趕回卡達。

因為川普訪問而更加大膽的穆罕默德·本·沙爾曼甚至考慮，如果卡達不屈服於一系列要求——包括解散半島電視台和完全停止所有分化其鄰國的外交政策作為——將入侵卡達。在重視保持顏面的文化中，他和他的盟友實際上是要求卡達恢復昔日的半獨立附庸國地位。

這是波斯灣國家間從未發生的對外侵略行為，也是歷任美國駐沙烏地阿拉伯大使數十年來嘗試透過個人外交手腕避免的事。

王國和它狹小而極端富裕的鄰國卡達之間，從一九九〇年代中期就存在幾乎持續不斷的緊張。沙烏地統治者特別對卡達的外交政策感到不滿，似乎卡達專門與沙烏地的敵人如穆斯林兄弟會交往。沙烏地阿拉伯、阿聯和巴林在二〇一四年因為卡達支持阿拉伯之春示威，而召回它們駐卡達的大使。

但當時的緊張已經緩解，而歐巴馬政府派駐沙烏地阿拉伯的大使威斯特法爾，在幾乎每週與穆罕默德的會面中，總是告訴這位親王維持區域穩定的重要性。不過，到了二〇一七年春天，威斯特法爾已完成他的任務，川普政府決定立即替換他，使得沙烏地—美國關係主要掌控在庫什納手裡，而庫什納卻稱不上能帶來穩定的影響。

威斯特法爾常提醒穆罕默德，對外侵略將傷害沙烏地阿拉伯在美國的形象，使美國政治人物更難公開支持它。但新政府裡沒有人會這麼做。現在美國不再提供調和的影響力，反而似乎在挑動對卡達的敵意。「你必須解決這件事。」川普的顧問班農告訴穆罕默德・本・扎耶德：「這些人比波斯人還糟。他們已經欺負到你們頭上來了。」在白宮似乎有意升高衝突的情況下，沙烏地阿拉伯和酋長國的親王們嘗試壓制卡達似乎不會有什麼風險。

在抵制令宣布前一小時，沙烏地人先行知會庫什納。庫什納問他們能不能緩一緩。「已經太遲了。」一名沙烏地密使告訴他：「行動已經展開。」

抵制宣布讓許多卡達人驚慌失措，他們以較聳動的「封鎖」稱呼它。國內一些最富裕的家族開始在他們的豪宅和宮殿裡蓄積個人軍火，預期將有入侵行動。未與穆罕默德・本・沙爾曼討論抵制卡達的提勒森嘗試避免事態失控。他從在埃克森美孚擔任主管起就與統治卡達的阿勒薩尼家族有淵源，曾協助塔米姆的父親發展卡達的天然氣開採。

提勒森在與白宮的討論中強調，如果世界上購買最多武器的三個國家開始把槍口對準彼此，美國的烏代德軍事基地將受到威脅。沙烏地阿拉伯可能使用美國坦克、美國戰鬥機和美國飛彈攻擊卡達，反過來卡達也一樣用美國武器攻擊沙烏地，這是美國無法接受的。

提勒森在敦促總統協助及早讓情勢恢復平靜上運氣不佳。在與川普和庫什納的一次白宮會議中，這位氣急敗壞的國務卿嘗試強調情勢可能演變成一場造成卡達人生活秩序大亂的危機。「他們將無法舉行考試。」提勒森說：「雜貨店裡將買不到牛奶。」

「我才不管什麼牛奶不牛奶。」川普回答。他不認為封鎖必然是壞事。「如果你能讓他們為少給恐怖主義提供資金打起來，那就是正確的方向。」他告訴庫什納。讓沙烏地人自己想辦法。

川普在抵制的第一天六月六日發推文：「在我近日訪問中東期間，我表明絕不允許資助激進意識形態。領袖們都指著卡達——看！」

雖然沙烏地阿拉伯和阿聯宣稱它們與駭入《卡達通訊社》無關，外國情報來源告訴《紐約時報》和《華盛頓郵報》，加害者是為外國政府工作的俄羅斯自由工作駭客。隨著僵局加劇，穆罕默德・本・沙爾曼的助理想出一個主意，要在沙烏地與卡達的四十哩邊界挖出一條運河，讓卡達這個半島國家變成島國。沒有人清楚這個構想是真的，或者只是恫嚇卡達人的虛構故事。

雖然沙烏地阿拉伯和阿聯是針對卡達的敵意升高——包括假造的塔米姆聲明——做出反應，實際上孤立和打擊卡達的計畫已經進行了幾個月。這個詭計和陰謀後來將被專家形容為「長袍遊戲」。

二〇一七年三月二十二日，與沙烏地大使館和公關公司戈維斯傳播合作的ＫＰＭＧ顧問公司有一名沙烏地戰略家，製作了一份特殊的PowerPoint，畫出一套從六月開始持續三個月的媒體攻擊計畫——正好始於川普訪問沙烏地阿拉伯之後。領導戈維斯傳播的人正是經驗老到的傳播界大師帕楚齊羅（Michael Petruzzello）。

沙烏地阿拉伯長期以來是戈維斯傳播的最佳客戶之一。與這些計畫脫不了關係的還有海港集團，是一家與酋長國和沙烏地合作的公關公司。在穆罕默德．本．扎耶德協助他的鄰國在區域中扮演更重要角色的同時，沙烏地阿拉伯於二〇一七年初僱用海港集團的執行董事敏茲（Richard Mintz），以協助穆罕默德．本．沙爾曼的弟弟哈立德做好出任駐美國大使的準備。這些人經常會聚餐兩個小時，討論從美國政治到重新擬訂外交政策等各種話題。

哈立德是穆罕默德的同母弟弟，比他年輕約三歲，也是他最信任的心腹。兩人有類似的背景。哈立德和他哥哥一樣留在沙烏地阿拉伯求學，他們一起長大，玩電腦遊戲，在沙爾曼國王每年一個月的度假期間，由同一個教練指導學習浮潛，並在西班牙和法國的小城鎮探險，以親自體驗真實的生活。但和哥哥不同，哈立德在還很年輕時就學會流利的英語，並在美國密西西比州哥倫比亞空軍基地和內華達州內利斯空軍基地接受空軍訓練，在漫長居留期間他常與同僚外出探索該地區的夜生活而逐漸了解美國文化。當他哥哥二〇一五年對葉門的胡希武裝民兵宣戰時，哈立德曾駕駛F15戰鬥機參與突擊，回國後留下的背傷造成他長期疼痛。在沙烏地國防部短期任職後，二〇一七年四月他被指派擔任駐美大使。

敏茲在博雅公關公司的同僚皮爾斯（Simon Pearce）出任阿布達比政府的全職工作後，也開始與阿聯合作。皮爾斯是澳洲人，後來變成穆罕默德．本．扎耶德最親近的顧問之一穆巴拉克的重要幕僚，而穆巴拉克曾策劃收購曼徹斯特城足球俱樂部和其他高知名度的阿布達比併購交易，以及對抗穆斯林兄弟會和伊朗等戰略行動。

戈維斯傳播的計畫有一套逐週展開的策略，目標是「增進卡達是恐怖主義支持者的觀感」，透過製作和分發有關卡達遭指控，涉及二〇二〇年世界杯足球賽賄賂醜聞的小冊，甚至製作凸顯卡達是中東不穩定因素的數位廣告。

同一份文件也擬訂類似的策略，以便為沙烏地阿拉伯的二〇三〇計畫尋找「第三方驗證」，包括以KPMG製作的九乘九矩陣，把新聞記者分類為友善、中立或敵對，以及他們的影響力是低、中或高。他們可以依靠的首選最有影響力新聞記者是《紐約時報》專欄作家佛里曼（Tom Friedman），他曾讚揚穆罕默德．本．沙爾曼為改革者；《華盛頓郵報》的伊格納茲（David Ignatius）；《福斯新聞》的拜爾（Bret Baier）；和哥倫比亞廣播公司（CBS）的奧唐奈（Norah O'Donnell）。根據矩陣顯示，有線電視新聞網（CNN）的扎卡利亞（Fareed Zakaria）被歸類為敵意最深但具有高影響力的新聞記者。

與卡達的冷戰早已進行好幾年，但當塔米姆的父親哈邁德・本・哈利法（Hamad bin Khalifa）在一九九五年一場不流血政變中推翻自己的父親哈利法・本・哈邁德（Khalifa bin Hamad）後，卡達開始與它的鄰國漸行漸遠。

哈邁德出生於卡達早期較與世無爭的時代，當時這個國家幾乎很少波斯灣以外的人知道——甚至除了它的採珍珠潛水夫外，區域內的人對它也一無所知。從一九七一年到政變前，哈利法埃米爾把卡達當成半獨立國家來管理自己的國內事務，但對外則仰仗沙烏地阿拉伯的安全傘。卡達的外交政策和國際事務由沙烏地國王掌管，而不是由卡達埃米爾。比起沙烏地阿拉伯的國力、影響力、大小，甚至自我認同感，卡達是小如指甲般的國家。

但哈邁德成長於一個較世界主義的環境。拜當時該國已小有財富和與英國的歷史關係所賜，他到桑德赫斯特的皇家軍事學院留學，返回多哈後擔任軍官，最後成為國防大臣兼王儲。他對父親採取漸進發展的方法，和不願意讓卡達在全球事務上走自己的道路感到愈來愈不耐煩。

當時約四十五歲的哈邁德已因為片面地發展與伊拉克和伊朗的關係，而引發沙烏地阿拉伯法赫德國王和阿聯總統扎耶德・阿勒納哈揚的警覺；當時的伊拉克和伊朗分別由薩達姆・海珊（Saddam Hussein）和阿克巴爾・拉夫桑雅尼（Akbar Rafsanjani）統治。哈邁德構思一個他家族主要成員批准的奪權計畫。然後趁著父親在日內瓦度假接管了國家。他父親帶著顧問在噴射客機群護送下逃到阿布達比，在那裡住了幾年後再逃往法國，最後於二〇〇四年回到多哈度過十二年餘生。

當上埃米爾的哈邁德為卡達政府注入能量和帶來一股獨樹一格的風氣，甚至與以色列建立貿易關係。他開發卡達的天然氣田，這是一個大賭注，因為當時天然氣在全球工業生產中還不是一種有利可圖的原料。這場豪賭獲得豐厚的報償，使卡達變得極其富裕。在財富和企圖心的助力下，哈邁德開始建立專注於卡達在全世界、而不是波斯灣君主國中扮演重要角色的外交政策。其中最早重要的因素之一是創立半島電視台。這個新聞頻道斥巨資聘用國家新聞記者，傳播對象以中東為主，並把卡達描述為調和衝突的一股中立勢力。但半島電視台幾乎不報導卡達國內的社會問題或爭議。

卡達的鄰國則認為半島電視台完全不中立，而且它們發現卡達的外交政策幾乎與鄰國完全相反。阿拉伯之春凸顯出這些差異。當埃及的年輕人抗議長期統治的總統穆巴拉克（Hosni Mubarak）時，卡達支持他們走上街頭，而沙烏地阿拉伯和阿聯則力挺穆巴拉克。

穆巴拉克下台後，卡達扶持埃及的穆斯林兄弟會領袖穆罕默德．穆爾西（Mohamed Morsi）。然後阿聯人和沙烏地人又扶持一位軍事將領推翻穆爾西，並鎮壓穆斯林兄弟會。

沙烏地阿拉伯向來是區域停滯不前的一股力量，它支付龐大的金錢來保護像埃及穆巴拉克和約旦胡笙國王等領導人以避免兩國發生動亂，並利用它最強大的工具——宗教影響力——來影響全球穆斯林以保守、陳舊的方式詮釋所謂美好伊斯蘭生活的意義。瓦哈比派教長會在他們的講道中不時告誡，好穆斯林絕不會反對他們的領袖，不管這些領袖犯了多嚴重的錯或違背道德誡律，因為反對領袖將分化穆斯林人口，這就是菲特納的概念。

穆斯林兄弟會不同意瓦哈比派的觀點，並且長期以來就反對波斯灣的君主，形容他們過著驕奢放縱、不潔淨的生活，而一般阿拉伯人卻過著貧困的日子。阿聯和沙烏地官員真的不知道卡達為什麼反對他們——卡達王室對奢豪浪費和佚樂並不陌生。但這個區區小國的伊斯蘭教領導人卻經常譴責其他王室並質疑他們的信仰，與被世界多數國家視為恐怖分子的真主黨維持關係，並縱容一個電視頻道以西方式的調查報導破壞除了阿勒薩尼以外的每個區域內王朝。一位阿聯官員說：「我猜想他們希望自己是最後被割喉的人。」

比沙烏地人更善於遊說和溝通他們世界觀的卡達人，比喻自己國家為中東的瑞士，他們認為與所有族群維繫關係有利於協商，並為區域帶來和平。但有一些事件不符合這個形象，例如哈利法・蘇拜伊（Khalifa al-Subaiy）是卡達金融家，美國宣稱他長期提供財務支援給蓋達組織高層領導人，包括九一一恐怖攻擊的首腦哈立德・謝赫・穆罕默德（Khalid Sheikh Mohammed）。蘇拜伊二〇〇八年在巴林的缺席審判中被定罪，罪名是提供資金和協助恐怖主義，然後在卡達遭逮捕和囚禁六個月。但據稱蘇拜伊在獲釋後再度與蓋達組織成員連絡，並繼續籌募資金以支援該組織，和在二〇〇九年、二〇一一年和二〇一二年一整年，與伊朗特務連絡，並於二〇一三年匯錢給巴基斯坦的蓋達組織高層領導人。截至二〇二〇年，他仍在卡達過著逍遙的生活。

卡達多年來安然度過對其外交政策的批評，但在為埃及與鄰國失和後，緊張達到新高點。卡達扶持穆爾西——一個與波斯灣國家關係緊張的穆斯林兄弟會高階成員——持續兩年。波斯灣的君主國長期以來認為，穆斯林兄弟會計畫蓄積足夠大的勢力後推翻它們。據沙烏地洩露的一份外交部文件，穆斯林兄弟會領導的政府曾向沙烏地阿拉伯建議，願意以一百億美元交換不把穆巴拉克關進監獄。為了扭轉二〇一一年埃及的革命，沙烏地和阿聯暗中支持軍事將領阿卜杜勒—法塔赫·塞西，以政變奪取政權，並鎮壓開羅的伊斯蘭主義者，導致數百人死亡。不久後，塞西脫下軍裝，換上西裝競選總統，並以壓倒性多數贏得選舉，但卡達始終頑強拒絕加入其他波斯灣國家對他的支持。

隨著歧見加深，卡達埃米爾哈邁德·本·哈利法在二〇一三年宣布退位以使情勢降溫，把王位交給他當時三十三歲的兒子塔米姆。沙烏地人、阿聯人和巴林人都不買帳，並在二〇一四年召回他們駐卡達的大使，以抗議他們認為卡達仍拒絕停止干預區域內其他國家的內政。他們也相信塔米姆只是傀儡，他完全聽命於他父親幕後的操控。

幾週後，所有國家已透過一份稱作利雅德協議的祕密文件解決爭議，包括卡達同意改變其干預主義的外交政策。

另一項已持續多年醞釀憎恨的因素是，卡達的光彩經常壓倒它更大的鄰國。卡達的主權財富基金利用其雄厚的財力，收購高知名度的西方公司股權，例如福斯集團和荷蘭皇家殼牌公司。它在指標性的房地產成為大玩家，包括開發希斯洛機場和金絲雀碼頭商業區，以及興建英國第一高樓夏德塔。卡達贏得二〇二二年國際足球總會世界杯足球賽的主辦權，那是僅次於奧運最受矚目的國際運動賽事。

還有對波斯灣富人來說——特別是他們的妻子和子女——卡達在二〇一〇年以十五億英鎊收購倫敦布朗普頓路的金字招牌百貨公司哈洛德，特別具有里程碑性意義。阿拉伯語有時候讓人感覺是這家百貨公司的第二種語言，因為假期的富裕採購者幾乎都來自杜拜、利雅德和科威特市。

所有卡達王室家族過的富裕生活方式沒有一個比得上哈邁德·本·阿卜杜拉·阿勒薩尼——塔米姆的堂弟，長得像一九二〇年代的強盜大亨——那麼誇張。哈邁德大半輩子流連於博物館，同時住在法國豪宅和高級旅館，過的生活只有電視連續劇《唐頓莊園》描寫的情況堪與比擬。他在買下倫敦的一座老莊園後，重新翻修到恢復它二十世紀初的光彩，裡面有十七間臥房，還有一群僕役每天晚上六點鐘會準時換上白領帶和燕尾服。英國女王伊莉莎白二世曾數度來這裡晚餐。哈邁德喜歡展示他蒐集的曾由印度大君和其他貴族擁有的印度珠寶。而那還只是他倫敦家中的珍藏。

在抵制行動前兩年，也是沙爾曼國王登基才幾個月，穆罕默德·本·沙爾曼前往多哈會見三十五歲的埃米爾塔米姆。在以向穆罕默德致敬為名的晚宴中，穆罕默德似乎對卡達為什麼能如此成功地與國際媒體合作提升其世界地位特別感興趣，外交政策反而不是談話的焦點。

他問到如果想得到有利的報導，是否必須收購國際媒體，或者只要付錢請他們做報導。沒有人能確定他是對西方體制一無所知，或者純粹只是諷刺新聞記者。紹德．卡塔尼也在場，他也是每當卡達發表有關沙烏地阿拉伯的特定文章或新聞節目觸怒沙烏地人時，負責打電話向卡達抗議的人。

在後來的放鷹打獵之旅中，穆罕默德．本．扎耶德和穆罕默德．本．沙爾曼討論卡達是區域穩定的重大威脅，也是他們兩個王室家族未來維繫權力的風險。在較貧窮和動盪的阿拉伯國家如埃及、黎巴嫩和約旦，甚至較遠北非國家間維持微妙的平衡，對避免敵視他們統治的運動——在數以億計的貧窮失業年輕人推波助瀾下——席捲整個中東極其重要。

到二〇一七年，阿聯領導階層已經確定卡達出於傲慢而一直輕忽其義務。卡達擁有烏代德空軍基地、先進的全球傳播媒體，和比其他波斯灣國家更雄厚的財力，而且行事作風驕傲且跋扈。所以詭計多端的阿布達比酋長和其盟友，長期以來苦思斷絕和孤立卡達的藉口，以迫使卡達最後屈服於他們的要求。這在該地區短暫的歷史中是空前侵略性的外交策略。它也引發巨大的反彈。

卡達沒有屈服歸隊，而是據隅頑抗。它龐大的財富起了作用。雖然無法再從沙烏地阿拉伯進口奶製品，它可以進口數百隻母牛來創造自給自足的酪農業。支持其人口的整個供應鏈經過重新設計。塔米姆繼續與波斯灣的長期對手伊朗和土耳其保持密切關係。土耳其人是統治中東直到二十世紀初的奧圖曼統治者後代。土耳其後來在卡達建立它在中東的第一個軍事基地。企圖讓卡達脫離伊朗和土耳其等對手的抵制，反而讓這個小國更緊密地與土耳其結合。

重大因素之一是計畫的錯誤：沙烏地阿拉伯和阿聯採取抵制時沒有告訴卡達它們對它的要求。班農告訴阿聯安全顧問塔努恩·本·扎耶德，如果要讓抵制行動在海外師出有名，沙烏地和阿聯必須告訴卡達它們對它有何要求。「你們必須按部就班來。你們的要求是什麼？」班農問他。

提勒森最後呼籲公開提出要求。雖然川普似乎支持抵制並公開指控卡達資助恐怖主義，這位國務卿和其他高階美國官員仍嘗試為情勢解套。結果是引發一場公開衝突：在與提勒森會談後，當時的沙烏地外交大臣阿德爾·朱拜爾否認有抵制這回事，並說沙烏地已宣布禁止卡達使用王國領空。

最後在抵制展開幾乎三週後，沙烏地和阿聯領袖公布一張有十三項要求的清單，其中包括關閉半島電視台，和支付宣稱的卡達在區域內造成破壞的修復賠償。

在美國和包括法國在內的西方盟國干預下，實際衝突終於得以避免，但雙方轉而展開晚近歷史上從未見過的一場激烈網路戰。沒有一方宣稱發動攻擊，而且否認涉入，但受害者都正好都是戰役的對方。

阿聯駐美國大使尤塞夫·歐泰巴的電子郵件信箱在發動抵制後遭駭入。很快的世界各國報紙開始披露阿聯嘗試影響包括庫什納在內的美國官員、智庫和其他有影響力人士，加上歐泰巴召妓的一些細節。

這些駭客攻擊造成真實世界的破壞。洩漏揭露了川普的重要共和黨募款人布洛伊（Elliott Broidy）利用與川普的關係，向外國政府收取數千萬美元，用以設置對抗恐怖主義的開放原始碼研究中心——類似川普訪問利雅德時看到的演示——和承諾影響美國政府。司法部針對洗錢和非法遊說的指稱展開調查，但布洛伊強力否認任何犯罪行為，並對卡達和其運作人員提出一系列控告，要求賠償指控造成他蒙受的損害。這些控告卡達國家的官司因為主權的豁免權而未被受理，但對宣稱為卡達工作的公司的控告截至二〇二〇年初已開始審理。

每次駭客攻擊都引發對方更激烈的駭客反擊。阿聯部署一個嚴密的監聽行動，配備來自以色列海爾茲利亞NSO集團科技公司的軟體。這家公司的工程團隊和前政府駭客建立一套稱作飛馬座（Pegasus）的系統，可以用來滲透行動電話。它只賣這套系統給它認為會用於可接受用途的外國政府，而且每次銷售必須獲得以色列政府許可。卡達被拒絕許可，而阿聯為它政府的情報相關機構買到為期三年、每年五千萬美元的使用權。

這麼高的價格是因為NSO利用一種稱作「零日攻擊」的安全漏洞，這種漏洞普遍存在軟體中，即使是像微軟、Google和蘋果也不知道。NSO的研究人員設法找到這些漏洞，並利用它們來控制或侵入裝置。

提供這種威力強大的工具給包括獨裁君主政權的他國政府有一個問題，就是工具的使用可能完全不受監督。NSO要求買家簽署不會利用飛馬座來針對反對團體或倡議組織的協議。

它也禁止利用這套軟體對付美國和英國實體，但它不會即時監視工具的使用。如果發生事件，NSO有能力進入系統，確認飛馬座是否被用來對付特定目標，並切斷客戶的存取通道。問題是濫用事件很難辨識，因為該軟體的特性就是它極難偵測。

阿聯利用從網路攻擊卡達和其他方法取得的資料，發現具有高度破壞性的證據，可以證明卡達嘗試賄賂伊拉克的恐怖分子，以援救一群二〇一五年一月遭綁架的卡達獵人。西方的媒體開始披露一封又一封通訊的所有細節。英國廣播公司的一項報導稱這些資料的來源是某個「對卡達有敵意的政府」。

綁架者後來證實是一個與伊朗政府有關係的民兵組織真主黨旅，特別是牽涉到傳奇性的伊朗將領卡西姆·蘇雷曼尼（Qassem Soleimani；他在二〇二〇年遭一架美國無人機攻擊身亡，升高了美伊的衝突）。卡達人最後同意支付超過十億美元的贖金以交換所有遭囚禁的卡達人被釋放，雖然卡達宣稱綁架者最後未拿到任何錢。在卡達的波斯灣敵國眼中，支付任何錢給伊朗支持的民兵組織或蘇雷曼尼，就是資助未來的恐怖主義行動，並且傷害脆弱的伊拉克政府。

波斯灣的冷戰也有可笑的一面。在沙烏地和阿聯斷絕與卡達的關係時，許多它們到倫敦度假的市民仍忍不住到哈洛德百貨血拚。結果是一個非正式的安排：他們在早上時段包下整棟百貨公司，卡達人則可以在下午時段進去購物。

CHAPTER 11

以吻封緘

二〇一七年六月

晚上十點打來的電話乍聽不像是惡耗。那是在二〇一七年六月二十日，齋戒月即將結束，而王儲穆罕默德·本·納伊夫剛結束他的禁食。

和其他高階親王一樣，他在齋戒月住進麥加他自己的宮殿。他在這段期間禁食、休息和禱告。只有在晚上，等到傳統開齋與朋友和訪客分享棗子、湯、奶酥、肉和米時，政府的事情才開始。對穆罕默德·本·納伊夫來說，那表示從午夜到拂曉坐在天鵝絨椅子或織錦臥榻上，有時候打打瞌睡，開似乎永不結束的會議，和聽取官僚的意見和報告，不時喝幾杯黃棕色小荳蔻味道的咖啡。

那天晚上的電話是通知一場例行的會議，與軍方將領和警方討論如何加強即將到來的開齋節安全。身為內政大臣且與美國中情局和國務院官員關係良好的親王，他專門負責國內的安全事務。由於像開齋節這種公眾假日活動可能成為恐怖分子的目標，他必須參加會議。總之，他沒有擔心的理由。在與他名義上的副手穆罕默德·本·沙爾曼關係緊繃一年後，情況似乎進入緩和期。在春季有謠言傳遍沙烏地阿拉伯和華盛頓特區，說穆罕默德將罷黜他的堂兄。穆罕默德·本·納伊夫甚至僱用遊說者向華盛頓表達他的立場。然後齋戒月到來，每個人似乎都放鬆下來。穆罕默德·本·沙爾曼之前把穆罕默德·本·納伊夫偏愛的一些警衛調離皇宮，現在則允許他們再度回皇宮執勤。

穆罕默德・本・納伊夫將近六十歲，但糖尿病和舊傷讓他行動變遲緩。他召喚隨從出動一隊汽車開向麥加中心，前往俯瞰天堂禮拜寺的薩法區。十二個小時後，他將以一個囚犯的身分出現在聚光燈和鎂光燈前，被解除政府職務和沒收財產，取消他的王位繼承權，並且遭到軟禁。那將標誌穆罕默德・本・沙爾曼變成沙烏地王儲的最後一步。

美國人總是覺得穆罕默德・本・納伊夫有點像個謎。他父親是以嚴厲著稱的納伊夫親王，是沙爾曼的同母弟，曾擔任負責安全和情報事務的內政大臣三十五年。納伊夫親王把他兒子帶進這個家族事業。

納伊夫個性頑固、冷漠，而且抗拒改變——前美國大使史密斯（James Smith）在一則外洩的電文形容他是一個「內心堅定的獨裁主義者」。美國參議員舒默（Chuck Schumer）在九一一恐怖攻擊後要求沙烏地政府開除他，因為舒默堅信他未有效地解決王國內部和外部的恐怖主義問題。曾在幾位總統任內負責中東安全事務的前美國情報官員里德爾（Bruce Riedel），在二〇一六年的報告中更直言不諱寫道，他認識的納伊夫「基本上是反美國的」。

但他兒子穆罕默德・本・納伊夫未引起這類顧慮。九一一攻擊當時才出任新安全首長不久的穆罕默德・本・納伊夫，在這段充滿懷疑的時期協助修補了與美國的關係。他與美國政府各部門建立個人關係。和其他外國的情報官員只專注中情局的關係不同，穆罕默德・本・納伊夫在國務院培養連絡人。他結識凱瑞（John Kerry）和拜登的幕僚。他也與後來出任歐巴馬政府中情局局長的裴卓斯將軍和其他人談論過建立沙烏地體制，這些與美國的關係後來證明超越了美國或沙烏地領導高層的更迭。

在接續的幾年，蓋達組織在沙烏地阿拉伯發動一連串攻擊，而穆罕默德・本・納伊夫主持政府的應變計畫。里德爾說，他的部隊率領標靶作業，在最小的附帶傷害下擊破蓋達組織的細胞。

在應對美國的連絡人方面，穆罕默德・本・納伊夫風趣且溫和。當美國人說需要沙烏地阿拉伯做某件事時，他總是達成任務。即使他做不到，他也會誠實告訴原因。他的優先順序似乎總是與美國人的期待相近，而且和其他對口官員不同，他在王國內有把事情辦妥的權力。

一九七〇年代畢業於奧勒岡州路易斯克拉克學院的穆罕默德・本・納伊夫，能說流利的英語，曾在聯邦調查局接受短期訓練。凱瑞擔任國務卿期間的幕僚長芬納（Jon Finer）說，穆罕默德・本・納伊夫「是典型的沙烏地祕密警察」。芬納曾在利雅德和華盛頓與穆罕默德・本・納伊夫一起開會，和其他美國官員一樣，他對這位親王的隨和態度和總是能提供王國內外恐怖活動的有用情報感到驚嘆。

「他們有好幾次幫了我的大忙。」一名駐沙烏地的國務院官員回憶穆罕默德・本・納伊夫的幕僚提供特定威脅的資訊給他。他和白宮與五角大廈的其他人，對穆罕默德・本・納伊夫在他父親死後出任內政大臣感到鼓舞。二〇一五年阿卜杜拉國王駕崩幾個月後他被任命為王儲，那對美國人傳達的訊息是下一位沙烏地國王將是曾住在美國，且與美國官員的關係像是有真正友誼的人。里德爾二〇一六年為布魯金斯研究所寫的一篇文章中說：「穆罕默德・本・納伊夫可能是歷來王儲中最親美國的一個。」

他沒有提及美國聽到的有關穆罕默德・本・納伊夫的其他事——一些讓華盛頓官員擔心他們偏愛的親王可能永遠當不上國王的事。

多年來美國官員擔心穆罕默德・本・納伊夫的健康和私生活問題。雖然他在與美國對口官員打交道時友善且熱心，但他也異常的小心。美國官員近幾年來注意到他說話時總是把玩鉛筆或搖晃他的腿，好像他坐不住。當他在會議中真的坐住時，有時候是在打瞌睡。

也許是因為他的糖尿病。或者，白宮官員心想，也許他從未完全從二〇〇九年有人企圖暗殺他的震驚恢復。在那一年的齋戒月，一個名叫阿卜杜拉・阿西利（Abdullah al-Asiri）的年輕人連絡親王，說他是恐怖分子，想加入改革好戰伊斯蘭主義者的計畫。親王同意親自見他，幾天後阿西利來到他吉達的辦公室。

阿西利坐到穆罕默德・本・納伊夫旁的地板上，拿出一支行動電話並遞給親王，然後把自己炸死。穆罕默德・本・納伊夫後來告訴一名趕來他辦公室的美國連絡人，爆炸後他往上看，看到他辦公室天花板留下阿西利的頭撞擊留下的血跡。「那裡。」他告訴那名美國人，指著上面。沙烏地當局說，那個年輕人的身體飛散到房間各處，被藏在他直腸內的爆裂物炸碎（美國官員說，炸彈事實上可能藏在他內褲裡）。

穆罕默德·本·納伊夫被碎片擊中，但似乎未受到嚴重傷害。不久後他出現在電視上討論這個事件，只有雙手上的繃帶顯示出他受的傷。除此之外，一名幾天後看到他的美國連絡人說，他似乎「毫髮無傷」。那是許多次嘗試取穆罕默德·本·納伊夫性命的事件之一，也使他成為少數曾真正為國家流過血的沙烏地親王之一。在攻擊後他堅持返回工作崗位也為他贏得美國政府連絡人的尊敬。

在歐巴馬政府期間，那些官員懷疑他的傷勢可能比他透露的還嚴重。他在開會時打瞌睡是否因為他的糖尿病？他的身體已經變衰弱或者仰賴藥物來維持運作？中情局獲得的情報說他對處方的止痛藥成癮。這在高階沙烏地親王間並不稀罕，例如沙爾曼國王自己就曾有過這個問題，但就一個重要且相對年輕的美國盟友來說，仍然是值得美國擔心的事。

沙爾曼繼承王位後，另一個更敏感的情報開始流向美國。美國官員從該區域的連絡人得知，穆罕默德·本·納伊夫與世界各地的年輕男人和女人進行毒品助興下的怪異性行為，有時候牽涉令人驚訝的變態。美國情報官員不知道如何解釋這項情報。雖然他們有穆罕默德·本·納伊夫在日內瓦尋求醫療就診時與男人幽會的可靠情報，但現在令人不安的資訊開始洩漏。不管是否屬實，傳聞令華盛頓的官員擔憂，因為它們可能被用來阻礙穆罕默德·本·納伊夫繼承王位之路。在極度傳統的國家，光是親王只有一個妻子和兩個女兒且沒有兒子就已足以令人起疑。如果他在歐洲的傳聞開始流傳會如何？

還有穆罕默德·本·納伊夫正被邊緣化的其他跡象。一名前美國官員在訪問沙烏地時，會見前國王的兒子、現任沙烏地國民警衛隊指揮官的米特卜．本．阿卜杜拉。他們在他利雅德郊外農場的典型紹德家族豪華帳篷裡用餐後，米特卜說他想到沙漠走一走。這名前官員回憶說，他似乎擔心他的帳篷遭到竊聽。

在星空下，苦惱的米特卜說了近兩個小時的話。他說，領導階層的結構正在改變，一切都和過去不同了。他簡略地說，避免說得太詳細，但他透露一個令人震驚的訊息：沙烏地阿拉伯的王儲兼軍種之一的指揮官穆罕默德．本．納伊夫，事前不知道原本應該是他副手的穆罕默德．本．沙爾曼做了空襲葉門的決定。

這個時候讓華盛頓的職業官僚不得不擔心，一個值得信賴的中間人憑著他的成就——而非老式的家族鬥爭——登上王位的希望可能破滅。但話說回來，他們猜想，穆罕默德．本．納伊夫是把蓋達組織趕出伊斯蘭聖地的情報頭子，他一定有辦法搞定他自己家族的政治傾軋。

凱瑞的助理芬納事後回憶說：「我們沒有料到的是，穆罕默德．本．沙爾曼精於算計的能力會超過穆罕默德．本．納伊夫。」

穆罕默德．本．沙爾曼和穆罕默德．本．納伊夫的關係在現代沙烏地阿拉伯歷史上找不到類比。從來沒有兩個不同父親生的人被列入沙烏地王位繼承順序。從王國創建者伊本．紹德一九五三年死後，歷任沙烏地國王都是他的兒子。

這些兒子了解打亂繼承順序的危險。伊本．紹德決定把王位傳給他尚存最年長的兒子紹德，長期來看那反而是一場災難。紹德豪奢浪蕩且無法控制王國快速膨脹的債務，使他統治下的沙烏地面臨經濟危機。五年後他的數十名兄弟聯合起來剝奪他大部分權力，交給較年輕的王儲費瑟，最後費瑟繼承了王位。

費瑟藉由共識繼承王位建立了前美國大使描述的「也許是世界上絕無僅有的由異母兄弟統治的政府體制」。那稱不上家族民主制，但它意味權力由數十個男人和家族派系共同擁有。這個體制重視共識，並給每個人和睦相處的動機。親王的行為如果背離家族，結局將是被排除在繼承順序外。根據洩漏的電文，史密斯說，這種體制造成領導風格傾向於「基於共識，且具有審慎、保守和被動的特質」。這種體制也製造沙烏地政府異於尋常的穩定，終至於停滯，即使在石油財富帶來沙烏地阿拉伯經濟快速變遷時也是如此。在伊本．紹德娶了十幾個妻子和生了數十個兒子以來的五十多年間，這個體制一直未曾改變。

在這半個世紀，家族內部一直和平相處。伊本．紹德的許多兒子出任政府官職，他們藉以蓄積權力，甚至藉由向急於進入石油業的外國公司收取利益而累積財富。但沒有一個兒子權力大到能掌控一切，特別是國防部、國民警衛隊和內政部——三個擁有軍權的機構——各由不同的親王控制，而第四個親王沙爾曼則掌管另一項權力，即阿紹德的傳統國土利雅德和它的瓦哈比派教士。沒有一個兄弟可以支配夠多的兵力來發動家族政變。

曾有一些時候美國和沙烏地的領導人擔心這個體制過於脆弱。阿卜杜拉二〇〇五年繼承王位時，這層隱憂格外明顯。以沙烏地的標準看，阿卜杜拉的生活簡樸，而且他在國內和國外備受敬重，但他在家族的地位很奇怪：他的前任法赫德國王是王國內三個最有權勢的親王——納伊夫、蘇丹和沙爾曼——的同母兄。

這幾個親王是伊本・紹德和他最偏愛的妻子胡薩・阿蘇達利（Hussa Al Sudairi）生的七個兒子中的三個，他們被認為總有一天會繼承王位。然而，阿卜杜拉沒有同母兄弟。他繼承王位時已經超過八十歲，而且他有改革者的傾向。他對繼承制度的決定可以推翻政治現狀。

阿卜杜拉了解這個顧慮。他也擔心可能遭到暗殺。蓋達組織是一個接近且隨時存在的危險，而上一位改革者費瑟國王是在一九七五年，被一位不滿他改革的姪子槍殺。所以阿卜杜拉要求小布希政府協助做安全評估。

白宮派一個安全團隊與國王的人員會面，並提出一系列建議。有些建議是降低風險的安全措施，但白宮團隊提出另一個建議：阿卜杜拉應進一步釐清繼承順位。這促使他在二〇〇六年宣布設立忠誠會議。

根據阿卜杜拉簽署的法律規定，國王將提名一位繼承人，忠誠會議將集會通過國王的人選，或建議另一位它認為是「最正直的」伊本・紹德後裔人選。如果目前的王儲去逝，忠誠會議也可以集會批准一位新王儲。它的會議內容將由唯一被允許參加會議的非王室成員——阿卜杜拉的助理哈立德・圖瓦伊里——寫在一本紀錄簿中。

在阿卜杜拉統治期間，每當有一位王儲過世，另一位很快就會遞補上，這個安排似乎持續不墜。忠誠會議在二〇一二年指定的下一位繼承人落在沙爾曼親王。但阿卜杜拉並未真正看待這個會議是一個決策實體。他任命這位新王儲，並告訴忠誠會議通過。因此當阿卜杜拉兩年後去逝且沙爾曼繼承王位後，沙爾曼有先例可循，他可以告訴忠誠會議下一位繼承人是誰，而非由會議決定。

—

一開始，沙爾曼伺機而動。頭三個月他維持阿卜杜拉選的王儲，即曾任沙烏地情報頭子、較年輕的穆克林。穆克林長期擔任政府公職，但不是沙爾曼的同母兄弟，這意味權力仍分散在不同的家族譜系。副王儲是穆罕默德·本·納伊夫——第一個被擢升至這個位置的伊本·紹德孫子。穆罕默德·本·沙爾曼在繼承順序的位階較低。

然後，沙烏地駐美國大使、後來出任外交大臣的阿德爾·朱拜爾，開始傳達一個令人困惑的新訊息給當時的美國國務卿凱瑞，推銷穆罕默德·本·納伊夫將是未來國王。第一個有意義的轉變發生在二〇一五年四月二十九日皇宮宣布穆克林辭職時。新王儲將是穆罕默德·本·納伊夫，而他的副手兼次順位的王位繼承人將是現在擔任國防大臣的穆罕默德·本·沙爾曼。

這標記了伊本·紹德的孫子首次被任命為第一順位王位繼承人。這個消息讓美國官員還更感困惑。沙爾曼是國王，所以他應該冊立自己的兒子來繼承他。那麼為什麼讓穆罕默德·本·納伊夫——美國的長期盟友——夾在中間？

美國駐利雅德大使威斯特法爾直接問穆罕默德·本·沙爾曼，誰將是下一位國王？「每個國王都是由王儲繼承王位。」穆罕默德說，似乎是保證穆罕默德・本・納伊夫將是下一位國王。

但華盛頓的官員心存懷疑。穆罕默德・本・納伊夫似乎漸漸退隱，穆罕默德正在竄升。不管是凱瑞登上穆罕默德停在紅海的遊艇，或造訪沙烏地—伊拉克邊界的軍事基地，甚至在喬治城自己家的客廳，他都聽到穆罕默德抱怨伊朗的核子協議、阿拉伯之春期間的美國政策，以及對美國的不滿。這不像一個會等到他的堂兄當完國王再輪到他的人。

慢慢的，穆罕默德開始採取更有侵略性的步驟，像二〇一五年九月開除穆罕默德・本・納伊夫的副手薩德・賈布利。

穆罕默德・本・納伊夫起初反應似乎很消極。他特別到阿爾及利亞放一次漫長的狩獵假，並在中東的評論家報導他生病、甚至瀕臨死亡時感到震怒。最後他寫一封信給沙爾曼國王，抱怨阿聯人干預沙烏地政治（後來《紐約客》報導了這件事），但那似乎沒起作用。二〇一七年初川普上任後，穆罕默德膽子變得更大，感覺可以採取行動了。

在歐巴馬總統任內，國務院向沙烏地阿拉伯表明美國的優先要務是沙烏地國內和區域的穩定。美國希望有秩序的領導權轉移和共識，而非強大派系間的對立。美國將不會支持一個年輕的親王，只因為他是國王最寵愛的兒子。

川普政府不一樣，似乎認為穩定沒有多少價值。庫什納和班農與穆罕默德和阿聯的穆罕默德・本・扎耶德一拍即合，後者都長期厭惡穆罕默德・本・納伊夫。對他們來說，白宮似乎不會嘗試阻止繼承人選的更迭，穩定一點也不重要。

經過幾個月來穆罕默德・本・納伊夫的顧問警告他的堂弟準備採取行動後，他終於僱用一名說客——一個與共和黨有關的酒商史崔克（Robert Stryk）——來協助提醒新政府的成員，別忘了穆罕默德・本・納伊夫十五年來一直是美國最信任的沙烏地盟友。穆罕默德・本・納伊夫是透過擔心他被邊緣化的美國情報界老友認識史崔克的，而史崔克則在五月與沙烏地內政部簽訂五百四十萬美元的合約。不過，史崔克能幫的忙不多。就在合約簽訂幾天後，川普和他的隨從出發前往利雅德訪問，到了那裡幾乎沒有理睬穆罕默德・本・納伊夫。齋戒月幾天後開始。

直到齋戒月接近結束，沙烏地阿拉伯的一切都平靜下來，一個穆罕默德・本・沙爾曼的密使悄悄帶著一則訊息飛往華盛頓。他告訴美國官員，穆罕默德已準備排除他堂兄。不久後，穆罕默德・本・納伊夫在晚上接到電話，召喚他到薩法區的宮殿。

穆罕默德・本・納伊夫的車隊抵達時，宮殿守衛擋下他的幾名安全隨從。這在有些時候並不奇怪，例如在開齋後宮殿裡很多人時。在第二個檢查哨時，他們要求他的其他隨從留在檢查哨。等到親王和他最親近的助理來到宮殿入口，警衛告訴他自己進去。他們說，沙爾曼國王想與親王單獨見面。

等穆罕默德・本・納伊夫進入宮殿掛著天鵝絨簾幔的廳房後，警衛拿走留在後面的助理身上的武器和行動電話。他們帶領這位王儲來到樓上的一間小休憩室，留下他一個人。時間已接近午夜。

不管一項行動在沙烏地阿拉伯進行得多隱密，皇宮就是會走漏消息的地方。那天晚上的某個時候，一個穆罕默德・本・納伊夫支持者接到出了事情的消息。沙爾曼國王的弟弟也是前政府官員阿梅德・本・阿卜杜勒阿濟茲，驚慌地嘗試連絡國王。但一名助理接起電話說：「國王已經就寢。」

在穆罕默德・本・納伊夫等待時，穆罕默德的幕僚連絡忠誠會議的成員——現在總共有三十四名伊本・紹德的子孫。每個成員都被告知，國王希望冊立穆罕默德為新王儲，然後他們被詢問：「你們想怎麼做？」

這不是真的徵詢。雖然忠誠會議名義上可以選擇國王和王儲，但比阿卜杜拉更缺少共識心態的國王——例如沙爾曼——可以輕易威逼會議成員。誰知道阻擋穆罕默德的親王會遭到何種懲罰？皇宮後來說，三十四個成員中有三十一個同意改變王儲。持異議者之一阿梅德，將為他投票反對穆罕默德・本・沙爾曼付出代價。

一名密使把這項消息傳達給在休息室等候的穆罕默德・本・納伊夫，並要求他簽署一份辭職書。接近穆罕默德・本・納伊夫的人後來說：「他大為驚恐。」他拒絕辭去王儲，那名密使離去，並把門關上。

在接下來數個小時，一群效忠於穆罕默德的人，包括圖爾基・謝赫，輪流進入這個房間，催促這位王儲和平地辭職。其中一個人問：否則他怎麼可能活著離開宮殿？其他人威脅要公布穆罕默德・本・納伊夫吸毒的不利訊息。他們播放其他親王同意穆罕默德・本・沙爾曼的錄音，嘗試讓他知難而退。

穆罕默德・本・納伊夫整個晚上拒不屈服，但他有糖尿病且十分疲憊。而且他沒有反擊能力。因此到了黎明時分，他同意一項交易：他不簽辭職書，但同意口頭辭職。

穆罕默德的人最後讓他在大約早上七點離開休息室。穆罕默德・本・納伊夫準備要在當天稍晚正式辭職，但在他被帶領穿過宮殿大廳時，一扇門打了開來。突然間他被閃光的攝影機圍繞。一名站著的警衛手上拿著槍，這違反了靠近王儲的規定。有一個人走向他，那個人正是穆罕默德・本・沙爾曼，他的助手卡塔尼正在攝影。穆罕默德親吻他的堂兄，而納伊夫則喃喃地宣誓效忠他。納伊夫說：「現在我將休息了，而你，神將幫助你。」

CHAPTER 12
黑魔法

二〇一七年九月

教士賽勒曼．奧戴感覺他總有一天會觸犯穆罕默德．本．沙爾曼。自從這位親王多年前來到奧戴家並宣稱他敬佩馬基維利後，奧戴猜想如果穆罕默德有朝一日取得權力，他將不會容許奧戴在阿拉伯世界擁有的那種影響力。奧戴有一千三百萬個推特跟隨者，而且許多紀錄顯示他不願意屈從於王室家族的旨意。

在沙爾曼坐上王位後的兩年多來，穆罕默德已塑造自己是改革者的形象。現在他是王儲，擁有更大的權力可以實際上像改革者那樣治理國家。因此當奧戴在二〇一七年九月與一群有改革意識的教士一起被拘捕並被單獨監禁後，許多人大感驚訝——雖然奧戴本人並不意外。

政府為這次鎮壓做了前後不一致的解釋，說這些宗教領袖「為危害王國安全及其利益、方法、能力和社會和平的外國勢力工作，其目的在於引發騷亂和傷害國家團結」。

逮捕不限於教士。其他批評者，包括一些承認意見與王儲似乎略有不同的人，也遭到逮捕。警方逮捕了伊薩姆．扎米爾（Essam al-Zamil），一位經常公開對政府政策發表意見的知名經濟學家，他被丟進監獄。他曾質疑穆罕默德對 Aramco 首次公開發行股票預測的估值。其他曾發表推文質疑穆罕默德想法的人，被召喚到卡塔尼的辦公室，並被威脅可能入獄。這些被逮捕的人都不承認犯罪，而且針對他們進行的法律程序大部分不對西方新聞記者公開。

這次鎮壓凸顯穆罕默德改革的極限。像是限制女性的行為與穿著、禁止參加音樂會和上電影院的社會規範，將會放鬆。激進的伊斯蘭主義者曾在一九七九年包圍麥加禁寺，而穆罕默德以一套從包圍禁寺後經常被轉述的說法來解釋王國的歷史。穆罕默德說，當時的沙烏地阿拉伯是一個逐漸開放的國家，但該事件迫使政府以武力在法國軍隊協助下弭平動亂，王室也為了安撫王國內最保守的宗教派系而壓制像娛樂和女性的教育等事物。穆罕默德承諾廢除那些嚴厲的規定，並宣稱它們不是沙烏地文化甚至沙烏地式伊斯蘭教本來就有的東西。

穆罕默德十分依賴沙烏地宗教思想家兼前司法大臣穆罕默德・伊薩（Mohammed al-Issa）在神學上的支持。這位酋長在阿卜杜拉國王統治期間崛起，藉由發表反對正統瓦哈比派的刺耳但有所節制的言論而引起注意。一九七九年事件把沙烏地阿拉伯推入極度保守主義的說法就是他的見解，而穆罕默德聽到後便開始在私下或公開場合重複這套說詞。

王國內外的許多人歡迎這個改變，但穆罕默德的改革承諾中沒有提到民權和政治自由。雖然他談論音樂和電影院以及勞動力中的女性，但言論自由從未被提及。批評君王甚至公開質疑穆罕默德的政策可能構成犯罪。皇宮官員可以說批評者是叛徒，指控他們收受敵對外國政權的錢。

這是刻意的作法。穆罕默德感覺在他同時推動重大經濟和社會變革時，沒有容許公眾異議的餘裕。他希望向他的子民展現他們有一個簡單的選擇：快搭上便車享受音樂和前往男人與女人可以穿著正常服裝相處的餐廳，就像在杜拜或巴林一樣，否則就繼續抱怨和被丟進監牢。藉由在社群媒體上散播正面的消息，和併用奸細、間諜軟體、金錢和威脅來阻止負面的情緒來掌控訊息，將是穆罕默德和他助手的長期優先要務。

「這是沙烏地過去從未遭遇過的事。」沙烏地評論家賈邁勒・卡舒吉當時告訴《華爾街日報》。他在不久前搬到美國住，因為他擔心在自己國內將再也無法獨立表達意見。「國內的氣氛正在變得令人窒息，」他告訴這家報紙：「我開始為我自己擔心。」

卡舒吉在二〇〇一年九月十一日的恐怖攻擊後幾年間，曾為沙烏地駐華盛頓和倫敦的大使館擔任發言人，當時他對許多有影響力的新聞記者表述官方的言論，盡責地不讓自己的祖國變成受到伊斯蘭極端主義行徑驚嚇的世界排斥的國家。在那段期間，他與王室家族上下建立關係，特別親近權傾一時的情報首長，且現在仍是王國公眾人物的圖爾基・本・費瑟親王。他們的關係深到許多沙烏地人揣測卡舒吉長期為圖爾基從事情報工作。但事實上他主要是一個作家，熱中於思想和文字的力量，和他以公眾知識分子的身分在穆斯林世界建立的地位。

進入這個角色的卡舒吉有時候會偏離皇宮，跨越到敏感的話題。在令沙烏地阿拉伯王朝聞之色變的阿拉伯之春期間，他開始參加有關中東治理的區域會議，公開與阿紹德視為敵人的異議者討論。沙烏地幕後支持推翻埃及由穆斯林兄弟會擁戴的總統穆爾西後，卡舒吉在伊斯坦堡一場會議中遇見一位名叫亞可泰（Yasin Aktay）土耳其政治人物。亞可泰是已遭逮捕的教士賽勒曼・奧戴的密友，他協助奧戴的書以土耳其文出版，也是土耳其總統埃爾多安的顧問。在阿拉伯之春期間，阿卜杜拉國王視埃爾多安是同情穆斯林兄弟會的危險人物。亞可泰和卡舒吉在那場會議中討論他們對中東變得更加民主的共同希望。但另一方面，卡舒吉仍很堅持紹德家族應繼續在沙烏地阿拉伯和區域各地扮演重要角色。他想要一個更民主的未來，但不贊成終結阿紹德的統治。

穆罕默德不了解這種細微的差別。他的觀點是黑白分明的：卡舒吉可以是朋友，否則就是敵人。

土耳其很密切注意沙烏地的這種新方法。在阿拉伯之春期間與沙烏地關係受損之後，土耳其領導人很樂見阿卜杜拉去逝，和沙爾曼崛起可能帶來一個新開始。埃爾多安提議兩國開啟新關係，而沙爾曼也接受。

但穆罕默德似乎從中阻撓。他在抵制卡達前未與土耳其諮商，而是帶頭往前衝，讓土耳其自己選擇是要加入，或被視為沙烏地的敵人。

卡達是土耳其的盟友。土耳其不能屈從沙烏地阿拉伯的要求而放棄這個關係。另一方面，根據亞可泰的說法，土耳其領導人不想採取反對沙烏地阿拉伯的立場。

因此，土耳其政府告訴穆罕默德，土耳其將嘗試在沙烏地和卡達間斡旋一個解決方案。沙烏地給了土耳其人一個意外的回應，亞可泰說：「如果你們支持卡達，你們就是支持卡達。如果你們想調解，你們也是站在卡達那邊。」埃爾多安在二〇一七年七月飛到利雅德會見穆罕默德，得到的結果只是再度要求土耳其放棄卡達。

對卡舒吉來說遺憾的是，穆罕默德和他的副手紹德・卡塔尼對他採取相同的策略。卡舒吉不能當個忠誠的批評者；他必須選擇全心全意支持穆罕默德，否則就是敵人。卡塔尼對新聞記者抱著這種堅持的態度。

第一，卡塔尼嘗試削弱他，限制他寫新聞的能力，包括以口頭禁止他在國內寫作，和與外國新聞記者會面。然後卡塔尼決定把他改造成皇宮媒體體制的新工具。擁有一百五十萬名推特跟隨者的卡舒吉還結交了各式各樣的新聞記者、外交官和企業人士，他可以為皇宮推特大軍和政府宣傳機構增添強大的火力。

穆罕默德和卡塔尼仍然極度擔心推特上的情緒。這個平台是沙烏地人對新王儲觀感僅有的指標之一，而卡塔尼持續動員他的「蒼蠅大軍」——忠誠的推特帳號，包括許多機器人而非真人——用來擴大正面的新聞和壓制穆罕默德的批評者。有一度他啟用一個「黑名單」主題標籤，要求沙烏地人用來舉報同情卡達的國內人士。「你以為我做的決定沒有人指導嗎？」卡塔尼發推文說：「我是一個職員，我是我的主人國王和忠誠的王儲命令的忠心執行者。」在較不公開的情況下，卡塔尼會召喚批評者到他在皇宮院子的辦公室，鼓勵他們發正面的推文，否則將得坐牢。

但這無法讓賈邁勒・卡舒吉噤聲，那需要威迫。二〇一六年十一月，卡塔尼打電話給卡舒吉，通知他被禁止發推特或寫任何文章，因為他在華盛頓特區的公開活動中批評川普總統和美沙關係。當時他被問及川普能否帶來區域的和解，卡舒吉回答那是「一廂情願的想法」。很少人注意到這段話，但沙烏地政府發表聲明否認他的話，外交部透過國家通訊社說：「作者賈邁勒・卡舒吉不代表沙烏地阿拉伯政府或任何層級的立場。」王室沒有下詔令，也沒有任何正式的政府行動，但卡舒吉了解王國內部運作的方式。完全不理會這個命令將觸怒同意卡塔尼觀點的更高層人士。

這件事後卡舒吉的處境快速惡化。《哈耶特報》取消他的專欄。他搭機降落阿聯準備參加一個會議，但阿聯海關禁止他入境。由於沒有寫文章的機會，他甚至在抵制卡達初期提議擔任與卡達關係的協調人。穆罕默德・本・沙爾曼很快回話：不可能。

但經過一段時間，卡塔尼感覺卡舒吉的立場是一個半獨立的評論者，可用來影響美國的有影響力人士把穆罕默德・本・沙爾曼視為真正的改革者。所以卡塔尼在二〇一七年初附帶警告地原諒卡舒吉，允許他更自由地旅行和寫作。卡塔尼相信他已給了卡舒吉一個教訓。

剛開始這位作家比較謹慎。那一年在俄羅斯一場會議的演講中，他談論中東的民主但沒有談到波斯灣的君主政治。卡舒吉回到保持審慎的平衡，捏拿尺寸到剛好達到邊緣而不超過它——或至少不超過太多。

但過了一段時間，他的評論開始偏離到危險的領域。問題是穆罕默德・本・沙爾曼改革國家的方法激怒他。一切似乎都靠下命令來完成；穆罕默德似乎只注意到表達意見的人是否意見與他的不同。

穆罕默德嘗試開放王國讓觀光客進來和取締貪腐，但許多質疑他執行方法的人被國安人員逮捕，並被迫簽署永不批評政府的保證書。這給沙烏地人一個教訓：你只能享有穆罕默德．本．沙爾曼決定的自由。表面上沙烏地阿拉伯正在改革，但它的根本問題——人民對國家治理沒有發言權，他們的自由全憑一個人好惡——卻正在惡化。

諷刺的是，穆罕默德鼓勵他最親近的顧問要完全誠實地提出計畫和想法，熱烈地讚揚說出他們認為作法對王國發展不利的人，即使他們的觀點完全與親王的不同。

一天晚上，他與一位大臣激烈辯論政府應給政府員工多少津貼，穆罕默德認為政府預算應該提高津貼的比率，因為二〇三〇願景計畫還不到能讓人民賺到更多錢的階段，但這位大臣認為提高津貼不符合財政審慎原則。最後，疲憊的大臣告訴穆罕默德，他是王儲，這件事他可以做決定。

「如果我想用我的權力來強迫做成這項決定，我不必花三個小時嘗試說服你們，讓我的嗓子都啞了。」穆罕默德說。這件事由一個委員會投票決定，技術官僚們投票反對，預算最後沒有增加。

但這類辯論只會發生在私下會議中。公開異議絕不被允許，尤其是牽涉重大改革計畫時。

經濟學家伊薩姆．扎米爾在發推文質疑 Aramco 的 IPO 計畫後遭到逮捕和監禁。他說，Aramco 唯一能達成穆罕默德預測的超過二兆美元估值的情況是，Aramco 的原油蘊藏被計算在內。他說，那些原油蘊藏屬於沙烏地人民，他們應該在是否出售它們上有發言權。

和扎米爾一起被關進牢裡的還有十幾個批評或質疑穆罕默德計畫的人，其中有一位批評抵制卡達的詩人，還有包括奧戴在內的幾位教士。政府指控他們為外國勢力工作以傷害沙烏地阿拉伯。

卡舒吉打破沉默。「那很荒謬。」他告訴《紐約時報》：「這些逮捕完全沒有理由。他們不是政治組織的成員，而且他們代表不同的觀點。」

持續地公開頂撞讓卡塔尼大為尷尬，他已受夠了卡舒吉飛到世界各地，公開批評他的政府。卡塔尼立即展開終結卡舒吉評論家職涯的計畫。他取消旅行特准，並禁止他公開通訊、寫作或參加會議。卡舒吉能在吉達逛逛就已經很幸運，當然別想再在阿拉伯世界發表任何談論民主演講了。

但卡舒吉在政府內部的友人把這個計畫洩漏給他。老朋友的關係匪淺。一輩子當新聞記者和公眾演說家的卡舒吉無法想像變成一個默默無聞的人。他打包行李飛到他還有一棟公寓的華盛頓特區，趕在旅行禁令下達前。卡塔尼大感震怒，他再度在他老闆面前受到羞辱。

儘管希望渺茫，卡舒吉仍然抱著為他祖國扮演半官方角色的希望。他寫信給文化與資訊部大臣阿瓦德．阿瓦德（Awwad al-Awwad）的助理說：「不管發生什麼事，我仍然決心以獨立作家和研究者的身分，致力於為我的國家服務。」

他附上一個在美國設立一所新智庫的提議，稱作沙烏地研究中心或沙烏地協會，以便與西方智庫建立關係，並協助反制不利於沙烏地阿拉伯的新聞。

卡舒吉引述列寧的話，並舉出拉伊夫．巴達維（Raif Badawi）的例子。巴達維是一位年輕的沙烏地作家，他的網站自由沙烏地自由主義為他招致反叛的罪名，遭到長期監禁和公開鞭打，但他始終未承認犯下宣稱的罪行。

卡舒吉在提議中表達他的意見說，巴達維的例子「讓王國付出沉重代價，原本可以及早避免」，他也表示這個智庫可以設置特別監視團隊來監看新聞，並「辨識報導和通知文化與資訊部，以便及早採取因應措施」。

這個智庫的設置將花費一百萬到二百萬美元，他建議文化與資訊部僱用他擔任顧問。

這些努力似乎絲毫未改變沙烏地決策當局的觀點。《紐約時報》後來引述美國情報界人士說，在卡舒吉搬到華盛頓特區時，穆罕默德告訴一名助理他可以「送一顆子彈」給卡舒吉。據《紐約時報》報導，穆罕默德與朝臣討論因應對策時，告訴卡塔尼他「不喜歡只做半套的措施」。

而那是在卡舒吉給他最大的國際羞辱前：穆罕默德暗示訴諸暴力之後不久，卡舒吉開始在《華盛頓郵報》寫定期專欄。第一篇專欄的標題是「沙烏地阿拉伯不是一向如此壓迫，但現在它令人難以忍受」。

「我已經離開我的祖國、我的家庭，和我的工作，而我現在要提高我的聲量。不這麼做將背叛在牢中受苦的人。在許多人無法發聲時，我可以發聲。我要你們知道沙烏地阿拉伯並不是一直像現在這樣。我們沙烏地人值得更好的對待。」他在結尾時說。

根據《華爾街日報》後來引述中情局評估做的報導，穆罕默德告訴卡塔尼，他應該把卡舒吉帶回沙烏地阿拉伯，而如果嘗試失敗，他們「可能的話應該引誘他到沙烏地阿拉伯以外的地方，然後做安排」。

皇宮的密使不斷打電話給卡舒吉，要求他降低批評的火力，並提議和解。但他拒絕了，然後在二〇一七年十月，他做了一個爆炸性的決定：卡舒吉開始與一個調查員談話，該調查員是為控告沙烏地應該為九一一攻擊負責的美國家庭工作。

王室家族已為這場官司的發展擔心數年之久。美國法律使美國人很難在美國法院控告外國政府，歐巴馬總統曾否決讓美國人可以為二〇〇一年的恐怖攻擊控告沙烏地阿拉伯的法案，但二〇一六年國會推翻他的否決。

沙烏地花數年時間和數百萬美元遊說反對這項立法；穆罕默德甚至派他的幾個大臣到華盛頓協助說服國會取消該法案。法案通過後，沙烏地面對了可能導致龐大金錢損失的訴訟，且可能因高階沙烏地人與恐怖分子的關係揭露而顏面盡失。潛在的賠償也意味 Aramco 將無法一如穆罕默德的希望在紐約證交所上市，而不遭到大規模的控告，進而耗盡王國的現金，和阻礙他的改革進程。

不到一年後，與恐怖攻擊受害者律師合作的前聯邦調查局幹員韓特，看到卡舒吉刊登在《華盛頓郵報》的第一篇專欄。她與合作的律師因為許多原因開始注意到卡舒吉，他是少數了解紹德家族和九一一首腦賓拉登同時在西方有發聲管道的人之一。身為新聞記者的卡舒吉曾在阿富汗訪問賓拉登，當時的賓拉登領導聖戰士分別在一九八〇年代和一九九五年對抗阿富汗和蘇丹的共產黨。卡舒吉也在九一一攻擊後在沙烏地駐華盛頓使館工作，而且了解沙烏地的反應。此外，他熟識在恐怖攻擊前擔任沙國情報首長的圖爾基．本．費瑟。

同樣重要的，卡舒吉可以提供王國內王室家族和政府錯綜複雜關係的路線圖。他認識所有親王，且可以指出誰支持極端主義，和誰嫁娶誰。他的知識不僅來自他擔任新聞記者時：他與紹德家族和賓拉登的關係可以追溯到幾代前。

卡舒吉的祖父是王國創建人伊本．紹德的個人醫生；賓拉登的父親也與伊本．紹德有親近的關係，伊本．紹德給他數十億美元的石油錢，讓他興建現代王國並藉以建立他家族營建事業的財富。韓特希望卡舒吉協助解析其中一些複雜的關係，以判斷與國王或政府有關的人在恐怖攻擊中扮演的角色。

有許多吸引人注意的間接資訊。雖然中情局、聯邦調查局和九一一委員會說，沒有證據顯示政府或高階官員支持恐怖攻擊，但低階官員提供協助的可能性仍然存在，而且有證據證明住在加州的攻擊者可能與政府僱員連絡。

也有引人注目的線索引向沙爾曼國王和接近其家族的人。回溯到他擔任利雅德總督的時代，沙爾曼為支持保守派伊斯蘭學校和在阿富汗等地方戰鬥的武裝民兵的慈善團體籌募捐款，而那些地方後來成為極端主義的溫床。更明確的是，兩名九一一攻擊者曾造訪佛羅里達一棟房子，房子的沙烏地人屋主曾為沙爾曼國王的長子法赫德（他在恐怖攻擊前不久過世）處理財務。接近沙爾曼國王的消息來源說，他不知道那些善款與極端主義有關。

韓特留給卡舒吉一則語音訊息，幾週後卡舒吉出乎意料地打電話回覆她，說他願意見面。幾天後韓特從佛羅里達飛到華盛頓特區。

卡舒吉似乎很好奇調查員想說什麼，起初他提議到他家見面，然後又要求韓特在泰森斯角購物中心的保羅麵包店見他。那天早上，韓特在她旅館房間接到激動的卡舒吉打來的電話。在他們之前的談話中他似乎從容不迫且充滿信心，現在他緊張不安，希望立即見面。

韓特見到的男人溫文有禮，但明顯地忐忑不安。他的手微微顫抖；他告訴這位調查員，那天清晨他得知沙烏地政府已禁止他成年的兒子薩拉赫（Salah）離開王國。卡舒吉說，那是羞辱，而且不公平：他兒子在銀行工作，而且與父親的工作完全無關。這個年輕人有兩個兒子在杜拜，他將不能去看他們。

更廣地說，卡舒吉對作為他自稱的「忠誠的反對者」而遭到處罰感到失望。他說，他支持穆罕默德的許多改革，包括縮減教士從王國向外散播保守伊斯蘭主義的權力。「我不敢相信他們這樣對待我。」他說：「我不敢相信他們這樣對待我兒子。」

韓特開始說服卡舒吉。她告訴他，這次會談是「是一個序曲」，是第一次接觸，想查明他是否願意協助九一一受害者。「我不相信我的國家對攻擊事件有責任。」卡舒吉告訴韓特。但他又讓她驚訝。「我的國家是不是該為容忍、甚至支持激進主義負責？」他說：「是的，他們必須為這負責。」卡舒吉說他願意協助，願意提供他的觀點。他問律師團是否能提供他一個工作，並說他必須保持獨立的立場。他們同意在紐約進一步討論，在那裡沙烏地政府的眼線較少。

那天（二〇一七年十月二十六日）稍晚，卡舒吉突如其來地接到穆罕默德弟弟哈立德的電話，哈立德似乎急於修補裂痕。這讓卡舒吉十分不安：皇宮知道他與韓特連絡嗎？如果知道，那可能被視為嚴重的叛國行為，懲罰可能是死刑。

——

二〇一七年底，卡舒吉以英文和阿拉伯文發行的《華盛頓郵報》專欄也讓卡塔尼氣急敗壞。卡塔尼的推特蒼蠅對卡舒吉發動一波潑糞攻擊，辱罵他是狗、腫瘤和疾病。「你是一個貪腐的叛徒和亡命之徒。」一則推文說。

那些專欄激起的憤怨讓卡塔尼和他的手下變得更偏執，認定卡舒吉正對他的祖國進行背叛的攻擊。卡塔尼的團隊透過間諜軟體滲透加拿大異議分子奧馬爾・阿卜杜勒阿濟茲的手機和推特帳號，發現阿卜杜勒阿濟茲和卡舒吉正合作協調世界各地的異議分子。卡舒吉正號召他們聯合起來，導引他們的批評。他甚至與阿卜杜勒阿濟茲討論一項計畫，想利用社群媒體來對抗卡塔尼支持穆罕默德的推特大軍。挾著龐大的跟隨者，卡舒吉已是重量級的社群媒體角色，而且不像卡塔尼號令的蒼蠅，卡舒吉信譽卓著。

但卡塔尼與卡舒吉保持連絡，並假裝他與蒼蠅無關。在電話中，卡塔尼稱卡舒吉為「阿布薩拉赫」——意即薩拉赫之父，是對另一個阿拉伯人的親暱稱呼法——曖昧地提醒他他兒子薩拉赫仍困在國內，受皇宮掌控。卡塔尼讚揚卡舒吉做的一些事，同時肯定他是沙烏地的國家資產。「回家吧。」卡塔尼說：「我們需要你的協助。」卡舒吉很清楚這個提議真不真誠。

朋友擔心他，告訴他有關親王失蹤的故事，但卡舒吉認為沙烏地阿拉伯的新統治者不會使用暴力。紹德家族傾向於收買可能的敵人或引誘他們回國，而不會暗殺他們。穆罕默德對已故法赫德聲名狼藉的兒子阿卜杜勒阿濟茲（別名阿魯茲）等問題人物，似乎採取這套方法。

一度權傾一時的阿魯茲——早期曾牽涉首度發生的綁架親王蘇丹・本・圖爾基二世——自己也墮入身體和道德的衰頹。他的體重增加到超級重，經常帶著隨從旅遊世界各地，住最豪華的旅館。二〇一二年他的隨從之一被宣告在曼哈頓廣場飯店強暴一名女性有罪。二〇一六年，《紐約郵報》刊出一張阿魯茲在紐約一家俱樂部外的照片，他穿著涼鞋、鬆垮的牛仔褲和皮夾克，以彎曲的吸管喝汽水。「這個懶漢能買下你」，線上標題這麼寫。另一個標題更直接嘲弄王國：「粗鄙的阿拉伯人」。

二〇一七年，穆罕默德也把他關起來。「那是為了他好。」穆罕默德告訴朋友。沙烏地人和外國人都揣測阿魯茲死了幾個月後，穆罕默德叫朋友在網際網路公開一段一身整齊打扮、較瘦的阿魯茲與一名小孩嬉戲的影片。

卡舒吉看到這些敵人被監禁的事例，深知絕不能登上任何來載他回國的私人飛機。但在波斯灣國家以外的地方，他覺得很安全，可以到處旅行和公開露面。

那證明是一個悲劇性的失算。

CHAPTER 13

沙漠中的達弗斯

二〇一七年十月

「各位，」索爾金（Andrew Ross Sorkin）二〇一七年十月二十五日在阿卜杜勒阿濟茲國王會議中心的演講廳宣布：「這是蘇菲亞（Sophia）。」

這位《紐約時報》專欄作家穿著灰西裝、打著栗色領帶坐在講台上。他右邊的講台是一具六呎高的機器人，有著女性的臉孔和透明的頭蓋骨，可以看到其中有交織的電線。

「你看起來很快樂。」索爾金對機器人說。

「在我被聰明而且剛好又有錢、有權力的人包圍時，我總是很快樂。」機器人回答道。

這具機器人很可能是代表穆罕默德·本·沙爾曼說話，因為他邀請了新聞記者、機器人和幾百個來自世界各地最有權勢的銀行家、企業主管和政治人物，來參加他稱為「未來投資倡議」的活動。活動的目的是向有影響力的政治人物和金融家展示新沙烏地阿拉伯。

在承諾進一步開放王國和鬆綁沙烏地伊斯蘭教誡律下，穆罕默德似乎讓所有人都相信了他——甚至通常抱持懷疑態度的《紐約時報》還贊助這次會議。該報最著名的金融作家索爾金來到利雅德時，抱著訪問軟體銀行孫正義的希望，最後他被請上講台主持訪問孫正義和其他人的節目。他原本不知道訪問名單上的「蘇菲亞」是一具機器人，直到看到節目單的一個朋友告訴他。索爾金微笑著訪問蘇菲亞，一旁則是興高采烈的亞西爾·魯梅揚——沙烏地主權財富基金執行長——用 iPhone 在錄影。

索爾金說他要宣布一件事：沙烏地阿拉伯破天荒地要授與這具機器人公民權。對一個不肯授予國內數百萬名移民工生的小孩公民權的國家來說，這是個有點諷刺的公關表演。但它並未絲毫減損新聞媒體的好評。上台前不久才聽說授與機器人公民權的索爾金似乎自己也有點驚訝。

一個普遍的感覺是，穆罕默德・本・沙爾曼的經濟轉型將使王國內和王國外的許多人發大財，所以沒有人想破壞這件好事。在麗思酒店的大廳和走廊，人們急切地想與沙烏地政府官員談話，以致於一名官員私下告訴朋友，那種情況讓他感覺就像學校裡最受歡迎的小孩。

經營世界最大基金管理公司百仕通的蘇世民也在場，還有軟體銀行的孫正義、前英國首相布萊爾、Uber 執行長卡拉尼克，和好萊塢紅片經紀人伊曼紐。外國媒體形容這個盛會是「沙漠中的達弗斯」，這個詞在二〇〇〇年代初世界經濟論壇（WEF）於約旦舉行時也被使用。

高階執行長、銀行家、顧問和政治人物，無不想爭取賺佣金或參與投資的機會，他們排隊會見魯梅揚和穆罕默德。這是在全球金融首都以外地方舉辦的節慶活動罕見的盛況。魯梅揚邀請眾明星到他家一個晚上，以享受豪華自助餐，在那裡像布萊爾和軟體銀行的孫正義等人輕鬆地談論王國快速的進步。

企業、銀行家和政界的名人站在麗思卡爾頓酒店大廳豪放的種馬雕像下，美國財政部長梅努欽（Steve Mnuchin）是其中之一，川普親密盟友私募股權大亨巴拉克（Tom Barrack）從旁走過。貝萊德執行長芬克（Larry Fink）和維京集團創辦人布蘭森（Richard Branson）也在場。來自《華爾街日報》、《金融時報》和《彭博新聞》的記者嘗試插入他們的談話——或至少偷聽。

年輕的沙烏地企管學校畢業生站在大廳興高采烈的群眾邊緣。多年來他們認為要在金融界或工業界找到像樣的工作必須移民到國外，現在他們在自己的國土上介紹自己給世界上最重要的企業家。

讓那些年輕人感到驚訝的人還有一個神祕金髮女郎，穿著一件罩袍、臉上化的妝完美無瑕，自信地在麗思的大廳漫步。她自我介紹叫迪貝蘿（Carla DiBello），是一位美國實境電視秀製作人，也是金．卡戴珊（Kim Kardashian）的朋友——她說是「最好的朋友」——雖然金．卡戴珊的發言人後來說她們已多年沒談過話。一個年輕沙烏地人用 iPhone 翻出她的 Instagram 網頁，瀏覽她穿著比基尼在海灘上和穿著緊身衣在運動器材上伸展的照片。「看！是她！」一名男士叫嚷著告訴他朋友。

主場活動在皇宮的阿卜杜勒阿濟茲國王會議中心舉行，但隔壁的麗思卡爾頓酒店有較小型的聚會和午餐。交通幾近堵塞，因為安全警衛用連著長桿的鏡子檢查每輛汽車的底盤，尋找有沒有爆裂物。

在場的數百名新聞記者幫忙散播每個小時更新的最新消息。最後，在會議第一天下午，穆罕默德．本．沙爾曼翩然而至，群眾簇擁在他後面。

CNBC 現場轉播他坐在房間前面，旁邊是杜拜埃米爾穆罕默德．本．拉希德．阿勒馬克圖姆。這是川普幾個月前發表演講的同一個大廳。當一個巨大螢幕播放「改變的脈動」——主辦人使用的標語——時，一群攝影記者閃著他們的鎂光燈。
毫無疑問的，這是一個世界上最有影響力的生意人。
接下來是宣布新未來（NEOM）——在此之前它是一個祕密——的影片。「我們的雄心壯志，」一個成熟世故的英國腔男性聲音開始說：「從一片二萬六千平方公里的土地開始，它位於三個大陸交會處，正好是成為世界運輸、貿易和通訊路線心臟地帶的理想地點。」
「我們在這裡看到NEOM的誕生，一個世界最雄圖大略的計畫，一個通向未來的地點，一個正在實現的願景。」
福斯商業台的巴蒂羅姆（Maria Bartiromo）站起來主持座談會，她穿著一襲飄逸的白外套。「我們觀察到隨著沙烏地阿拉伯追求成長，王國正在蘊釀一場革命。」她說著，邀請穆罕默德·本·沙爾曼站上講台，加入百仕通的蘇世民、孫正義、波士頓動力的雷伯特（Marc Raibert），和NEOM計畫的新執行長克萊因費爾德（Klaus Kleinfeld）。
「容許我用阿拉伯語說話，因為在場的有許多沙烏地聽眾，而我真的尊敬他們。」穆罕默德說，然後他開始描述NEOM「最有想像力」的機會，然後略瞇起眼睛數著指頭條列它的好處。
討論在一種愛慕的氣氛中進行，企業主管讚美親王的高瞻遠矚和NEOM的優點。不過，當天最令人興奮的話語夾在座談中間。巴蒂羅姆問親王為什麼他現在追求變革，包括允許女性駕車和容許外國人投資沙烏地。

穆罕默德以他迄今最富於魅力的公開演說，發出最熱烈的豪語，承諾讓王國恢復一九七九年宗教極端主義開始前的方式。那一年發生禁寺遭到攻擊的事件，導致紹德家族以限制娛樂和女性駕車來安撫宗教保守派。那一年也正值宗教學者何梅尼（Ruhollah Khomeini）推翻伊朗的世俗夏哈，讓沙烏地阿拉伯意識到，如果統治者過於遠離勢力龐大的宗教領袖可能有什麼後果。

「沙烏地阿拉伯和整個區域在一九七九年後經歷一個逐漸散播開來的覺醒運動，其原因有很多，但不是今日在此討論的主題。」穆罕默德說：「過去我們並不是這樣的。我們只是恢復過去我們的樣貌：對世界和所有宗教及所有傳統與人民保持中庸、心胸開放的伊斯蘭教。」這是首度有一位現代沙烏地領袖公開承諾從沙烏地阿拉伯的教士奪取社會掌控權。

「百分之七十的沙烏地人不到三十歲，而坦白說，我們將不會浪費三十年的生命來對付任何極端主義。」穆罕默德說：「我們將在今天立即摧毀它們。」

世界各地的報紙新聞標題都刊出這些話，而擠滿大廳聽演講的沙烏地人爆出熱烈的掌聲。群眾中有許多人對穆罕默德二〇三〇計畫的雄心和規模大為讚嘆。問題是它需要外國投資人拿出錢來支持這個信念，而幾乎沒有一個外國投資人願意籌集沙烏地阿拉伯戒掉石油美元癮頭所需的那種錢。與會者花了數天聽人工智慧和替代能源之類的議論，但他們來到這裡真正的目的是希望從沙烏地阿拉伯的主權財富基金榨取錢。

在幕後，沙烏地官員憂心忡忡。儘管會議一片興高采烈，會議前的沙烏地經濟已出現一些困頓的跡象。沙烏地阿拉伯沒有公開承認，但Aramco的ＩＰＯ計畫陷於停滯。穆罕默德·本·沙爾曼首選的紐約證交所出了問題，因為一年前通過的法律允許九一一受難者提出控告，也就是卡舒吉同意協助調查的官司。

皇宮的顧問擔心，在新法下，如果Aramco在美國股市上市，原告可能嘗試要美國法院判定賠償一部分的Aramco股權給他們。更大的顧慮是，穆罕默德的顧問擔心在美國經常發生的股東集體訴訟中，投資人會嘗試藉以管理不良、揭露不透明或其他不當作法為由，要求公司賠償金錢。以Aramco鬆弛的會計作業來看，它可能輕易成為目標。

川普、庫什納和其他高階白宮官員嘗試給保證，但Aramco聘請的偉凱律師事務所（White & Case）和其他顧問警告，在美國政府對幾乎每一件事的看法都如此極化下，在紐約上市的風險極高。

能源大臣哈立德·法利赫自始就對ＩＰＯ案抱持懷疑，據稱他也嘗試阻止Aramco的ＩＰＯ案。他的幕僚計算的Aramco估值遠低於穆罕默德的二兆美元，還附帶提出一長串問題，嘗試說明親王讓Aramco上市是不智之舉。這個計畫變成穆罕默德和哈立德之間的戰爭，經常表現在他們助理和顧問之間的針鋒相對。銀行家大老遠飛到利雅德參加會議，但經常被告知大臣或王室顧問剛剛出國。但他們默默忍受，寧可相信巨大的報酬已唾手可得，雖然媒體洩漏的消息顯示沙烏地阿拉伯正考慮只在國內上市。

ＮＥＯＭ也是一團亂。截至當時，顧問公司已花數千小時嘗試把穆罕默德及其顧問的構想轉變成實際的政策，但NEOM僅有的具體結構是由數千名南亞的營建工人日夜趕工建造的宮殿。第一批承包商無法順利按照進度施工，因此政府徵調沙烏地賓拉登集團把工程做完。從麥加起重機事故後，政府一直凍結該公司的運作。NEOM的宮殿建築是以沙爾曼國王的丹吉爾休閒宮殿為樣板。

NEOM的宣布也未與兩個計畫的夥伴國家埃及和約旦妥善協調。當穆罕默德在世界領袖前公開這項計畫時，這兩國政府私下感到不悅，但它們當時決定不發表聲明。

在參加未來投資倡議的來賓中，一些宣稱有高度興趣成為沙烏地長期投資夥伴的來賓令人訝異地表現出對這個國家的無知。「沙烏地擁有偉大的麥加，」孫正義在會議上宣稱：「我們將再創造兩個麥加。」穆罕默德被迫插話說：「請別誤解他說的話。麥加已變成吸引力中心的榜樣，所以他的意思是新的吸引力中心。」在伊斯蘭教，麥加是全世界獨一無二的聖城。如果把它想成可以複製的觀光中心將是褻瀆聖城，這種言論可能讓伊斯蘭教強硬派用來打擊親王的改革。

除了大型展示會外，穆罕默德也與西方貴賓進行私下會談。不可一世的紐約銀行家排隊數個小時以得到幾分鐘與親王談話的時間。一個參加這種會談的人說，一進房間後，他們的不可一世消失了。他們恭敬地稱呼穆罕默德「親王殿下」，在恭維他偉大願景的同時，額頭上不斷冒著汗珠。

被認為是好萊塢最有影響力經紀人的奮進人才仲介機構——由人才仲介公司威廉莫里斯（William Morris）和運動賽事公司ＩＭＧ合併而成——執行長伊曼紐，似乎沒有冒一滴汗。他已經嘗試尋找從沙烏地獲得資金的方法一年多，並已發明出一種滑稽的方式向有權勢的親王表示他不會屈膝。「你必須知道我的一件事就是，」他曾告訴阿瓦里德·本·塔拉勒——可能是沙烏地阿拉伯最富有的王室成員，其他美國人都稱呼他「親王殿下」——「我就是個混蛋。」

伊曼紐之前就已和公共投資基金展開討論，希望該基金投資四億美元在奮進人才仲介。伊曼紐之前認為沙烏地人和他的公司已接近達成交易，但後續在沙烏地阿拉伯和洛杉磯的會談中，公共投資基金的魯梅揚始終未做承諾。這讓伊曼紐感到挫折。在親王高談闊論像創造沙烏地電影業和投資未來的運動和電視等遙遠目標時，魯梅揚似乎對這類野心勃勃的願景不感興趣。他主要問的是像奮進人才仲介每年營收預測這類事情。「這個傢伙是認真的嗎？」伊曼紐有一次在會談後問一名同事。「他對娛樂業一竅不通。」

然後魯梅揚提出一個令人訝異的要求：投資的條件之一是，他要有奮進人才仲介董事會的一個席位——和在Uber一樣。伊曼紐拒絕了，但提議可以設立一個顧問委員會讓他加入。「我必須下次再跟你談。」魯梅揚回答道，而伊曼紐的結論是，只有面對面和穆罕默德談才能敲定交易。

這是他打算在沙漠達弗斯會議的私下會談時做的事。伊曼紐被帶至一間鑲木的麗思沙龍會見親王，他不耐煩地坐在一張灰色蒙皮、扶手裝飾金葉子的椅子，侷促不安地與另一個等候見親王的人閒談，這個相貌堂堂、一頭銀髮的法國女人正是國際貨幣基金總裁拉加德（Christine Lagarde）。

輪到他時，伊曼紐大步走進一間有水晶吊燈的房間，看到坐在那裡的穆罕默德穿著長袍和未戴頭巾。伊曼紐一屁股坐進親王對面的椅子，開始細數交易的條件。沙烏地阿拉伯將投資四億美元以持有奮進人才仲介的部分股權，但不會有一席董事。「好。」穆罕默德回答道，並問他是不是該叫魯梅揚來敲定細節。「不，這樣就好。」伊曼紐說。他不想勞駕這位下屬。

然後這位經紀人做了一件沒有人在王儲面前做過的事：他站起來，轉身就離開了。會談花了七分鐘，而伊曼紐拿到他要的四億美元承諾。

雖然未來投資倡議理論上是要外國人到沙烏地阿拉伯投資，但新聞報導中大體上是沙烏地阿拉伯投資外國公司的錢還更多。魯梅揚說王國的主權財富基金目標是到二〇三〇年時投資達到二兆美元，其中許多錢將投資在海外。布蘭森為他的太空旅遊公司維珍銀河（Virgin Galactic）爭取到十億美元承諾。百仕通已經為一檔投資基金拿到二百億美元承諾，而願景基金已經啟動並從沙烏地阿拉伯獲得四百億美元。願景基金執行長拉吉夫・米斯拉高視闊步進出麗思卡爾頓酒店，在孫正義巨大的套房主持會議，並不停地抽著電子菸。

一些國際投資人承諾投資沙烏地，雖然他們主要是希望與王儲建立優惠關係的國家或公司。一個俄羅斯政府支持的基金表示，它將投資在NEOM。軟體銀行承諾興建一個世界最大的太陽能計畫，並同意入股沙烏地電力公司。

最後，沙烏地國內和國外的媒體一致認為會議大獲成功。它創造了連續一週的大新聞，世界各地的電視新聞和報紙版面都看得到穆罕默德和世界最知名的金融家坐在一起，證明他是一個與全球接軌的大人物。在沙烏地阿拉伯國內，它證明了穆罕默德是未來國王的合適人選。但在炫目的光彩下，有銳利眼睛的人已看到一場巨大的動亂開始浮現。

在會議開始時，阿德爾．法基可能是沙烏地阿拉伯最有權勢的非王室。穆罕默德擢升他為經濟與規劃部大臣，交付他願景二〇三〇計畫中最關鍵的任務。法基的工作是僱用和管理顧問大軍，確保親王的想法被付諸行動。在會議的每場重大活動中，都有一個最前排座位貼著法基的名字。

但接近這位大臣的人都嗅到出了問題的跡象。在會議結束前一晚的一場家族聚會中，他似乎很焦慮，一度顯得無法控制情緒。他說，他是因為一個年輕親戚的生日而有所感觸。事後看來，朋友和家人都懷疑這位大臣是否已經知道，這場會議將是他最後一次公開露面。

CHAPTER 14
王室大清洗

二〇一七年十一月四日

當安全人員在黎明來到圖爾基．本．阿卜杜拉的宮殿時，他正在睡夢中。國王要求他出席高階紹德家族成員全員參加的重要會議。「你必須馬上過去。」一名皇宮安全官告訴這位前國王的兒子。

在全國各地和海外，類似的程序都在進行中。汽車隊紛紛開往麗思卡爾頓酒店，這裡剛被指定當作超級鉅富的監獄，私人飛機航站已關閉，銀行被告知必須凍結超過三百八十人的所有資金交易，其中包括高階王室成員。

二〇一七年秋季的這項行動是穆罕默德．本．沙爾曼迄今最精心策劃的行動，比六個月前與川普總統舉行高峰會還錯綜複雜和完美無瑕。穆罕默德的團隊能不事先走漏風聲或遭到後來被拘禁者的強大盟友干預，證明了他掌控的皇宮和他信任的心腹團隊確實紀律嚴明。這是一項有機會攫取龐大財務利益的任務：事先洩露消息給拘捕目標，讓他們得以保全財富和自由，可能獲得慷慨的獎賞。但整個行動進行得沒有絲毫差錯。

穆罕默德後來向《華盛頓郵報》的伊格納茲（David Ignatius）解釋，它是消除貪腐的一劑強效藥。「你身體的癌細胞已經蔓延到各部位，那個癌就是貪腐。」他告訴伊格納茲：「所以你需要化療的震撼，否則癌細胞將吃掉身體。」為《華盛頓郵報》寫專欄的卡舒吉不公平地形容它是長刀之夜，這個詞出自希特勒一九三四年殘暴的清洗行動和鞏固權力，有超過七百人遭到殺害。

麗思卡爾頓酒店裡每個被囚禁的人都遭到貪腐的指控，但許多人遭到囚禁還牽涉更深入的原因。例如已故阿卜杜拉的第七個兒子圖爾基從二〇一三年到二〇一五年擔任利雅德副總督和總督，在他的縱容下利雅德的地下鐵計畫長期延宕和超支預算。但他被囚禁在麗思且受到特別嚴厲對待的最大原因是，他參與了嘗試推翻沙爾曼國王和他兒子的陰謀，且早在沙爾曼加冕前就已開始。圖爾基從未公開承認或被公開指控任何罪行。

對局外人來說，圖爾基看起來和王儲很相似。他是一個高階紹德家族成員，憑藉他與他父親的關係當上高官和蓄積龐大財富。他期待有一天繼承王位，而且為自己籌謀一條通往王位的明確道路。他對自己的兄弟姊妹毫不隱瞞這個意圖。每次坐在阿卜杜拉家族成員家中的大餐廳時，圖爾基和他的兄弟就會談論將來他一定會成為國王——以及沙爾曼根本不應該繼承王位。他們認為沙爾曼與阿卜杜拉在位時刻意邊緣化的教士建立緊密關係，所以是個宗教基本教義派，隨時監視著王室成員是否行為不檢，並對行事風格不討他歡喜的人施加懲罰。

但對穆罕默德來說，圖爾基才是對阿紹德帶來嚴重問題的人。穆罕默德相信圖爾基要求外國公司支付回扣，並涉入不名譽的海外交易，包括馬來西亞一馬發展公司的醜聞。圖爾基否認任何罪行，但穆罕默德對他相信在海外厚顏無恥地貪汙舞弊的親王沒有多少耐心。

穆罕默德也痛恨伊本·紹德的每個兒子、孫子或曾孫都有權利做這種事的說法。他認為，伊本・紹德和他的兒子擁有控制國家財富的權力，也可以買遊艇或豪宅，但坐享特權的王室成員應該保持低調，不應該開著他們的布加迪跑車到處招搖炫耀自己的地位——因為如果這些親王的後代人數大幅增長，很快王國就會負擔不起。這個觀念是圖爾基的父親阿卜杜拉國王削減親王津貼時灌輸給王室家族的，而且穆罕默德深信不疑。他感覺他——而不是阿卜杜拉的兒子——才是阿卜杜拉精神的繼承人，而且他才有膽識積極執行老國王死前無法看到的改革。「我是大破大立版的阿卜杜拉國王。」穆罕默德告訴他的朋友。

圖爾基在海外拉攏關係，並在沙爾曼統治的頭兩年悄悄嘗試破壞穆罕默德。但他後來發現自己犯了一個嚴重的失誤。他原本以為只要他哥哥米特卜還是國民警衛隊指揮官，以及穆罕默德・本・納伊夫還是內政大臣，穆罕默德・本・沙爾曼就沒有辦法得知圖爾基的計畫。穆罕默德只控制國防部，而這個部會情蒐的能力很有限。圖爾基以為穆罕默德沒有間諜或蒐集情報的技術。他也低估穆罕默德和他的支持者使用暴力的決心和意願。對圖爾基來說，權力和金錢就是一切。

穆罕默德相信只有他的改革可以拯救國家，即使改革需要他徹底顛覆他的家族。所以圖爾基連簡單的預防措施也未採取，例如使用像 WhatsApp 這類加密電話應用程式來通訊。他使用一般電話線路討論他的計畫和發洩對穆罕默德的怨怒，卻不知道從一開始穆罕默德就已擴大他的能力，監聽全國各地的電信傳播。

在兩年多的期間，穆罕默德對他監聽的內容完全保密。他養成習慣在公開場合遇見圖爾基或米特卜時總是遞出橄欖枝。在沙爾曼下令出另一位姪子取代圖爾基的利雅德總督職位，並剝奪他所有官職後，圖爾基似乎認為穆罕默德已完全忘記他，而只專注於經濟改革計畫和相關的宣傳。在一場葬禮中，穆罕默德微笑著站在圖爾基旁邊，看起來像雙方的緊張已公開地降溫。

事實上，穆罕默德無時無刻不注意圖爾基的行動。穆罕默德的幕僚蒐集他的詳細檔案，而且他被執行麗思逮捕行動的團隊列為清單上接近頭號的目標。這個團隊運作的地點有一部分是在紹德·卡塔尼的媒體事務研究中心。

圖爾基和他的首席顧問——一個名叫阿里·卡塔尼（Ali al-Qahtani；與紹德·卡塔尼沒有近親關係）的退休將領——被送到麗思的走廊時，剛開始有點憤慨。「我父親是國王，去你的。」他對審訊他的人說，甚至打了其中一個人。

在他的審訊者強行壓制他後，圖爾基開始接受他的困境，因為他看到愈來愈多人犯被送進來。圖爾基和阿里完全沒有事先看出這場宮廷變局的跡象。

只有六十四歲的圖爾基·本·阿卜杜拉，從一度是王位的競爭者變成一個消失的人。退休將領阿里的結局是死亡，據說在囚禁於麗思的初期幾天遭到酷刑，而圖爾基則被轉移到一個骯髒的監獄，裡面關了許多謀殺犯和毒梟，然後被送至一所除了親近的家人不得探訪的祕密拘留中心——而且家人探訪只持續一段短時間。

有關他被監禁的報導很少，美國和英國幾乎沒有人知道這件事，除了傳奇歌手雪兒（Cher）曾發推文說她擔心「我兒子的好朋友圖爾基·本·阿卜杜拉親王」，並描述他是一個有仁慈心的年輕親王，且「沒有掌控任何東西的欲望」。圖爾基確實是她兒子伊利傑（Elijah）的朋友。

後來一張聳動的照片在WhatsApp上瘋傳，照片上有十六位親王穿著西式休閒服在法國南部一艘遊艇的甲板上。年輕的穆罕默德站在後排的右邊，顯然屬於輩份較低的家族成員，而阿瓦里德・本・塔拉勒、阿卜杜勒阿濟茲・本・法赫德，和圖爾基・本・阿卜杜拉則得意地笑。這張照片是在圖爾基包租的遊艇上拍的，穆罕默德被邀請和他較年長、有錢的堂兄弟午餐。現在，這些人中有許多被囚禁在麗思。果真是十年河東，十年河西。

圖爾基的兄弟——包括米特卜、米沙勒和費瑟——都被拘禁，理由是厚顏無恥的貪汙。阿卜杜拉國王擔心金錢的腐蝕而限制子女的財富多年後，在二〇一〇年設立一個個人基金會，把他大部分的錢花在透過發展援助和捐款來改善世界各地穆斯林的生活。阿卜杜拉死後，基金會的控制權轉移給他子女，其中一些人立即把那些錢耗光在個人用途上。所有人都不承認或被公開指控任何罪行。

米特卜被指控更過分從他掌管的國民警衛隊，挪移價值數十億美元的土地到這個基金會，把政府資產轉成他家族私人組織的財產。這給了穆罕默德・本・沙爾曼完美的口實以追究阿卜杜拉家族的貪腐。米特卜最先與穆罕默德和解，同意把土地轉移回政府，並悄悄辭去公職。「拿走我的錢，別再打擾我。」他告訴穆罕默德。

不久後米特卜被命令微笑著擺姿勢與穆罕默德一起拍照，這對許多在麗思遭囚禁的人來說無異於進一步的羞辱，提醒他們雖然他們看起來自由了，但將永遠逃不出穆罕默德的掌控。

沒有人例外，甚至阿卜杜拉的一些女兒雖未參與紹德家族的爾虞我詐，後來也損失所有她們從父親繼承來的財產，只差沒有被監禁。阿卜杜拉的皇宮總長哈立德·圖瓦伊里也琅璫入獄，阿卜杜拉的禮賓大臣——基本上是國王的第一管家——穆罕默德·圖拜什下場也相同。

圖拜什透過他與黎巴嫩首相的關係累積龐大的財富，和圖瓦伊里不同，他在沙爾曼繼承王位後仍保住官位，直到王位更迭幾個月後他在攝影機前掌摑一名記者，沙爾曼立即開除他。

但以一種也在其他被打敗的敵人親戚身上重複發生的模式，穆罕默德選擇圖拜什的兒子——從桑德赫斯特軍校畢業的拉坎——出任他自己的禮賓大臣。帶圖拜什到麗思的人就是拉坎。年老的圖拜什被釋放後，他的牧場（光是它就價值就超過一億美元）、他的種馬牧場、牧場裡的馬和室內與室外的跑馬場，以及數以百萬美元計的現金都已被沒收。這座牧場後來變成一個休閒度假區。

穆罕默德任命一個新內政大臣和新國民警衛隊指揮官，兩個人都是親王的兒時朋友，現在才三十到三十五歲間，進一步顯示親王的鞏固權力已經完成。統領十二萬五千名軍人的新國民警衛隊指揮官是阿卜杜拉·本·班達爾，穆罕默德的堂弟和最信任的朋友。他崛起的過程一直是追隨穆罕默德，且經常毫不掩飾他對穆罕默德的仰慕；在沙爾曼國王登基後他任職於沙爾曼國王青年中心，並被派任為麥加省副總督。

在過去，從沒有一個親王統領王國三支軍力中的兩支以上，現在穆罕默德掌控全部三支。他不但大權在握，而且已移除幾乎所有反對他的潛在挑戰者和陰謀者，不管他們是億萬富豪或堂兄弟。

這些行動也不是他逼迫沙爾曼國王進行的。身為家族的執法者，沙爾曼多年來已建立親王們的檔案，而在他之前的國王阿卜杜拉也累積不少貪腐的卷宗，且原本有意大力整頓。阿卜杜拉未能執行肅貪是顧忌它太具破壞性。那些檔案再加上穆罕默德・本・沙爾曼的團隊過濾的更多資訊和進一步的調查，就成了這整個行動的基礎。當親王們被半夜帶來審訊時，他們面對的是鉅細靡遺的自己財務資產和活動的證據，而非空穴來風的指控。

西方觀察家把逮捕行動視為奪權和濫用法治，但國內有許多人支持該行動。數十年來沙烏地人忍受高高在上的親王和善於攀緣的生意人總是享盡好處。他們贏得不該給他們的合約，他們掌控沒有權利參加的計畫。他們賺進數十億美元而許多沙烏地人卻只能勉強餬口。現在他們遭到大規模鎮壓，所以除了王國頂層百分之五的人外，所有人都額手稱慶。

所有對外的訊息全都協調一致。逮捕是經由國王下詔組成的「最高委員會」對貪腐進行調查，為行動創造法律的基礎。委員會「有權利採取它認為適宜的預防措施」，包括沒收資產和禁止旅行。沙爾曼在一項聲明中嚴厲譴責「把自身利益置於公眾利益之上、非法攫取金錢的軟弱者」所犯下的剝削罪行。穆罕默德・本・沙爾曼以一段短片描述這個行動：「我向你們保證，任何牽涉貪腐的人將不會被寬恕，不管他是親王、大臣或任何人。」沙烏地阿拉伯的最高宗教機構高階伊斯蘭學者理事會也為逮捕背書，說伊斯蘭教律法「教導我們要打擊貪腐，而我們的國家利益需要它」。

穆罕默德向一個美國連絡人簡單地解釋：許多在麗思的人多年來觸犯法律，但他們是照舊規則做，因為舊規則容許貪腐。現在規則已經改變，而且它們從現在起不只是不同了，而且是追溯既往的改變。

即使是傾向於批評的人也接受這是一場清洗行動。「它是很有選擇性的。現在他四周就有貪腐正在發生。」沙烏地新聞記者卡舒吉在逮捕行動初期說：「王室家族向來是合作夥伴：你偷我也偷，你分一杯羹，我也分一杯羹。現在他是終極的權力。這是改變遊戲規則的一件事。」但當阿里．卡塔尼死亡的消息外洩後，卡舒吉的心情改變了。他很慶幸留在外國直到整個事件結束。

拘禁親王的報導震撼美國和歐洲的金融家和政治領袖，他們不久前從沙漠達弗斯離開王國時，還深信穆罕默德正把一個反覆無常的獨裁君主國轉變成類似西方的國家。在聽過有關再生能源、科技投資和女性自由的簡報後，許多西方人期待沙烏地阿拉伯的運作將更像西方政府。

現在他們得知，穆罕默德藉由整肅其他親王和壓制異議者實際上將讓王國變得更獨裁。包括戴蒙（Jamie Dimon）、蘇世民和彭博在內的企業領袖，打電話給他們的沙烏地朋友和連絡人，希望弄清楚發生什麼事。令人不解的還有穆罕默德為什麼在會議後這麼快就展開行動：有人問，他是故意的嗎？他是不是刻意藉這場鎮壓來向他的核心年輕人口傳達訊息？如果那只是這位親王一時興起的作為，只為凸顯他的高高在上和無比權威，那將遠為糟糕。

在麗思的場景特別令人感到不真實。在它富麗堂皇的大廳裡，來自皇宮的外燴廚師服務大排長龍的沙烏地阿拉伯最有名的人，每個人穿著標準的長袍，且對接下來會發生什麼事憂心忡忡。便利措施也有提供——醫療照顧、一名理髮師——還有大多數被拘禁者每隔幾天可以打電話回家。但他們害怕在打電話時說話。

在頭幾天，囚犯陸續被釋放，一些人已達成財務和解，另一些人被認為清白。最早被釋放的人之一是前財政大臣易卜拉欣·阿薩夫（Ibrahim al-Assaf），他被逮捕是為了當作阿卜杜拉前朝期間非法行為的證人。他解釋他簽發的國庫支票被官員中飽私囊是他遵照皇宮的命令辦事，而且他提議提供穆罕默德的手下想知道的一切資訊。他後來出任外交大臣，這證明曾被關在麗思未必是個人履歷的汙點。不過，細節很重要，他沒有被指控長期涉及個人貪腐。

除了有權有勢的親王和億萬富豪外，在麗思也有較不為人知的囚犯，像登山管理顧問業者哈尼·霍賈（Hani Khoja）。哈尼有一陣子事業一帆風順，他曾在寶鹼的行銷部門工作十多年，後來在利雅德創立自己的顧問公司，看好當地市場對管理專長的需求。他力爭上游在沙烏地企業界變成一個名人，寫自己出版的自傳，描述他攀登吉力馬札羅山，並在電視和企業會議上露臉。但哈尼發現他無法簽下像麥肯錫和波士頓顧問集團這種大型外國公司的那種合約。沙烏地公司需要沙烏地顧問，但還不太信任它們的經驗。

穆罕默德・本・沙爾曼的願景二〇三〇改變了態勢。這個計畫的規模如此龐大，它需要每一個能做 PowerPoint 簡報的人。而且穆罕默德・本・沙爾曼督促政府大臣更努力僱用沙烏地人擔任重要職務，超過僱用外國人。

突然間，哈尼的 Elixir 顧問公司開始湧入殷切的需求。他在過去的顧問工作認識位高權重的經濟和規劃大臣阿德爾・法基，兩人還有家族關係。法基開始僱用這家公司擔任重要工作，包括研擬政策和計畫的執行方法——都是麥肯錫想從政府爭取到的那類工作。

麥肯錫知道沙烏地的顧問以後只會增加，而且拉攏法基將是未來高利潤工作的關鍵，所以最後以一億美元買下 Elixir 的所有股權。過去是洗髮精行銷人員的哈尼，現在是世界最知名管理顧問公司麥肯錫的合夥人。

麥肯錫預期在初始的願景二〇三〇計畫書完成後的許多年，這樁收購交易仍會讓它能夠從沙烏地阿拉伯賺進龐大的獲利。Elixir 將專精於執行願景計畫的構想，特別是專注在穆罕默德・本・沙爾曼最愛的重要績效指標。

麥肯錫派往沙烏地阿拉伯負責各式各樣政府工作的年輕美國員工，對併購 Elixir 的交易抱持懷疑。他們都是頂尖的學生，通常從長春藤聯盟學校畢業，而且覺得自己是憑實力獲得這家公司令人稱羨的工作。現在他們必須與在沙烏地大學受教育、而且很少有王國以外經驗的同事合作。

還有許多奇怪難解的文化優先問題。Elixir 原本應該向政府展現讓麥肯錫更加沙烏地化，但 Elixir 的年輕沙烏地員工卻往往希望他們的習俗變得更西化。高階經理會要求年輕的沙烏地員工趕快換下他們的西裝和襯衫，穿上長袍和圍巾，因為公司剛接獲通知某個政府大臣將順道拜訪辦公室。

麥肯錫很快將發現，它還有一個更大得多的問題：哈尼最好的關係——經濟與規劃部大臣法基——出乎意料的竟是穆罕默德清洗的目標。

沙爾曼登基後的頭兩年，法基是王國最有影響力的官員之一。在二〇〇五年阿卜杜拉國王指派法基擔任他故鄉麥加的市長前，他曾擔任食品集團薩弗拉公司執行長多年。當時正值阿卜杜拉開始統治，這位有心改革的國王讓法基負責推行這個舊港市的改造。他推動幾十億美元的現代化計畫，最後被任命為勞工大臣，並在職位上致力於讓更多沙烏地人加入勞動力。他也曾短期擔任衛生部大臣。

穆罕默德二〇一五年初掌管沙烏地經濟規劃時，法基正是他想拔擢的那種官員——有私人企業經驗，過去曾嘗試推動沙烏地人參與自己的經濟，還有管理數十億美元計畫的能力。穆罕默德讓法基接掌剛被賦予極大權力的經濟與規劃部，因為這個部門將在研擬和執行快速且大幅經濟改革上扮演中心角色。

新職銜讓法基負責管理龐大的預算和眾多的顧問。他也與穆罕默德愈走愈近。在沙爾曼坐上王位的早期，甚至紹德・卡塔尼都必須透過法基安排會見穆罕默德的時間。

法基和其他大臣也被賦予與他們前任不同的職責。沙烏地阿拉伯向來以決策程序冗長著名，但穆罕默德下令徹底改變。他削減大臣的職責範圍，以便他們專注於優先事項，並告訴他們將根據多快和多有效率執行親王的命令來評量他們的績效。如果能達成績效，他們將獲得豐厚的獎賞。如果達不到，官位將難保。

在當時的某次宴會中，擔任體育總局局長的圖爾基・謝赫手臂搭在主權財富基金執行長亞西爾・魯梅揚肩上，告訴一群朋友說：「我們隨時都可能被革職。」如果新大臣被抓到中飽私囊，他們將面臨遠為嚴厲的待遇。

法基似乎不可能遭到如此噩運。他被指派擔任主權財富基金董事，並對願景二〇三〇有貢獻。他受到西方外交官、顧問和企業人士歡迎，被視為親王改革不可或缺的一部分。當法基在麗思逮捕行動被抓的消息傳出，他們都大為驚訝，而皇宮從未說過他遭到拘捕，雖然他一直被關在牢中。

哈尼的知名度較低，但麥肯錫更擔心他。公司是否將面臨什麼後果？公司高層主管無法確定。沒有人告訴他們哈尼被逮捕，或為什麼。他是否遭到指控並不明朗。麥肯錫面對兩種可能性，而且都是利空：麥肯錫買下一家貪腐的顧問公司，或者公司的合夥人被不公平地監禁。麥肯錫的領導人不知道發生什麼事。他們聽說哈尼的銀行帳戶遭凍結，所以停止付款給他，並決定他已不再是公司員工。在大約一年後哈尼被釋放時，麥肯錫說已履行對他的所有財務義務。他回家時戴著一副腳鐐，被嚴格限制旅行，並養成繪畫的嗜好。

逮捕行動六天後，《華爾街日報》報導麥肯錫僱用高階沙烏地官員的親戚，包括能源大臣哈立德．法利赫的兩個子女，和財政大臣的一個兒子。這引發質疑麥肯錫與已變成重要客戶的沙烏地阿拉伯是否有正常獨立的關係。該公司宣稱，所有員工都只根據他們的資歷僱用。

在後來幾天，令人震驚的被拘禁者名單外洩。除了親王和大臣外，一些沙烏地阿拉伯最知名的企業人士也遭拘捕。名單中包括法瓦茲．霍凱爾（Fawaz al-Hokair），他是曾在二〇一七年支付近八千八百萬美元買下曼哈頓最高住宅大樓的房地產開發商；以及沙烏地裔衣索比亞億萬富豪穆罕默德．阿穆迪（Mohammed Al Amoudi），他在世界各地擁有礦場和煉油廠。擔任沙烏地石油大臣多年的阿里．納伊米名列其中，他兒子拉米（Rami）也是；拉米據稱被監禁、刑求，並被指控貪腐。所有這些人都在達成和解且未公開承認犯行下遭釋放。

賓拉登家族有大約五名成員在麗思的鎮壓行動遭囚禁一段時間。麥加起重機災難已經過兩年多，沙烏地賓拉登集團在穆罕默德和他父親停止授予政府工程後，至今仍陷於停滯。對這個家族的鎮壓不同於尋常，政府沒收賓拉登集團在王國內的所有資產，從公司本身到利雅德和吉達的破舊祖傳小屋。

當貝克爾・賓拉登被帶進來接受第一輪審訊時，他驚訝地看到疊了半呎高的文件。這絕非倉促進行的行動。他們有數年的財務紀錄、資產清單，還有為包括不久前遭罷黜的王儲穆罕默德・本・納伊夫在內的親王們免費蓋豪宅的相關細節。審訊者在要求該家族正式交出一大部分公司給政府的談判中，拘留了擁有哈佛法律學位的賓拉登兄弟之一阿卜杜拉，以使交易迅速進行。政府最後沒收了百分之三六的賓拉登集團股權。除了貝克爾外，所有兄弟後來都被釋放，並返還一部分資產。

幾個月後，薩阿德・賓・拉登（Saad bin Laden）接到一通電話：親王正在新ＮＥＯＭ計畫靠近莎瑪的地方興建一系列宮殿，但其他承包商進度嚴重落後。「沙烏地賓拉登集團必須馬上到那裡施工。」對方告訴他。不管你擁有一家與王室有良好關係的私人公司，或者掌控國家持有部分股權的公司，際遇沒有多大差別。

另一位著名的被囚禁者是納賽爾・塔亞爾（Nasser Al Tayyar），他把一家旅行社發展成數十億美元的上市公司，曾擔任政府顧問和中東版《富比士》雜誌發行人。塔亞爾在沙烏地阿拉伯被認為是極為成功的企業家，以他為名的旅行公司二〇一二年在王國的證券交易所公開上市時，市值超過十億美元。

但和在麗思的許多其他人一樣，塔亞爾的財富主要靠在沙烏地阿拉伯以外的地方會被視為貪腐的做生意方法累積的。在沙烏地阿拉伯國內它們被視為常態。在發現石油以後的數十年間，親王、房地產開發商和其他企業人士，想出各式各樣有創意的方法把王國龐大石油財富的一部分轉移給自己。

塔亞爾被囚禁時忿忿不平。數十年來他以同樣的方式做生意，沒有人覺得有什麼不妥。近幾年來他的營業收入來自與沙烏地政府的交易，提供數萬名靠獎學金在海外求學的沙烏地學生旅行和住宿。那是一個向沙烏地政府收取高額費用的大好機會，但似乎沒有人在意。這個計畫很簡單。

塔亞爾和沙烏地政府的合約說，教育部將補償該公司為學生購買的每一張機票，並支付手續費，通常是機票價格的約百分之十五。這個比率是為了給該公司有相當不錯但不過分的獲利。

但塔亞爾利用這項合約提高他的利潤到遠超過競爭者，方法是為學生購買最低價的機票，但向政府收取最昂貴的機票價格。例如，塔亞爾為一名來回利雅德到波士頓的學生從折扣機票販售商購買一個經濟艙機位，然後向政府申請一張頭等艙機票的錢，外加旅行社的手續費。這個計畫推升了公司股價，使它的獲利比原本大幅增加，而且持續許多年，教育部的官員若非不知情就是故意忽視。塔亞爾趁麗思的警衛罕見地不在旁邊的機會告訴一名朋友，每個人都向政府超收費用。後來他在達成和解但未公開承認犯行下被釋放。

沙烏地裔衣索比亞商人阿穆迪還更令人意外。他靠營建生意變得極其富有，並以他在衣索比亞發展農業和工業扮演一個角色而具有國際知名度；衣索比亞曾是世界成長最快的經濟體之一。他長期受到阿卜杜拉國王喜愛，而且總是有辦法讓高階王室成員刮目相看，所以似乎不可能有人動得了他。

二〇一〇年，他向阿卜杜拉國王宣布，將推出有史以來第一輛沙烏地製造的汽車。他與國王安排會談，揭露這輛汽車的原型，並承諾將在國內創造製造業。當阿穆迪展示一輛看起來和豐田 FJ Cruiser 幾乎一模一樣的小型休旅車時，從來只坐豪華轎車的阿卜杜拉完全看不出來，但引來年輕的出席者竊笑。這個計畫無疾而終。

阿穆迪遭拘禁一年後達成一項機密的和解，付出大筆款項給沙烏地政府，但未承認任何犯行。他拒絕與外界討論這件事。

對大多數西方人來說，最具知名度的被拘禁者是阿瓦里德·本·塔拉勒。他的父親是沙爾曼國王叛逆的哥哥，長期以來就累積龐大財富和在海外結交有影響力的朋友，所以雖然他公開表示支持穆罕默德，那些關係和阿瓦里德憑藉自己獲得的成就在穆罕默德樹立權威時反而成了忌諱。

但讓阿瓦里德淪落為麗思階下囚的原因卻是較具體的事情：多年來他從王室家族成員拿錢，其中包括阿卜杜拉國王，但詳細情況並不明朗。有些錢是阿瓦里德為國王管理的帳戶，另一些錢是他的貸款。穆罕默德的手下指控，有時候阿瓦里德把屬於國家的錢據為己有。

因此穆罕默德把他抓進麗思，要他支付幾十億美元和解金以獲得釋放，並在不久後也逮捕他兄弟哈立德以便對他進一步施壓。哈立德沒有被關進麗思，而是被送進囚禁較不知名犯人的哈伊爾（Al-Ha'ir）監獄。

被釋放後擔心他名譽受損的阿瓦里德對《彭博新聞》堅稱，他錯誤地被實際上做了貪腐事情的人拖累。被問及他是否像《華爾街日報》之前報導的支付了六十億美元時，他不斷重複那是一項「基於我和沙烏地阿拉伯政府間確認的了解，所達成的機密且祕密的協議」。他告訴《彭博新聞》：

我必須坦白說，那不是輕鬆的事。在違反你意志下被拘留不是輕鬆的事。但在我離開時，我有一種很奇怪的感覺。我召集我的公司所有高階主管和我的親信，然後告訴他們：「我向你們發誓我內心一片平靜，完全自在，一點都不記恨，也沒有不好的感覺。而且真的如此，不到二十四小時我們與國王的辦公室，與王儲和他的屬下就已經恢復溝通。那真的是很奇怪的情況。」

CHAPTER 15
綁架總理

二〇一七年十一月九日

那可能是西方把穆罕默德視為沙烏地阿拉伯國家元首最明顯的跡象：二〇一七年十一月九日，當國際企業和政治領袖嘗試搞清楚，為什麼有許多他們的長期沙烏地連絡人被監禁在一家豪華旅館時，法國總統馬克宏（Emmanuel Macron）搭乘飛往利雅德的緊急飛機去見王儲。

馬克宏原本在阿布達比為新的羅浮宮分院揭幕，現在他坐在利雅德機場的航站，等候會見穆罕默德以化解一場緩慢進行的災難。麗思的鎮壓貪腐行動引發的疑惑在沙烏地官員監禁黎巴嫩總理薩德．哈里里，並迫使他辭職後，很快從沙烏地國內的清洗轉變成一場地緣政治危機。薩德．哈里里本人從未公開評論這件事。在西方世界的許多人為眾多沙烏地親王和企業人士遭逮捕感到震驚的同一天，據稱薩德遭到穆罕默德的手下嚴厲斥責、甚至毆打，然後被迫辭職。

那是穆罕默德截至當時最大膽的外交行動——罷黜黎巴嫩選民在短暫的和平期間以民主選舉方式產生的總理。現在穆罕默德正在製造新的不穩定，而且一切都公然進行。

薩德領導黎巴嫩最大的遜尼派政黨未來運動黨，他擔任總理的政府由伊朗支持的什葉派真主黨，與基督教政治派系維持極不穩定的權力均衡。

曾經是法國殖民地的黎巴嫩與法國保持緊密的關係。上任才六個月的馬克宏急於在世界舞台上有所表現，他覺得有責任把薩德帶回家。他知道那將需要做一件沒有外國領導人曾辦到的事：他必須以謀略戰勝穆罕默德。

情勢從馬克宏出訪前幾天的二〇一七年十一月四日開始蘊釀，那天面容憔悴的薩德發表一場意外的電視演說。他坐在一幅憂鬱的抽象畫前，唸完他前面桌上的一篇稿子，他的語調不自然而且吞吞吐吐。薩德說他無法遏阻伊朗人在黎巴嫩的影響力，所以為了人民的福祉，他辭去總理職務。針對伊朗，他宣稱阿拉伯國家「將再度崛起，你們邪惡伸入的手將被斬斷」。

這些話聽起來不像薩德說的，特別是因為他正嘗試與伊朗支持的真主黨合作治理，而不想掀起戰爭。兩天前他曾與一位伊朗政府官員舉行一場有建設性的會談。現在薩德不但宣布辭職，而且在下台時似乎打算點燃戰火。

這是一個極度爆炸性的情勢。黎巴嫩毗鄰深陷內戰的敘利亞，境內環境惡劣的難民營裡有數百萬名敘利亞難民，還有長期流離失所的巴勒斯坦人。真主黨近年來在黎巴嫩南部的堡壘觸發與以色列的衝突。如果薩德政府崩潰，暴力可能往任何方向暴發。

在當時，世界領袖和新聞記者把薩德的情況視為政治危機。學者和智庫專家寫的文章認為，穆罕默德．本．沙爾曼引發黎巴嫩的不穩定，作為他與伊朗的代理戰爭的一部分。正如他轟炸葉門以摧毀伊朗支持的叛軍，穆罕默德對黎巴嫩施壓以對抗真主黨。事實上，薩德事件對穆罕默德帶有更多個人成分。那是政治爭鬥，但也是家族爭鬥，而且就像穆罕默德崛起的大部分情況，它的重點在前阿卜杜拉國王、他的兒女、他的隨從，以及圍繞他們的數十億美元。

要了解為什麼穆罕默德綁架黎巴嫩領導人，就必須回顧半個世紀到一九六四年。當時年輕的黎巴嫩會計師拉菲克．哈里里發現，他在國內無法賺到足夠的錢養他結婚不久的家，所以他搬到沙烏地阿拉伯，在那裡有逐漸開始蓄積的石油財富來支應興建道路、醫院和旅館，還有各式各樣為建設而創立的公司。

一九六〇年代的沙烏地阿拉伯有大量的石油和財富，但國內卻只有貧乏的建設。王國的人口比倫敦市還少，王室家族有意利用王國的石油收入來建設全國各地的新基礎設施，但很少國內公司有能力處理大型營建計畫。僅有的幾所大學培養的畢業生也不足以經營這類公司。

鄰近的國家如黎巴嫩有相反的問題。黎巴嫩有許多高教育的潛在專業人員，該國與法國有殖民的聯結，與美國也有長期的關係，意味這些專業人員有可與外國夥伴合作的語言技能。但黎巴嫩沒有現金。成長遲緩的經濟提供大學畢業生很少致富的機會。

所以像薩德的父親拉菲克這種年輕專業人員，紛紛前往成長迅速的沙烏地阿拉伯以賺錢養家。他們未必找得到輕鬆賺錢的機會，而且會發現沙烏地阿拉伯的現金流量會隨著全球石油價格而大起大落。油價大漲就會帶來一連串新營建計畫；油價重跌就會導致王國無法支付帳單。企業不是大好就是大壞，而為營建公司工作的拉菲克只能隨著這種循環浮沉。

最後他創立自己的公司。公司的營運隨著油價漲跌時好時壞，直到他接了一家為當時的國王哈立德工作的大公司再發包的任務。拉菲克因為從區域以外的地方找到幫手而挽救了一項出問題的計畫：他引進一家能完成任務的義大利承包商。這個功勞使拉菲克得以在一九七〇年代末，承包一座哈立德國王臨時下令在麥加東部山區度假城鎮塔伊夫興建的旅館。

為皇宮工作的拉菲克了解到一件有助於確保公司營運和累積財富的事：和大多數顧客不同，紹德家族實際上並不在乎預算。他們有的是錢。他們只希望計畫快速完成——有時候超乎現實的快——而且要做得好。只要拉菲克滿足這些要求，成本對國王來說不是問題。因此拉菲克請法國公司歐格來興建這座度假中心，結果如期完成計畫，而且甚受國王喜愛。營建的成本超過一億美元，但那不是問題。正如拉菲克的傳記作家鮑曼（Hannes Baumann）寫道，拉菲克以他的招牌風格，「不計成本地以破紀錄的時間」完成了這棟旅館。

國王的獎賞是持續不斷的皇家生意和一本沙烏地護照。這是莫大的恩寵。沙烏地法律要求外國公司必須與國內合夥人合作，製造出惡名昭彰的貪腐關係：有許多親王和其他關係良好人士設立國內公司，它們唯一的目的是向承建沙烏地阿拉伯基礎設施的外國公司收取現金。原本是一套想確保沙烏地公司參與王國經濟成長的制度，最後卻淪為助長貪腐。

有了沙烏地護照的拉菲克不再受制於那套制度。他可以擁有自己的公司，以自己的方式經營而不必支付王國合夥人費用。拉菲克買下他請來興建塔伊夫度假中心的法國承包商歐格，並把改名為沙烏地歐格的新公司，轉變成王國最重要的企業之一。它在王國內僱用數萬名員工，為王室家族成員在國內和國外興建宮殿，有時不收費用以拉攏關係。

拉菲克了解建立個人關係在建立沙烏地事業的重要性。他與國王的關係有多好，他的公司營運就能有多好。反過來看，維持與國王的好關係可以提高他在祖國黎巴嫩的經濟和政治權力。

隨著哈立德國王年事較高，拉菲克也慢慢與位高權重，且逐漸接管重大政府計畫的法赫德王儲建立關係。在沙烏地阿拉伯，忠誠的看管比曲意奉承更重要。這是任何企業人士長保順遂的先決條件。

這為他帶來比以前更多的生意。沙烏地歐格興建了皇宮的總部和其他行政建築，也為拉菲克帶來用於擴大個人和政治利益的財富。他也花費數百萬美元支持黎巴嫩的政治團體和慈善團體，為他塑造了創業家和慈善家的聲譽。

從一開始哈里里家族的各項事業就沒有明確的部門區隔，它在沙烏地阿拉伯的營利事業、在黎巴嫩的慈善工作，和在貝魯特的政治權力蓄積全都彼此交織。拉菲克結合他自己的錢與來自法赫德國王的捐款，用來資助成千上萬黎巴嫩學生上大學。這鞏固了他有能力為黎巴嫩人帶來實質利益的名聲。

那也向法赫德展現拉菲克可以在政治上有用途。夾在敘利亞和以色列以及龐大的巴勒斯坦人口間的黎巴嫩，總是處於不穩定的邊緣，而且經常是戰爭的地點。用錢在那裡扶持一個政治人物對國王來說可能是好事。

拉菲克變成沙烏地阿拉伯嘗試解決以色列人、巴勒斯坦人、敘利亞人和黎巴嫩人間區域衝突的使者。這種關係緊密到拉菲克在一九八三年日內瓦舉行的一場與敘利亞談判和平協議的會議中，宣稱他是代表法赫德國王發言。和紹德家族一樣，拉菲克是遜尼派穆斯林。但他有能力贏得什葉派、基督徒和黎巴嫩其他宗教社群的信任，達成幾乎不可能的聯盟。

一九八九年，在歷經十五年內戰後，拉菲克在他多年前協助興建的沙烏地休閒小鎮塔伊夫舉行的一場會議居中斡旋了停戰。它結束了黎巴嫩人的衝突，並使拉菲克的長期捐助者沙烏地阿拉伯得以在促進區域局勢穩定上居功。沙烏地的錢已變得與黎巴嫩的政治和拉菲克家族的財富密不可分。三年後，在黎巴嫩內戰後的首度選舉，他被選為總理。他後來利用國際捐款清理和重建貝魯特的努力進一步與他的政治和商業目標結合。拉菲克持有股權的一家公司擁有黎巴嫩的新開發地區，同時他繼續從沙烏地歐格公司的營建獲得收益。

為了強化與阿紹德的關係和確保跨越沙烏地的下一次領導權更迭，拉菲克也培養紹德家族的其他分支。在法赫德國王生病和衰弱，以及相對簡樸的阿卜杜拉王儲扮演愈大的領導角色後，這變得愈來愈重要。

阿卜杜拉為拉菲克帶來潛在的難題。阿卜杜拉與法赫德國王由不同母親所生，而法赫德的同母兄弟——所謂的蘇達利七兄弟——包括權力很大的蘇丹、沙爾曼和納伊夫等親王。阿卜杜拉不認同許多王室成員奢豪的生活方式，包括法赫德的子女；他喜歡在沙漠中紮營勝於生活在宮殿。如果他不想要沙烏地歐格為他的前任國王興建的那種豪宅——或者他認為這家公司不應該在沙烏地阿拉伯的現代化中扮演如此重要的角色——阿卜杜拉日增的權力將成為拉菲克和他的財務與政治野心的問題。

拉菲克把培養阿卜杜拉列為重點。在聽說阿卜杜拉計畫正式訪問黎巴嫩後，拉菲克連絡阿卜杜拉的禮賓大臣穆罕默德．圖拜什，要求圖拜什讓阿卜杜拉在訪問期間住在他家。拉菲克承諾，如果這位禮賓大臣能促成這件事，將給予重賞。

圖拜什果然辦到。阿卜杜拉在貝魯特時住在拉菲克家，讓這位黎巴嫩企業家有機會與這位很快就繼承王位的王儲培養個人關係，也讓他得以說服阿卜杜拉他將是在黎巴嫩的可靠政治盟友。

向來慷慨回報恩惠的拉菲克為圖拜什在利雅德郊外興建一座牧場，裡面配備沙烏地歐格的員工。拉菲克也為這位禮賓大臣蓋一座種馬場，有六十匹馬和一個跑馬場可以觀賞牠們奔馳。後來這些都在麗思逮捕後的資產清算中被穆罕默德．本．沙爾曼沒收。

拉菲克也特意迎合阿卜杜拉的皇宮總長哈立德．圖瓦伊里；圖瓦伊里負責安排會見阿卜杜拉相關事宜。到了二〇〇四年美國外交官費爾特曼（Jeffrey Feltman）抵達貝魯特擔任大使時，阿卜杜拉和拉菲克已經建立緊密的個人和政治關係。

拉菲克．哈里里的政治運途起起落落，他失去總理職位，後來又重新當選，到二〇〇四年才退居幕後。次年他遭到一枚威力極大的炸彈殺害，正值阿卜杜拉登上王位前。這件事震撼黎巴嫩國內和海外。拉菲克似乎是可以為地區帶來相對和平的人，當時也無法確知有誰想殺害他。沒有組織宣稱犯下罪行，但以炸彈精密程度看——使用兩千多磅炸藥和遙控引爆裝置——顯然出自有很多資源的組織（事後有人歸罪於真主黨，而真主黨則歸罪於以色列；聯合國的調查員後來表示，敘利亞政府可能是兇手）。炸彈也殺害二十一名其他人，在貝魯特海濱留下十五呎的彈坑，並製造一個巨大的政治真空。拉菲克的兒子薩德認為，暗殺事件也激發了黎巴嫩前所未見的團結氣氛。「他父親的鮮血把人民凝聚在一起，黎巴嫩人團結起來的觀念因此興起。」貝魯特國會議員亞可畢安（Paula Yacoubian）說。

哀悼期後的薩德接掌家族事業和哈里里的政治機器。「沙烏地人十分支持他，他當時做的跨入政壇的決定都獲得他們的全力支持。」前美國大使費爾特曼說；他在二〇〇九年離開黎巴嫩返回華盛頓，擔任負責近東事務的助理國務卿，那一年正值薩德首度出任黎巴嫩總理。薩德維持與圖拜什和圖瓦伊里的關係。圖拜什的幕僚後來告訴友人，薩德．哈里里用他的私人飛機為圖瓦伊里把錢帶到王國以外的地方。

薩德極力追隨他父親的權力之路，但他在國內外的政治和商業交易上缺少和拉菲克一樣的分量。一頭瀟灑後梳的黑髮、滿臉短鬍渣和有奢華品味的薩德顯然軟弱些，政治機靈度也不及他父親——「這個有許多錢的年輕人認為他可以當黎巴嫩領導人。」亞可畢安說。他的個人嗜好沒有幫上忙。南非法院紀錄顯示，在二〇一三年和二〇一四年，薩德給了一名他有過一段情的比基尼模特兒一千六百萬美元。

薩德也與自己家族成員的關係緊張。他的哥哥巴哈似乎認為自己才是較合適的領導人，並在美國花了大筆錢資助一家智庫，私下告訴美國官員他才是最有資格領導黎巴嫩的哈里里家族成員。（巴哈在與一名友人的爭論中，解釋他們兄弟間的競爭「只是做樣子，傻瓜」，目的是讓黎巴嫩選民萬一反對薩德時把巴哈視為替代人選——並讓黎巴嫩繼續掌控在哈里里家族手中。）

薩德繼續與沙烏地阿拉伯保持關係，直到阿卜杜拉統治結束，沙烏地歐格為皇宮在政府擁有的土地上興建龐大的工程，包括後來變成利雅德麗思卡爾頓酒店的宮殿。即使在二〇一一年結束首任總理的任期後，薩德仍然是黎巴嫩政壇上一股重要的勢力，並維繫著已有數十年歷史與沙烏地結盟的關系，用他從沙烏地王室家族賺來的錢增益他的個人財富和鞏固在黎巴嫩的權力。

這是為王國的經濟奠定基礎的那種關係，是一種個人關係網絡，讓沙烏地的石油錢賴以循環到外國企業家、並流回皇宮各部門官員。它在許多方面的運作良好。哈里里家族和許多皇宮官員因而致富。沙烏地歐格在沙烏地阿拉伯創造就業機會，雖然它僱用的勞役工人和經理人有許多來自外國。國王的營建計畫得以完成，而且沙烏地阿拉伯得到一個盟友，這個盟友會在鬥爭不斷的黎巴嫩維護沙烏地的優先目標，以平衡以色列、巴勒斯坦、敘利亞和最重要的沙烏地死敵伊朗的影響力。

但這種關係激怒了穆罕默德。在阿卜杜拉皇宮工作的穆罕默德逐漸對顧問們討論的績效評量感到著迷。他認為，沙烏地阿拉伯的財務投資應該有一些報酬率。王國投資大量的錢在哈里里家族，但得到什麼績效？他們的「重要績效指標」是什麼？穆罕默德認定薩德的績效不符合王國所支付的錢。他的想法是，在享受過幾十年的贊助後，哈里里家族不是應該堅定地與沙烏地阿拉伯站在一起，對抗伊朗和伊朗在黎巴嫩支持的武裝政黨真主黨嗎？

還有財務面的問題。在沙爾曼繼任王位後，王國正瀕臨經濟危機。油價下跌使政府收入遽減，但支出居高不下。穆罕默德負責改革沙烏地經濟，並承諾要終結王國支出和石油收入速度一樣快的日子。穆罕默德說，沙烏地阿拉伯將找到更有效率的投資方法，並建立多樣化的經濟以使人民可以從石油以外的產業賺錢。

問題是當沙爾曼坐上王位時，他下令政府員工應該獲得一筆總金額超過二百五十億美元的紅利。這使得王國陷於更深的財政赤字。

穆罕默德採取積極的措施，例如提高汽油價格和削減大型政府計畫。他取消一些沙烏地歐格還未開始的計畫，並決定不支付它已經完成的一些工程。他認為，這家公司多年來已從政府賺得盆滿缽滿，現在它應該共體時艱。

沙烏地歐格的反應是裁撤數萬名員工，並公開指責政府未付款是裁撤的原因。沙烏地歐格沒有抵擋這種震撼的緩衝，不像沙烏地賓拉登集團能夠撙節度日直到復甦。

薩德原本可以默默處理付款問題，為王國保留顏面。但他把它變成人盡皆知的沙烏地政府顏面掃地的事件。沙烏地歐格來自歐洲、印度和菲律賓的員工被困在沙烏地阿拉伯，沒有收入且有些人無法離開。勞工被卡在擁擠的工人營地，沒有食物或錢——或者沒有護照，因為沙烏地歐格從勞工抵達王國時就扣留它們。

沙烏地勞工法讓這些勞工進退兩難：沒有工作使他們居留於王國技術上屬於非法，但沒有僱主讓他們無法申請離境。

這種情況持續了數個月；沙烏地歐格關閉廚房設施並停止運送食物。離鄉背井多年出國並賺錢寄回家的勞工開始挨餓。印度駐沙烏地阿拉伯大使形容它是一場「人道危機」，印度政府被迫運送食物和其他援助給受困的勞工。這是羞辱——印度送救濟物資給世界最富裕國家之一的人，因為王國管理現金失當。沙烏地政府最後介入協助解決問題。

通常薪水和待遇比亞洲人好的法國員工也有數百萬美元的積欠薪資，他們也公開抱怨。法國大使寫信給薩德，要求支付給法國僑民員工；有些人一狀告上法院。《華爾街日報》和其他國際媒體報導這則消息，凸顯出沙烏地阿拉伯面對嚴重的財務問題，而此時穆罕默德正嘗試以他的經濟願景來促銷自己。

親王把這一切視為背叛。數十年來他的家族支持哈里里家族，現在沙烏地政府正經歷艱困時期，薩德的回報卻是在世界舞台上羞辱紹德家族。

在這齣戲進行時，薩德於二〇一六年底再度被選為總理。穆罕默德將發現他是一個令人惱火的政府領導人，正如他是個不夠格的生意人。

薩德在黎巴嫩的敏感時刻重新獲得領導權。政府運作已經停擺兩年，因為國會無法選出一個需要三分之二多數票的總統。薩德同意回鍋擔任總理促成了一項交易，讓奧恩（Michel Aoun）得以當選為總統；奧恩是一位長期基督教派政治人物，也是真主黨的盟友。

薩德上任後沒有像穆罕默德期待的那樣對真主黨採取強硬姿態。他不能，因為薩德主持的是一個與真主黨合作的政府，而黎巴嫩的民主制度意味他必須與其他領導人合作。

穆罕默德無法同理這種民主治理的必要條件。沙烏地阿拉伯過去數十年來花數十億美元支持哈里里家族，不是為了讓他們可以協助真主黨擴大伊朗在黎巴嫩的影響力。

親王也不喜歡薩德與穆罕默德的國內對手間有緊密的財務和個人關係，包括與阿卜杜拉的兒子們和大臣。穆罕默德已經懷疑他們嘗試削弱他的王位繼承權，因此對他們的盟友關係充滿疑懼。貪腐也是問題。皇宮內傳聞薩德曾協助阿卜杜拉的皇宮總長哈立德．圖瓦伊里把錢帶出王國。薩德的一個朋友宣稱，曾在薩德從利雅德飛往貝魯特的飛機上看到堆疊的裝滿現金的行李箱，而且這種傳聞在皇宮已眾所皆知，穆罕默德的手下懷疑其中一些現金屬於圖瓦伊里。私底下，穆罕默德把薩德列入有待調查的企業人士清單。

他也下令政府調查沙烏地歐格公司。二〇一六年沙烏地財政部僱用國際會計師事務所 PwC

審查該公司帳本。穆罕默德成立一個特別委員會以決定如何處置這家公司，並做出它深陷危機而需要數十億美元紓困的結論。

調查人員的發現讓穆罕默德更光火。親王的手下後來告訴友人，多年來薩德的父親拉菲克一直向阿卜杜拉國王哭窮；國王經常授與數十億美元貸款，而且經常豁免還款。這些舊事在沙烏地阿拉伯不代表明顯的犯法或政治問題。國王的決定即法律，他有權授與貸款和豁免還款。何況哈里里拿到的錢有一部分用在為高階紹德家族成員蓋豪宅。因此薩德從未想過他的家族公司賴以茁壯的基礎，可能讓他陷於法律災劫。

但穆罕默德看待事情的方式不同於在他之前的王室成員。他認為任何人從政府獲得超過應得之外的財物就是貪腐——即使這麼做是獲得國王的許可。他決心拆毀圖利生意人和政府官員而由國家買單的舊結構，而沙烏地歐格和它的擁有者是一個明顯的目標。

穆罕默德也沒有尊重老式家族結盟的傳統阿拉伯觀念。沙烏地阿拉伯財政困窘，沙烏地歐格卻公開抱怨王國未履行支付，而且儘管有沙烏地大力支持，哈里里氏數十年來卻逐漸喪失對真主黨的影響力。因此穆罕默德認定哈里里—阿紹德聯盟已不是值得挽救的體制。

即使在沙烏地阿拉伯恢復對其他承包商的支付後，穆罕默德仍扣押沙烏地歐格的資金，讓這家一度巨大的公司逐漸衰敗。薩德仍然擔任黎巴嫩的總理，但在這個角色上，他被迫每天與真主黨周旋，同時穆罕默德嚴密監視著他，所以他的政治地位變得岌岌可危。

真主黨控制一部分黎巴嫩，在二〇〇六年發動一場對以色列的戰爭，並持續在該地區提供伊朗的影響力。它的軍事和政治力量代表對以色列和約旦的穩定帶來不斷的威脅，而穆罕默德感到煩不勝煩。他希望薩德對真主黨採取衝突的立場，而非與它共同治理。穆罕默德的波斯灣事務大臣薩布漢（Thamer al-Sabhan）也是鷹派的反伊朗者，他在二〇一七年秋季會見薩德，並明確表達沙烏地阿拉伯的不悅。

然後在二〇一七年十一月三日，薩德接待一個由伊朗高階政府顧問韋拉亞提（Ali Akbar Velayati）帶領的代表團。會議後黎巴嫩官方通訊社刊出一張薩德與伊朗人相談甚歡的照片，加上韋拉亞提發表的聲明：「我們與哈里里總理舉行一場融洽、正向、有建設性和務實的會議，特別是因為伊朗與黎巴嫩的關係一向都深具建設性。」

對穆罕默德來說，這是壓垮駱駝的最後一根稻草。那天晚上他召見薩德。

薩德總理起初沒有感覺受到威脅的理由。他知道他可能必須坐在一頂沙漠帳篷裡，對著冒煙的營火聽這位年輕的親王抱怨真主黨和伊朗；過去幾個月來他已聽過穆罕默德和薩布漢發過類似的牢騷。但穆罕默德幾乎已經快讓沙烏地歐格公司窒息而亡。他還想對哈里里家族施加多少傷害？薩德對一名外國好友表達樂觀的看法，認為穆罕默德甚至可能增加沙烏地給黎巴嫩的財政援助。

直到薩德在天黑抵達利雅德後一切才開始變得詭異起來。他在機場落地時，皇宮官員拒絕帶他到他在市區的家。他們告訴薩德要去會見穆罕默德。但在載他前往會面的路上，他們改變了路線：薩德將回到他自己的家等候，直到親王準備好。

他等了整個晚上。第二天清晨，他接到電話召喚他在上午八點會見穆罕默德。薩德在沒有平常的護衛車隊下匆匆前往見親王，但見到的是一群穆罕默德的執法人員。

他們扣押薩德，而薩德拒絕告訴最親近的人接下來發生什麼事。「那很可怕。」他告訴一名西方連絡人，但除了「真的很震撼，生理和心理都受到驚嚇」外，他明白表示不會透露細節。面對穆罕默德的手下施以身體和財務傷害的薩德，同意辭去總理職位。

那天下午在薩德的利雅德家中，沙烏地官員交給他一篇在電視上朗讀的演說文稿。那是一場古怪的演說。攝影機呈現薩德坐在一面黎巴嫩國旗旁邊的書桌後面，他前面有一支麥克風和一部筆電。他拿著一疊紙朗讀，偶爾張大眼睛看著攝影機。薩德提到他父親遭到暗殺，說黎巴嫩正經歷類似的時期，並表示「我很清楚我人生已訂好的目標是什麼」，但未再進一步解釋。薩德繼續說，為了不讓他的人民失望，他將辭職。然後他攻擊伊朗，指控它帶來「所到之處盡是破壞、荒涼和失序」，並宣稱真主黨正使用它的武器在葉門和敘利亞反抗阿拉伯聯盟。

認識薩德的黎巴嫩人和外國官員發現那段演說完全不符合他的政治作風。就在幾個月前，他在訪問中告訴《政客》雜誌記者葛拉塞（Susan Glasser）他必須與真主黨共同治理，儘管真主黨採取反對以色列和美國的立場：「為了國家，為了經濟，如何處理那一百五十萬名難民，如何處理穩定問題，如何處理我們國家的治理，我們必須達成某種諒解。」

另一個細節讓中東專家大感意外：薩德抱怨真主黨干預葉門，但事實上真主黨幾乎未出現在那裡。而且葉門完全不是薩德關心的重點，黎巴嫩的問題已經讓他焦頭爛額。關心葉門的人是穆罕默德，因為葉門的戰事變得日益野蠻且毫無結束跡象，沙烏地勝利的希望也愈來愈渺茫。

薩德的演說引發黎巴嫩國內外政治人物的恐慌。貝魯特的官員忙於應付來自歐洲和美國連絡人的電話，詢問發生了什麼事。他們只能回答沒有人知道。黎巴嫩總統拒絕接受薩德的辭職，除非他們親自見面。連續三天情況完全膠著，薩德的狀態不明朗，穆罕默德未公開發言。但他召喚巴勒斯坦自治政府總統阿巴斯（Mahmoud Abbas），討論中東政策。這位親王顯然正嘗試加強對區域的掌控，而阿巴斯離開會議時心中充滿憂慮：穆罕默德表示沙烏地阿拉伯願意在與以色列協商和平協議中，向巴勒斯坦的要求作出讓步，以配合由川普總統的女婿兼顧問庫什納提出的構想。阿拉伯世界七十年來最神聖的目標之一將被隨意丟棄到垃圾桶，只因為它沒有為穆罕默德的願景二〇三〇計畫帶來價值。

穆罕默德准許薩德離開利雅德以短暫地前往阿拉伯聯合大公國，讓他會見親王的親密盟友穆罕默德．本．扎耶德。但當薩德返回利雅德而非貝魯特時，許多人已很清楚他是在違背其意願下遭到挾持。就是在這時候，法國總統馬克宏決定飛到利雅德。

大約在麗思監禁事件初始就已經前往阿布達比為新羅浮宮分院揭幕的馬克宏，請一名屬下遞交一則訊息給穆罕默德的助理：這位法國總統將前往到利雅德會見穆罕默德，但只到機場且只討論薩德的事。在抵達利雅德訪問前，馬克宏和他的顧問決定省略大多數外國領導人在沙烏地王室前表現的順從和禮節。總統將直接對親王說話。在會議前，馬克宏公開宣稱黎巴嫩的領導人應被允許自由旅行，為與穆罕默德衝突埋下伏筆。

親王決定把會談轉變成一場公開秀。他到達時穿著一件金邊斗篷，對著馬克宏咧嘴笑，一面與他握手。

在私下會談中，馬克宏告訴穆罕默德他對一位外國總理被拘禁感到失望。黎巴嫩長期以來不是發生戰爭就是瀕臨戰爭，遭到國內和外國的好戰團體圍攻，而且曾多年被敘利亞占領。現在難得處於和平，為什麼穆罕默德要製造不穩定？馬克宏要求親王釋放薩德。

「但他希望留在這裡。」穆罕默德回答：「他害怕如果離開會有生命危險。」

馬克宏繼續施壓。「說這些話會讓你出醜。」他告訴穆罕默德。沒有人相信薩德自願留在沙烏地阿拉伯。

馬克宏可以與薩德通電話，但沙烏地官員在一旁監聽。無法私下說話或確保薩德獲釋，馬克宏離開利雅德時知道他必須想個新辦法。

和馬克宏一樣，黎巴嫩國會議員亞可畢安也出席了阿布達比羅浮宮的揭幕儀式。當時她是薩德擁有的電視台的新聞記者，並且震驚地目擊了利雅德發生的一連串事件。當她的飛機著陸貝魯特後，她發現自己錯過了幾通她的老闆薩德打給她的電話。她立即回打電話。

「明天到利雅德來訪問我。」他說。

亞可畢安如墜五里雲霧中。她很確定薩德被強迫留在利雅德。這是一個新聞採訪任務？一次救援行動？某種沙烏地策劃的公關表演？她開車到薩德在貝魯特的家，那裡有一個他的顧問等著她。

「也許我還是不去比較好。」她說。

「你瘋了嗎？」那位顧問說。顯然沙烏地人希望薩德接受採訪，而要是他的長期員工兼朋友亞可畢安拒絕了，可能換成一個更糟的人。「他接受你的採訪更保險些。」那名顧問說。

電視台與沙烏地政府協調，對方向亞可畢安保證訪問將現場直播，且沙烏地官員不會限制她的提問。午夜剛過亞可畢安就拿到了簽證。她忽睡忽醒地過了一夜，早上就飛到了利雅德。一名菲律賓籍司機帶她直接來到薩德的家，在那裡等著亞可畢安的是她認識多年的兩名助理。他們交換了禮貌性的問候，但沒有人能暢所欲言。薩德穿著一套西裝出來，閒談了十分鐘後，坐下來接受採訪。

整個過程很超現實。亞可畢安把它當成一件嚴肅的新聞採訪任務，她將提出黎巴嫩人想知道的問題。

「你是被拘禁在這裡嗎？」她問。

薩德否認，而她表示難以相信。有一度他似乎想哭出來，並告訴亞可畢安：「你讓我覺得好累。」安排訪問的目的似乎是沙烏地人想讓國際觀眾放心，薩德自己決定留在沙烏地阿拉伯，並放棄他的總理職位，但卻引起反效果。他看起來很驚恐。

訪問結束後，薩德換上牛仔褲、襯衫和一件皮夾克。他們一起吃典型的黎巴嫩人晚餐——燒烤肉和雞肉配鷹嘴豆泥——並在庭院泳池四周散步。然後他們坐下來，抽小雪茄，輕聲談話了似乎有幾個小時。

亞可畢安那天晚上回到旅館時，對到底發生什麼事還沒有清楚的概念。事後回想時，她相信薩德嘗試給馬克宏一個訊息，希望他繼續對穆罕默德施壓。

這個訪問驚動了黎巴嫩和外國的領導人。黎巴嫩總統奧恩說，沙烏地阿拉伯綁架了薩德。這為馬克宏製造一個機會，第二天馬克宏決定公開邀請薩德到巴黎。穆罕默德宣稱薩德可以依照自己的意願自由來去，使自己陷於困境：如果他阻止薩德離開利雅德，他將違背自己說的話，並證明薩德是被囚禁。

但薩德的盟友告訴馬克宏有一個問題：薩德的家人仍在利雅德。如果薩德到巴黎而他們留在後面，穆罕默德將握有最後的掣肘。因此在十一月十五日，在意外的辭職後近兩週，馬克宏演出他的大戲。

在德國波昂一場氣候會議中，馬克宏告訴記者他已邀請所有哈里里家人訪問巴黎。馬克宏表示，這麼做不是給薩德政治庇護或讓他流亡。那只是單純的訪問。

穆罕默德陷於兩難。他不能說不，所以薩德、他妻子和他的孩子旅行到巴黎，後來回到貝魯特，在那裡取消他的辭職。這對親王是件難堪的事。即使在經濟上重創了薩德，摧毀了他的家族事業，強迫他在國際社會前辭職，穆罕默德終究未能罷黜他。親王看起來氣勢減弱，而真主黨反而變強大。在區域代理戰爭中，伊朗打了一場勝仗。

「穆罕默德．本．沙爾曼魯莽的行動加深了緊張，並削弱了波斯灣國家和區域整體的安全。」卡舒吉說；穆罕默德和他的手下已愈來愈把他視為一個危險的異議分子。西方的批評家也交相譴責，而薩德凱旋回到黎巴嫩後，那裡政府裡支持真主黨的派系勢力已更加強大。這個趨勢將持續下去：在二〇一九年底，反對貪腐的抗議迫使薩德辭職，把沙烏地阿拉伯在黎巴嫩的最後一個主要盟友趕下台，進一步提高了真主黨的影響力。

亞可畢安說，一些人情的東西也已經喪失。回溯到王國較早的時期，黎巴嫩是沙烏地王室家族逃避沙漠以享受外國都會世界的地方。雖然沙烏地阿拉伯協助重建了貝魯特，但黎巴嫩也協助把紹德家族帶出與世隔絕的王國。現在似乎沒有人在乎這些。「新一代沙烏地人和老一輩不同，他們對黎巴嫩沒有懷舊之情。」亞可畢安說：「那裡曾是他們的自由綠洲。」

CHAPTER 16

達文西

二〇一七年十一月十五日

對紐約佳士得公司的團隊來說，〈救世主〉（*Salvator Mundi*）的拍賣幾乎萬無一失。這幅油畫可能是真蹟，或至少有夠多專家認為它是。它是一幅令人驚嘆的傑作，描繪朦朧的耶穌比著右手指交叉的手勢，左手拿著一顆透明球體，象徵他是「救世主」的角色，掌握著天堂。

它是一幅大眾喜愛多過於收藏家偏好的畫作。一幅達文西的作品可以把群眾帶進一座即將開幕的博物館，增加觀光業收入，並讓一個城市被納入文化地圖。他們完全沒料到的是會出現一位中東買家，因為這幅畫明顯的是基督教的主題。

隨著十一月十五日的拍賣日接近，佳士得的團隊把潛在買家過濾到大約七個競標者，包括身價極高且有全球地位的個人，和來自中國和俄羅斯的新富。但有一位過去鮮為人知、卻自信滿滿的候選人出現了——巴達爾・本・法赫恩・阿紹德（Badr bin Farhan Al Saud）。以Google快速搜尋卻找不到這位年輕沙烏地人的資訊，而且在中東有多年經驗的佳士得主管也從未聽過他。然而他似乎很有興趣，而且他有一個與錢為同義詞的姓氏。佳士得的銀行團隊說，他可以競標，只要他願意匯入他預期為這幅畫支付的最高價格的百分之十。

第二天早上，有權限知道細節的少數佳士得職員開始興奮地議論。一筆匯款已在昨夜匯入，金額為一億美元。巴達爾親王的意思是他願意為這幅畫支付十億美元，這是一筆天文數字，遠遠超過對〈救世主〉最離譜的估價。那是一筆你可以把整座博物館的藝術品買下的錢，而不是一幅畫。

佳士得不知道的是，巴達爾・本・法赫恩是穆罕默德・本・沙爾曼最親近的朋友之一，一個遠房堂兄，和穆罕默德從小就玩在一起。兩個人的生日只差兩週，且一起長大，二十幾歲時一起創業和共同想像一個新沙烏地阿拉伯。沙烏地公司登錄的舊檔案顯示，兩人合夥創辦的公司包括一家塑膠公司、一家房地產開發公司，還有近十年前與威瑞森成立的合資事業。雖然穆罕默德・本・沙爾曼的名號很響亮，但很少人了解他的朋友及連絡人網絡。沒有人知道他財富的來龍去脈，甚至沒有人知道他有什麼嗜好。

這項拍賣的策劃人是高澤（Loic Gouzer），也是佳士得負責戰後與當代藝術部的共同董事長。男孩子氣、英俊、一頭黑色短髮和留著三日短鬚的高澤，從佳士得的基層擢升到今日的職位，他經常策劃出人意料、有時候離經叛道的拍賣品。在二〇一五年的「前瞻過去」拍賣會中，他同時拍賣莫內的畫作和王子的東西。同場拍賣的還有畢卡索的〈阿爾及爾的女人（O版本）〉（*Les femmes d'Alger, Version O*），賣出一億七千九百三十六萬五千美元，創下截至當時繪畫拍賣的最高紀錄。買主是前卡達總理謝赫哈馬德・本・賈西姆（Hamad bin Jassim），他也是年輕埃米爾塔米姆・本・哈邁德——穆罕默德・本・沙爾曼的主要對手之一——的堂弟。高澤也極擅長與名人、運動員和超級鉅富建立關係。他曾與他的好友李奧納多・狄卡皮歐合照。

高澤告訴同事，在〈救世主〉的拍賣中，他專注於帶進最大咖的買主：民族國家。這幅畫本身就是一個巨大的事件，不適合藏在某個人的客廳。已知的達文西繪畫只有大約十五幅。這幅畫也有絕佳的故事。它最初被認為賣給英格蘭國王查理一世，並繼續留在後來兩位英國國王的收藏中，然後消聲匿跡了超過一世紀。大眾喜歡重新發現的大師作品。「你無法買艾菲爾鐵塔，但你可以買一幅成本較低的畫，並把它帶入群眾中。」高澤在擬訂行銷計畫時告訴一個朋友。

高澤也了解藝術品世界的財務面。為了把賣家因為失誤或時機不對而失去一幅畫的風險降到最低，拍賣公司的作法開始愈來愈像投資銀行那樣提供財務擔保。高澤利用他的網絡找到台灣投資人兼藝術品收藏家陳泰銘，後者願意以一億美元為這幅畫提供擔保。那表示賣家俄羅斯企業大亨雷波諾列夫（Dmitry Rybolovlev）將獲得扣除手續費的這筆金額，不管拍賣的結果如何，因為陳泰銘無論如何都會以這個價格買下這幅畫。如果拍賣的價格更高，賣家將與擔保者分享額外的利潤。

高價繪畫意味要有高額廣告預算。這個概念是要把拍賣的訊息散播得又遠又廣，以吸引愈多競價者愈好，要在時尚雜誌和商業報紙購買廣告版面，甚至在大城市精選的地點購買戶外廣告。但高澤放棄所有這些作法，寧可僱用一家稱為Droga5的新潮廣告代理公司，製作一段大體上以公眾為目標的影片。成果是「最後的達文西」（The Last Da Vinci），一部帶著催眠效果的短廣告，鏡頭從繪畫本身的角度拍攝，觀賞者幾乎隱沒在黑色中，並以讚嘆或流淚的表情觀看畫作，同時有一個充滿感情的絃樂四重奏在背景演奏。它是一部傑作。

當時佳士得的團隊沒有人知道，但這個技巧撥動了沙烏地阿拉伯的心弦，因為穆罕默德·

本・沙爾曼著迷於偉大的構想——和資產。最重要的是這幅畫吸引一位渴望與世界各國總理和寡頭平起平坐的年輕沙烏地親王。沒有人知道他將如何處理這幅畫，但猜想它將在王國內展示。

在拍賣當天，巴達爾打電話給高澤戰後與當代藝術部的共同董事長羅特爾（Alexander Rotter），他正與其他人在拍賣廳的電話總機台接聽潛在買家的電話。

幾分鐘後，拍賣價格從起標價一億美元飆升到一億五千萬美元，然後以一千萬和五百萬美元為單位跳增到二億六千五百萬美元。觀眾開始竊竊私語，偶爾爆出鼓掌聲。歷來最貴的繪畫拍賣價格已被打破。

接著拍賣變成兩個人的競爭，他們是羅特爾的客戶和中國億萬富豪劉益謙；劉益謙由佳士得古代大師鑑定部主管戴普特勒（Francois de Poortere）接聽電話競價，他在電話總機台的羅特爾旁邊。基於佳士得的規定，兩位客戶都不知道競爭者的身分。但競價繼續攀升，眼看兩名佳士得主管透過電話與他們的客戶討論，懸疑氣氛也不斷升高。高澤的客戶已提出退出，但他在價格攀升時專注地看著拍賣師：二億四千五百萬、二億八千六百萬、二億九千萬、三億一千八百萬、三億二千八百萬，然後是三億三千萬美元。

戴普特勒向拍賣師示意：三億五千萬美元。

然後，大約在拍賣進行了十九分鐘後，羅特爾冷靜地報出最後的競價：四億美元。拍賣廳裡一片驚愕，然後是嘈雜和狂熱。這是紐約歷來成績最好的拍賣會，見證了藝術品歷史在滿堂的富人和優雅人士支持下的燦爛。加上支付給佳士得的費用後，總金額為四億五千萬美元，超過歐巴馬二〇一二年競選總統的總預算。

連續三週藝術品界不知道這位神祕買家的身分。有關他是誰的謠言滿天飛。直到十二月六日，美國情報界的消息來源才洩漏給《華爾街日報》和《紐約時報》這個凸顯沙烏地阿拉伯王儲荒謬行徑的消息。兩家報紙評論，他買下這幅畫不只是浪費成性，而且毫無理由地打擊了沙烏地阿拉伯的保守伊斯蘭教界——純粹為了與他們對抗，別無其他目的。

有關這筆交易還有其他傳聞，包括兩位競價者實際上是穆罕默德·本·沙爾曼，和卡達埃米爾塔米姆·本·哈邁德兩個互相憎恨的王室成員。這雖然不是事實，卻凸顯出愈來愈多人對穆罕默德衝動且易怒的觀感。

穆罕默德·本·沙爾曼處於敏感時刻，他正打擊貪腐和發動了一場昂貴的戰爭，因此他對祕密買畫的消息很快就走漏感到憤怒。過去他一直有辦法保守一些最大計畫的祕密，例如NEOM的保密長達一年。但這樁買畫計畫——和他購買寧靜號遊艇及一座法國的大城堡——卻很快曝光。他懷疑卡達與這件事有關。因此他與阿聯的朋友一起捏造一個故事：沙烏地阿拉伯買這幅畫當作送給穆罕默德·本·扎耶德的禮物，因為阿聯的首都阿布達比幾週前剛為新的羅浮宮分院揭幕。這幅畫將為這座新開張的博物館增添不少光彩，帶進想一睹罕見達文西畫作的觀眾。

但穆罕默德·本·沙爾曼又心有不甘：既然他計畫讓沙烏地阿拉伯變成一個文化大國，為什麼要把世界最貴的一幅畫送給阿布達比？這幅畫被送進歐洲的一個祕密儲藏設施。巴達爾和穆罕默德絕口不向任何人談這件事，不管來訪的億萬富豪或藝術品顧問多少次嘗試私下問他們。

在阿布達比藉由與羅浮宮的關係把藝術帶進阿聯的同時，沙烏地阿拉伯的顧問想出一個提振沙國文化內容、多樣性和歷史的策略。與其由「明星建築師」設計一座龐大又壯觀的博物館並將它放在地圖上，沙烏地將專注於較小型的博物館和考古修復上。一些博物館將只著重一樣東西，例如薰香博物館將以香水之愛和經過王國的傳奇貿易路線為主題。興建這類名勝代表沙烏地的一大改變，因為老派瓦哈比派宗教團體把博物館和展示骨董視為鼓勵偶像崇拜。在二〇〇〇年代，沙烏地考古學的發現都被祕密藏在利雅德的一座宮殿，不讓教士知道紹德家族保存了歷史古蹟。

到二〇二〇年，穆罕默德和巴達爾開始醞釀在利雅德興建一系列新博物館，並在其中之一公開展示〈救世主〉的計畫。展示的主題將是個難題：耶穌的肖像將立即被愛抱怨的瓦哈比派教士視為偶像崇拜。耶穌——或阿拉伯語的爾撒（Isa）——本身不是問題，因為它在可蘭經中被認為是穆罕默德之前的重要先知之一。但這幅畫的內涵是靈性至高無上則難以被接受。在舊沙烏地阿拉伯，公開展示人的肖像甚至是不被允許的。

為了展示這幅畫而不給它一個專屬的博物館，巴達爾和他的部屬擬訂在利雅德興建一座新大型西方藝術博物館的計畫，好像是告訴大家，來這裡看有趣的作品吧。那將是個熱門展覽作品，但不是只有這一個熱門展覽作品。

正如高澤的構想，這幅畫是一個想提升觀光業信譽的國家尋求的資產。你買不了艾菲爾鐵塔，但你只要花不到五億美元買一幅文藝復興時期的繪畫就能帶進大批觀眾。

這個策略是穆罕默德最早從沙烏地阿拉伯偏遠角落歐拉展開的文化振興計畫的延伸。數十年來歐拉像一個被藏起來的繼子那樣遭到冷落，因為它讓有權有勢的瓦哈比派教士感到不安。這座位於王國西北部的城市曾經是貿易商隊進出阿拉伯半島的重要孔道，從這裡可以經由所謂的薰香之路通往中東和亞洲等遙遠地方。來自北方的商旅抵達這裡後，可以暫歇於峽谷中，仰望納巴泰人兩千年前從巨大的沙岩峭壁鑿出的華麗建築正面。這些建築正面主要是進入瑪甸沙勒古代墳場的陵寢入口，已被聯合國教科文組織列為世界遺蹟。來到歐拉本身，商旅隊將發現一座水源充沛的城市，有數百戶住家和店舖錯落於岩石小山間。

沙烏地政府長期以來避免為這個古代遺址做宣傳，並限制進出的人數，唯恐觸怒那些不想承認伊斯蘭教之前時代的強硬派。塔利班對雕刻在阿富汗偏遠角落山崖上的古代佛像如此憤怒，以致於在二十年前炸掉它們。它們是「偶像」，因此應被禁止。同樣的，納巴泰人、利哈亞尼人和阿拉伯半島其他古文明的廢墟和工藝品，被狂熱的教士視為偶像崇拜的東西，應該加以摧毀。許多瓦哈比派意識形態的狂熱程度不下於塔利班。

但穆罕默德認為那是荒謬的，而且他不怕因為下令將一些最嚴厲的教士拘禁起來或開除而遭致反彈，他告訴巴達爾・本・法赫恩專注於把歐拉轉變成一個文化綠洲，那裡不但有壯觀的景色、較涼爽的氣候——包括在冬季會下雪——還會有各種新建築、博物館和舉辦藝術節和運動賽事的空間。所有工作將落在巴達爾領導的歐拉皇家委員會。除了〈救世主〉外，巴達爾早已開始以穩定的速度收購藝術品，並避免引起許多注意。他經常被看到在倫敦和紐約穿著一套俐落的西裝，臉上掛著燦爛的笑容，那裡有世界頂尖的藝術品顧問急於提供他們的建議和服務。他僱用法國公司進行龐大的修復計畫，並簽訂興建數家精品酒店的交易。

在短短幾年內，歐拉變成觀光業一項有趣的實驗，混合了有千年歷史的遺址和現代的藝術裝置，包括一個稱作鏡面音樂廳的長方形表演中心，覆蓋著大片鏡面金屬，給了它沙漠峽谷中的海市蜃樓感覺。每年有四個月的文化節慶，稱為坦托拉之冬，從二〇一八年開始舉辦，請來像是歌手安德烈·波伽利和搖滾偶像雅尼等人來表演。皇家委員會後來從倫敦引進一些高檔的會場，包括名人雲集的私人俱樂部安娜貝爾在這裡開了一家快閃餐廳。公共投資基金開始磋商收購蘇荷館酒店公司百分之十的股權，這家公司經營私人會員俱樂部，在歐洲、北美和亞洲各地提供時尚的藝術家空間、餐廳和客房。這個構想就是在沙烏地阿拉伯開俱樂部分店，並透過蘇荷館酒店有影響力的客戶來提高王國的地位。

頂尖的藝術家、表演者和顯貴都很樂於成為沙烏地阿拉伯聲稱的文化復興的一分子，儘管王國內部發生的鎮壓與逮捕，和在葉門的血腥戰爭。這位年輕王儲似乎不會做錯任何事，而且當他訪問法國、英國和美國時，他總是所有人談論的焦點。

CHAPTER 17

年度
風雲人物

二〇一八年四月

二〇一八年春天，穆罕默德・本・沙爾曼穿著牛仔褲和襯衫漫步於羅迪歐大道，遠離王室責任和限制，他回想起二十幾歲時在巴黎或馬貝拉到處探險的歡樂。

免於利雅德無盡的職責、家族的聚會、挑燈夜戰的政府會議，和狂熱的技術官僚隨時寄來緊急的WhatsApp訊息，穆罕默德找到在國內無法享受的自由。在利雅德，治理的責任無比沉重，即使在他停泊於紅海的寧靜號遊艇或在歐拉度週末，職責仍是全天候的。穆罕默德整個晚上和大部分白天時間都在工作。在首都是不可能出去漫步的：利雅德燠熱而多沙塵，高聳的建築被寬廣的大馬路分隔，人行道殘缺破舊，而且沒有到處逛逛找樂趣的文化；即使有這種文化，王儲也無法隨意外出而不引起大眾圍觀和安全風險。

但在比佛利山莊，穆罕默德的臉孔不會每隔幾條街就出現在大看板上，他可以到處走動而沒有人認得。走進咖啡館和精品店時，他只是另一個有錢的傢伙享受著都會生活的樂趣。今昔的不同是，穆罕默德掌控的權力已經比得上他的巨大財富了。美國人，特別是美國的重要人物，已開始了解這一點。

在他的美國旅遊剛開始時，他突然想起他叔叔蘇丹・本・阿卜杜勒阿濟茲王儲治療癌症時，他和他父親住在紐約市幾個月期間最愛去的一家餐廳。「我們要去馬薩酒吧。」他告訴他的隨從。那不是一件小事。沙烏地人已包下大部分的廣場飯店，因為身為重要的政府官員，穆罕默德有眾多的隨扈和美國保鑣。但他在走向電梯和從中央公園南側到哥倫布圓環十五分鐘的路程中，拒絕由安全人員跑在前面為他清出保護範圍。

在美國行程之前，他才結束英國的盛大訪問，在那裡紹德．卡塔尼花了數百萬美元買下戶外看板空間，刊登穆罕默德的臉孔並搭配了像是「歡迎王儲」和「他正為沙烏地阿拉伯帶來改變」等標語。他的安全團隊因為擔心抗議和威脅而僱用數十名英國保鑣，並告訴他們打電話給他們認識的保鑣業朋友，連他們也一起僱用。這些保鑣被下令跟蹤抗議者，並盡可能保護所有沙烏地官員。王儲與女王會面，並出席漢普敦宮舉行的一場私人晚宴，認識《獨立報》和《標準晚報》業主列別傑夫（Evgeny Lebedev）的有權有勢的朋友。這場祕密的晚宴引發英國媒體業質疑那年和前一年該集團祕密出售報社給一個沙烏地企業家，以及沙爾曼家族的出版事業和沙烏地研究與行銷公司與《獨立報》達成交易，將合作創立以《獨立報》為品牌的阿拉伯文、烏都文、土耳其文和波斯文新網站。

從羅迪歐大道走幾個街口就是阿里．伊曼紐的辦公室；這位好萊塢超級經紀人曾嘗試與穆罕默德達成五億美元的交易，希望沙烏地阿拉伯跨入電影事業。距離穆罕默德為他的隨從包下所有二百八十五個房間的四季飯店不遠處，是梅鐸（Rupert Murdoch）的家，他將為親王辦一場晚宴，讓親王會見摩根．費里曼、麥克．道格拉斯和巨石強森。

穆罕默德在這些場合充滿魅力，甚至幽默。在一次較小型的聚會中，他解釋他對《陰屍路》

電視劇集的喜愛，說那些喪屍讓他想起伊斯蘭教極端主義者。還有他臉上露出大大的笑容說，他喜歡看《權力遊戲》，除了許多王室成員被殺死這部分。

同一個月稍晚，沙烏地阿拉伯數十年來首度上映一部電影，在一座體育館播放《黑豹》，現場有老式的爆米花攤位。這是在王國推出數百家電影院和展開一個新娛樂時代的一部分。許多評論家津津樂道地表示這部電影的故事反映了今日的沙烏地阿拉伯：故事中的年輕國王必須決定是要隱藏他的叢林王國免於與外面世界接觸，或是要與外界打成一片。

對穆罕默德來說，那只是瘋狂的二〇一八年的一面，在這一年內他以令人暈眩的速度和在眾人注視下，推動社會和經濟轉型計畫。在接下來的幾個月，他將與包括馬斯克（Elon Musk）和比爾・蓋茲在內的總裁、執行長和科技業億萬富豪會面，公開宣告沙烏地阿拉伯將邁向開放和創新的未來。他將承諾大規模投資虛擬實境和太陽能，以及最尖端的都市規劃。

「最具影響力的阿拉伯領導人，以三十二歲的年齡正在改造世界」，一本鮮為人知的雜誌《新王國》（*The New Kingdom*；定價每本一三・九九美元）在封面上宣稱。在親王訪問美國前，這本雜誌出現在全美各地的書報攤。

穆罕默德這一年的另一面則在陰影中進行，它的形式是加強版的監視、逮捕、綁架和暴力，目標是國內和國外被認定的敵人。

這兩面都展現在新年初始穆罕默德採取開徵消費稅的大膽措施。在大多數國家，那只是一項無趣的經濟決策，但它在王國是一項重大改革，是世界銀行這類組織的專家鼓勵的作法。沙烏地阿拉伯數十年來以石油財富而非稅收來支應政府的支出，主要因為王室擔心人民對必須繳稅卻無法參與政治的反應。現在穆罕默德要求沙烏地納稅以交換政府的服務。這項措施引發的反應強烈到沙爾曼國王五天後宣布對所有市民發放一筆一次性的津貼。

在同一週，穆罕默德執行了一項遠為祕密的行動。

剛開始沙爾曼．本．阿卜杜勒阿濟茲讓電話鈴繼續響。當時是三更半夜，沙爾曼和他妻子不到午夜早已就寢，睡在各自的房間——一如紹德家族的習俗。

沙爾曼與穆罕默德的父王同名，但這位沙爾曼是一位地位較低的親王，只比穆罕默德大幾歲，偶爾會惹人討厭。年輕時他們在法國度假，沙爾曼曾嘲笑穆罕默德在沙烏地受教育；二〇一六年沙爾曼也曾觸怒穆罕默德，當時正值美國總統期間，沙爾曼會見民主黨國會議員希夫，而穆罕默德則希望共和黨贏得大選。

沙爾曼沒有王位繼承權；他是數千個沒有政治影響力的王室成員之一，雖然是紹德家族的後嗣和領取政府的津貼，但沒有掌控權力。沙烏地阿拉伯的世襲制度意味他是個極有錢的無名氏。

但沙爾曼．本．阿卜杜勒阿濟茲有超越他家族起源的野心。他畢業於巴黎索邦大學，然後周遊歐洲並在推廣他的慈善「願景推動者俱樂部」的演說中呼籲世界和平。事實上，沙爾曼的慈善活動似乎主要採取一種怪異的沙烏地作法，專門贈送豪奢的禮物給住在利雅德郊外他的鄉村別墅附近相對較窮的貝都因人。

二〇一七年，沙爾曼挑選了六名這些人——這位親王的隨從之一說，這些人從未踏出王國之外，甚至未見過女性穿著牛仔褲外出——跟隨他到巴黎。構想是介紹他們認識文化和優雅的生活。他為這些人租了一棟公寓，讓他們把接下來幾個月時間花在看色情影片和與娼妓上床，然後隨親王返回王國。這是荒謬至極的慈善作法。

穆罕默德受不了像沙爾曼這種親王，他們似乎永遠在度假，對建設沙烏地阿拉伯毫無助益。他們讓沙烏地人看起來很可笑，只知道在歐洲和美國各地浪費無度地旅遊。也許沙爾曼親王最惹人討厭的是他妻子雅力布，她是阿卜杜拉國王的女兒，在父親駕崩後繼承超過十億美元，穆罕默德感覺那些錢應該是政府的。

到二〇一八年初，穆罕默德已經有足夠的權力而不需要忍受這些令人氣惱的親戚。這就是沙爾曼的電話在大約清晨兩點響起的原因。

最後鈴聲喚醒某個家裡的人，然後他叫醒親王、他妻子和一些幕僚。電話裡的人說，請來皇宮辦公室，穆罕默德想見你。沙爾曼和一名非沙烏地籍幕僚坐上休旅車前往會面，一路上惴惴不安。

他們抵達時屋外仍一片漆黑。沙爾曼告訴幕僚等他，由他單獨進入辦公室。他立即被警衛包圍，被連續掌摑，然後拖進牢房。沙爾曼的幕僚在外面等到約九點後離開，他認為親王不會很快出來。

第二天皇宮宣布，包括沙爾曼在內的一群親王已遭逮捕，表面上是因為他們跑到政府辦公室大肆喧嚷地抗議必須支付電費，而穆罕默德已決定停止免費供應王室電力。沙爾曼的家人和幕僚不知道出了什麼差錯。他們不在乎支付電費——沙爾曼實際上錢多得不知如何花用。他正在建造一座私人動物園，要不然他的錢怎麼花得完？

沙爾曼的父親阿卜杜勒阿濟茲開始驚慌了。他看過穆罕默德如何對待被關在麗思酒店的人和穆罕默德・本・納伊夫，他擔心自己的兒子可能做了什麼觸怒現在是沙烏地阿拉伯準統治者的事。所以他做了一個高風險的決定：阿卜杜勒阿濟茲打電話向一個外國人求助。

這個中間人叫海特姆（Elie Hatem），是一位在巴黎執業的律師，從穆罕默德和沙爾曼還是小孩時就認識他們。沙爾曼的父親猜想這位律師幫得上忙，因為他最近曾協助穆罕默德解決一樁牽涉另一個有問題親戚——穆罕默德的姊姊哈莎——的棘手狀況。

哈莎在家族中向來是個異類，她是家中唯一的女孩，而且多年來與穆罕默德的關係冷淡。她在巴黎的行為——深夜流連俱樂部、公開鬧脾氣，還引起事件——據一名朋友回憶，她在一家魚子醬餐廳對侍者丟盤子——使她變成潛在的負擔。二〇一七年有一天，她驚慌地打電話給海特姆說：警察已來到她巴黎家中，威脅要逮捕她，因為一名工人宣稱在一年前發生的事件中，公主的保鑣奉公主的命令毆打他。

海特姆匆匆趕到哈莎位於福煦大街的家，這位公主淚流滿面而且渾身顫抖；她說，那名工人在她走出浴室時用他的手機拍她照，而她的保鑣把那支手機摔壞。穆罕默德嘗試展開損害控制。哈莎僱用海特姆代表她，而穆罕默德經常打電話給海特姆以了解情況。他不希望哈莎因為像個被寵壞的歇斯底里公主，而讓他的家族顏面掃地。

但穆罕默德對西方及其法律制度如何運作似乎缺少了解。「我父親和總統談過，所以一切應該沒有問題。」穆罕默德在二〇一七年與海特姆的一次通電話中告訴這位律師。據海特姆後來對一名同事的回憶，穆罕默德說，沙爾曼國王向當時的法國總統歐蘭德提到這個問題，而穆罕默德預期總統將攔下這個案件。

「不，不對，事情不是這樣處理的。」海特姆用阿拉伯語告訴穆罕默德：「總統無法干預。」這裡不是沙烏地阿拉伯，檢察官不對國王負責。這裡是法國，是有獨立法院和自由媒體的民主國家。總統不能直接下令不受理一樁刑事案件，這麼做會鬧出醜聞。

哈莎回到沙烏地阿拉伯，但這個案件在她缺席下按步驟處理，一名法國法官在二〇一八年對她發布逮捕令。就是在處理這樁案件時，這位律師從賽普勒斯搭機回到巴黎，發現他的老朋友阿卜杜勒阿濟茲傳來簡訊，要他立即打電話回覆。

海特姆從機場打電話。「幫幫我。」阿卜杜勒阿濟茲說。他兒子沙爾曼前一天去會見穆罕默德，進了宮殿發生某種打鬥，然後遭到逮捕。阿卜杜勒阿濟茲聽到各種傳聞，甚至聽說其中有些警衛是美國人。他不知道他兒子的下落，並要求海特姆協助找到他。

沙爾曼被逮捕兩天後，海特姆打電話給穆罕默德。「你是為了我姊姊打電話？」親王問。

「我是為了你堂兄打電話。」海特姆回答：「我想知道你堂兄沙爾曼的情況。」

穆罕默德很驚訝。他沒有料到家族爭議的消息已傳到國際間。為什麼他會接到一個黎巴嫩法國律師打電話來談他和他堂兄的事？

穆罕默德拒絕回答海特姆任何問題，反而他的警衛逮捕了沙爾曼的父親阿卜杜勒阿濟茲，把他也關起來。海特姆已被從哈莎的案件辭退，而且連絡人告訴他，他將不再為王室家族工作。連續幾個月沒有人看見過沙爾曼或他父親，雖然哈伊爾監獄的一名囚犯告訴朋友，他在二〇一八年曾在那裡看到親王。「他曾遭到毆打。」這名囚犯宣稱。

不久後，沙爾曼妻子繼承自她父親的大筆財富從她在沙烏地銀行的帳戶消失，阿卜杜拉其他子女繼承的財富也遭到相同待遇。在阿卜杜拉死前阿卜杜拉家族的恐懼已經應驗。阿卜杜拉的兒子之一圖爾基被關進牢裡，其他子女的大部分財富被沒收。

——

穆罕默德和他的顧問變得極度敏感。現在任何批評他短暫當權期間的事情都被視為否定沙烏地阿拉伯的改革。穆罕默德和他的手下不是把這些改革，視為讓生活變得更好一些的漸進改變，而是紹德王朝生存的必要條件。沒有這些改革，紹德家族將喪失掌控，王國將走入危險的方向。這種使命感和不容忍批評的結合，導致悲劇性的嚴厲鎮壓。

很少例子像魯嘉因・哈德洛爾（Loujain al-Hathloul）那樣引起國際間如此強大的共鳴；哈

德洛爾是一名年輕、聰明的沙烏地女性，卻因為嘗試提倡女性權利而遭到像蓋達組織暴徒般的待遇。出生於吉達的哈德洛爾大部分時候居住在沙烏地阿拉伯，除了小時候有五年住在法國，和有四年在加拿大英屬哥倫比亞大學接受教育。她就是在那裡喚起了政治覺醒。

在回國時，她告訴年輕的弟妹女性權利在沙烏地阿拉伯遭到可怕的漠視。他們說她離開國內太久了，但她回答自己並未受到外國觀點的影響——她相信這種人權是世界一致的，只是王國一半的人口被剝奪了這種權利。大學畢業後，她感覺到波斯灣的召喚，並因此來到阿拉伯聯合大公國，那裡的女性較自由，且工作機會較多。

但她的政治信念仍然悸動著，然後她參加了一場反對禁止女性駕車的非暴力示威。二〇一四年有一天，她在杜拜坐上她的汽車——在那裡她有駕照——並開車到沙烏地阿拉伯邊界。那裡的警察感到既困惑又生氣，他們逮捕她並把她關進一所青少年和家暴受害女性的監獄七十三天。她告訴朋友和家人她受到的待遇雖然溫和，卻是讓她大開眼界的經驗。根據沙烏地法律，如果妻子嘗試逃離丈夫——即使是因為家暴——他可以找警察以對他不敬的理由逮捕她。在許多方面那類似於二十世紀初美國的作法，丈夫可以把不照習俗行事的妻子送進精神病院治療。

沙烏地阿拉伯的作法也較溫柔。即使她超越了紅線，也沒有人粗暴地對待她。她在她父親簽了一份保證她不會再犯的文件後獲得釋放。他們在家對這件事開玩笑，說他們會為此笑十年。不久後她遇見脫口秀諧星、有「中東宋飛」之稱的阿布泰利（Fahad Albutairi），後來並與他結婚。他們以典型的沙烏地方式先透過推特認識彼此，最後在男女交往較被接受的阿聯實際見面。哈德洛爾沒有失去她爭取女權的熱情，反而更加敢於批評。在日內瓦一場女性會議，她以個人身分參加並公開批評一個官方代表團的不誠實。她不知道的是，她批評沙烏地代表團每句話的推文被瘋狂轉推，並受到紹德・卡塔尼的嚴密監視。

二〇一八年三月，她突然遭到阿聯國家安全官員逮捕，他們把她帶到沙烏地阿拉伯，並在遠為嚴厲的環境拘禁她。她在監獄只被關了幾天，然後被釋放回家，但被禁止旅行。

然後到了五月，官員再度上門並逮捕她。這一次他們指控她與外國敵人——也就是卡達——共謀，並提供外國政府有關她國家的資訊。她沒有祕密，但對著別人批評她母國的行為就足以被當成叛徒和「國家安全的威脅」。她和其他幾名提倡女性權利的活動分子一起被逮捕，而且她丈夫阿布泰利也在約旦被逮捕。

幾週後她打電話給父母，假裝一切都沒事，並說她住在一家「旅館」。但他們知道出事了。她的聲音空洞且緊繃。當他們終於能見她時，她繼續在官員監視下打啞謎。她母親驚訝得說不出話，看著她吃力地拿著一杯水和吞嚥。她身上有紅色痕跡。在同一時候，阿布泰利決定他再也無法與她廝守而要求離婚（其他說法則稱當局強迫他提出離婚要求）。對一個只是要求享有世界普及權利的年輕女性來說，這是很殘酷的結果。

在她的第三次家人探訪時，她終於承認遭到刑求。她的審訊者似乎認為他們可以用暴力說服她放棄她的行動主義，並抹除被羈押期間的所有負面記憶。紹德・卡塔尼本人是聲稱中的施暴者之一。儘管政府總是否認使用暴力，但根據指稱他威脅要強暴並殺死她，然後把她的屍體丟進一條沒有人找得到她屍骨的下水道。

殘酷的諷刺是，穆罕默德・本・沙爾曼正在推行她所呼籲的相同改革。為什麼要鎮壓那些行動主義者而實際上他只需要邀請他們到議會，並向他們保證他也有同樣的信念？答案令人感到不安：在穆罕默德的沙烏地阿拉伯王國，改革只能來自上面，以免人民認為他們可以透過抗議或公開批評王室家族來獲得權利。儘管他有自由主義的想法，整體來說穆罕默德在一件事情上同意他的伯叔、姨嬸、兄弟和堂兄弟的觀點：最好是由紹德家族來決定一切。

這些殘暴的作法引發反彈，哈德洛爾的案例後來變成一場全球性的反對穆罕默德・本・沙爾曼政權的大串連。

回到哈德洛爾第一次遭逮捕的三月，穆罕默德把他的注意力轉向國外。他飛往埃及，接著立即加倍押注在他強勢的外交政策作為，他告訴一名報紙記者，土耳其是伊朗和極端主義伊斯蘭組織勾結的「邪惡三角」之一。土耳其總統埃爾多安一直嘗試改變土耳其與沙烏地阿拉伯的關係，但穆罕默德粉碎了這個希望。

隨著他的國外訪問持續到美國，金融界傳聞這位親王和他的主權財富基金正準備大肆搜購資產。第一個案子是以四億美元投資一家叫 Magic Leap 的公司，該公司發展「擴增實境」頭盔，但尚未出售任何產品。與阿瓦里德・本・塔拉勒有密切關係的前花旗集團銀行家凱恩（Michael

Klein）談判了這項交易。

花費沙烏地龐大的財富並非二〇一八年訪問美國的主要目的。現在的穆罕默德已經是王儲，他期待會見政治人物和商業領袖，並說服他們把錢投資在正快速轉型的王國。在他統治下，沙烏地阿拉伯將不再只是一個美國創業者尋求資金的地方。穆罕默德認為，沙烏地阿拉伯現代化中的經濟、年輕的人口和創新的領導階層，將成為吸引龐大美國投資的地點。

三月二十日從白宮跨出的第一步顯得一帆風順，距離他前一次在這裡的午餐會幾乎正好一年。當時他還只是副王儲，只能與總統約到共進午餐，因為有一個更重要賓客的約見被不佳的天氣延誤了。

現在穆罕默德已是貴賓，帶領一個穿著黑斗篷的沙烏地代表團走進橢圓形辦公室。不過，很快的穆罕默德視野變清楚了。當他們坐進喬治·華盛頓肖像下的椅子時，川普告訴穆罕默德他對與沙烏地的關係多麼熱中。「你現在已不只是王儲了。」川普說：「我們在很短的時間已變成很好的朋友。」但在總統旁邊的是一張讓穆罕默德退縮的海報。

它看起來像來自中學科學展的東西。「ＫＳＡ銷售即將開始」，它的黃色背景上印著黑字。底下是一張地圖，顯示哪些地區將從川普說的一百二十五億美元的銷售受益。「那對你來說是小錢。」他告訴這位親王。

穆罕默德僵硬地坐著微笑，克制內心的怒氣。總統破壞了他整場為沙烏地阿拉伯做的推銷，只把這位親王當作可以增加政治銷售的凱子。「沙烏地阿拉伯是很富有的國家，而且他們將把一些財富給美國。」川普在白宮發布的公開聲明中宣稱。

親王的目標與美國對手間的這種不同調，將出現在這趟訪問的每一面。從穆罕默德的觀點，沙烏地阿拉伯致力於快速現代化和打造工業基礎，以及它精於科技的人口和對西方娛樂業的開放，應該使它變成一個吸引美國公司來投資數十億美元的地方。但從穆罕默德見到的美國人的觀點，這種計算簡單得多：以一位王國聘請來打造娛樂業的好萊塢交易顧問的說法，穆罕默德是一個有一兆美元可以花用的傢伙，他統治的國家總人口「大約是加州的三分之二」。他說，如果有一家公司想投資數十億美元，一個法院不透明、法律限制女性權利，和經常有公關災難風險的國家實在稱不上有吸引人的優勢。

穆罕默德將在美國會見的每個人都在想像如何利用龐大的沙烏地投資，但對把自己的錢投資在王國卻沒有多少話可說。製片場的高層主管希望穆罕默德支持新電影計畫。矽谷希望有資金來進一步膨脹像 WeWork 和蹓狗應用程式 Wag 之類的泡沫。即使是在各地書報攤出現的讚揚親王訪問的奇怪雜誌，似乎也只是推銷廣告。

這本雜誌表達對王室的庸俗崇拜是美國書報攤從黛安娜王妃以來未曾見過的。在《新王國》的標題下，穆罕默德穿著紅格子頭圍巾和白長袍，露出得意的笑容但仍不失嚴肅。他旁邊的文字宣告他是「協助我們摧毀恐怖主義的最親密中東盟友」、「控制驚人的四兆美元企業王國」，和「打造六千四百億美元的未來科幻城」，這些數字顯然是憑空捏造出來的。沒有人知道有多少人買了這本一三．九九美元的雜誌，或有沒有人真的把它看成是新聞報導。但那並不重要；它似乎是只為一個讀者出版的——王儲本人——而出版者的目的只為了賺沙烏地的錢。

發行人佩克（David Pecker）是《國家詢問報》母公司美國媒體公司的執行長。他很早就開始支持川普，並涉及「捕殺」醜聞：他向一名宣稱與川普總統有染的脫衣舞孃買下可能讓總統入罪的材料卻不出版。佩克的公司正在尋找投資資金，以便把它的奧林匹亞先生（Mr. Olympia）健美大賽擴展到中東，而且佩克在二〇一七年與穆罕默德會面後，希望在二〇一八年敲定交易。這段期間剛好與出版這本諂媚的雜誌重疊，雜誌的內容主要是推銷穆罕默德的願景，並稱沙烏地阿拉伯為「魔幻王國」。

在雜誌中，有一個人寫了一篇有關沙烏地阿拉伯新經濟的文章，還附上一張他僵硬地站在川普旁邊的照片，這個人就是年輕的法國銀行家格林（Kacy Grine）。他也是那種乍看之下不可能被吸入親王軌道的人，是一個在沙烏地的財富世界中只憑著與親王握一次手就從默默無聞變成知名企業人士的國際人物。

格林三十歲，但看起來更年輕。他沒有皺紋的臉似乎長不出鬍鬚，一頭栗色的密髮從他的頭往上和往外長。格林給人的感覺像詹森總統的傳記作家卡洛（Robert Caro）形容的「專業人士的兒子」，一個憑藉不斷攀緣父執輩人物而晉升的年輕人。

格林進入撮合沙烏地交易的生意主要是透過阿瓦里德．本．塔拉勒。他們在幾年前認識，當時格林還是資淺銀行家，在阿瓦里德與塞內加爾總統談判的一樁交易中扮演一個角色。阿瓦里德喜歡這個機靈的年輕法國人，因為他聽的話比說的多，而且在說話時總是溫文而又簡潔。

在後來的交易中，阿瓦里德建議他的談判夥伴僱用格林當顧問。這為他帶來穩定的生意，而且很快的想找阿瓦里德投資的人，知道格林是通達老親王的管道。格林維繫這個關係的方法是每年拜訪阿瓦里德在利雅德的家幾次，陪伴他參加商務會議，和到沙漠去施捨錢給貝都因人。

格林在穆罕默德崛起的早期處於很有利的位置。阿瓦里德是第一個建議穆罕默德利用沙烏地的石油財富在海外做大投資的人，而且阿瓦里德公開讚揚穆罕默德為經濟擬訂的恢宏計畫。格林也與像美國—英國大亨布拉瓦特尼克（Len Blavatnik）以及好萊塢經紀人伊曼紐這類人建立關係。

格林就是透過伊曼紐認識佩克，而佩克在二〇一七年帶這位年輕的銀行家到白宮見川普。有了與川普、好萊塢和沙烏地阿拉伯最知名親王的關係，格林似乎是放在這份雜誌中心位置的完美人選。

不過，到了雜誌出版的時候，一個奇怪的轉折已經發生。在麗思逮捕行動被囚禁的阿瓦里德仍然在家中遭到軟禁。穆罕默德曾把他送進牢裡，指控他貪瀆，沒收他鉅額財產，然後讓一臉憔悴的阿瓦里德公開亮相，並發表羞辱地宣稱什麼事也沒發生的聲明。經歷過這一切的阿瓦里德仍被禁止旅行。

經過多年與阿瓦里德做生意和建立友誼後，格林現在出現在一本讚揚曾囚禁阿瓦里德的人的雜誌上。沙烏地觀察家感到困惑，而格林告訴同事，他對阿瓦里德仍保持忠誠。

雜誌幾乎引起所有人的反彈。沙烏地官員被迫向美國記者否認沙國政府出資出版該刊物。佩克與川普的關係——而不是親王的恢宏計畫——成了許多美國評論家的焦點。喜歡在邊緣運作的格林現在成了引來許多注意、但沒有引來錢的難堪騷動的中心。

穆罕默德繼續他的訪問行程，會見像祖克柏、蓋茲和蘋果的庫克（Tim Cook）這些企業主管。他與貝佐斯（Jeff Bezos）共進晚餐，並與Google創辦人布林（Sergey Brin）合照時穿著他的矽谷裝：運動上衣、禮服鞋，和塞進深色牛仔褲的扣領襯衫，並以皮帶繫著他的鮪魚肚。他與歐普拉（Oprah Winfrey）、創投資本家提爾（Peter Thiel）和迪士尼、Uber和洛克希德的執行長坐在一起。

對《大西洋》雜誌編輯高德柏格（Jeffrey Goldberg）——多年前他曾訪問歐巴馬，並讓穆罕默德認為這位前總統支持伊朗多過沙烏地阿拉伯——來說，穆罕默德做了一項出乎意料的宣告：他聲稱以色列有生存的權利，是第一個做這種宣示的高階沙烏地人，也是沙烏地王國的一大轉變，因為直到二〇一二年前，王國的中學教科書還稱猶太人是猿人。

這些宣示和穆罕默德擁抱自由主義天堂好萊塢和矽谷，以及他承諾為沙烏地阿拉伯帶來「中庸」的伊斯蘭教，給了部分美國人錯誤的印象。參加梅鐸家晚宴的演員兼前職業摔角選手巨石強森在臉書貼文說，他會見親王的感覺很好。「我期待很快就會第一次旅遊沙烏地阿拉伯。」他寫道，並且補上：「我一定會帶我最好的龍舌蘭與殿下他和家人分享。」巨石強森和其他美國人不了解，在一些重要的方面，穆罕默德是個傳統主義者。他可能喝酒，但只在私下場合。而且他的改革——擁抱西方，與既有宗教體制分道揚鑣，解除女性駕車禁令——都是為了安撫可能造反的年輕人口。這一些都從紹德家族最古老的目標出發的：維繫對王國的掌控。

仔細的觀察者看到，在控制王國和它的鄰國方面，穆罕默德絕不是往前看的。在《大西洋》的訪問中，他告訴高德柏格，伊朗的最高領導人比希特勒還可怕。從利雅德走漏的消息說，穆罕默德也曾囚禁自己的母親，因為她開始向國王質疑穆罕默德的治理決策。

在美國人讚揚沙烏地阿拉伯賦予女性新自由的同時，穆罕默德的手下正逮捕那些想推動新改革的女性。雖然這些行動主義者和親王都同意應該允許女性開車，但公開反對政府的人都被關了起來，尤其是在海外公開批評的人。

到了四月初在休斯頓結束他的美國之行時，穆罕默德在達成吸引美國公司到沙烏地阿拉伯投資的目標上並沒有多大進展。但他作為投資人上卻造成轟動：他承諾以二百多億美元購買武器，進行石化計畫，和投資在科技和娛樂公司，包括以四億美元投資伊曼紐的奮進人才仲介，和約二十億美元投資特斯拉。

回到王國後，他大膽地進行更多雄心勃勃的國內改革。他也更努力地讓大家認為，大型、創新的西方公司將在沙烏地阿拉伯投資。他把目標放在貝佐斯上。從親王和這位亞馬遜創辦人在洛杉磯共進晚餐後，他們交換連絡號碼，開始持續以 WhatsApp 討論一項由亞馬遜投資二十億美元或更多的計畫，以興建一座管理中東顧客資料的電腦處理設施。

對貝佐斯來說，這樁交易可能是跨入競爭激烈的中東市場的重要投資。對穆罕默德而言，在經濟方面的經濟效益不大；伺服器農場無法提供許多就業。但爭取到世界最有錢的人把世界最強大的公司之一引進王國，將對穆罕默德的形象提升有莫大的助益。

在接下來幾個月，他透過 WhatsApp 告訴貝佐斯他對這樁交易十分期待——和他對亞馬遜遲遲還未在沙烏地阿拉伯營運十分失望。「我很失望。」穆罕默德告訴貝佐斯，因為亞馬遜在毗鄰的巴林蓋了一座設施，比沙烏地阿拉伯早。他還告訴貝佐斯，亞馬遜已因為沒有早一點進入王國而「迫使」沙烏地阿拉伯投資一家電子商務競爭者。現在是亞馬遜和沙烏地阿拉伯合作的大好時機，這位親王和這位億萬富豪可以在今年稍晚利雅德舉行的沙漠達弗斯會議上，一起上台宣布合作計畫。「這對我極其重要，我的朋友，你要在以後舉辦投資論壇時到沙烏地來，我們將宣布這項二十八億美元的願景二〇三〇合夥計畫。」穆罕默德透過 WhatsApp 告訴貝佐斯。

事實上，說服貝佐斯上台做公關秀是穆罕默德最終的目的。在他和貝佐斯共進晚餐後不久，曾協助策劃二〇一七年川普訪問利雅德的安全官穆薩德．艾班決定不進行亞馬遜的計畫，因為亞馬遜不允許沙烏地的情報和執法人員取用設施的電腦資料。但皇宮人員被告知絕不可讓亞馬遜知道這件事。「絕不公開說不。我只管繼續拖延，並說是官僚的延誤。」一名為這項計畫工作的政府顧問告訴《華爾街日報》。

——

穆罕默德繼續在國內推動社會改革，但也維持他的獨裁統治。在六月，女性不得駕駛汽車的禁令正式解除。從二〇一六年開始，蓄著鬍鬚的宗教警察漫步在利雅德購物中心訓斥未包好長罩袍女性已開始減少，因為穆罕默德不准他們在辦公室以外的地方活動。現在在街上已很少看到他們。音樂會和電影院的禁令實施多年後，新的娛樂場所在沙烏地阿拉伯各地紛紛興起。穆罕默德很得意加拿大的太陽馬戲團計畫到王國訪問。

然後，有一天晚上十點過後，一名加拿大政府官員出乎意料接到沙烏地娛樂大臣阿梅德・卡提布（Ahmed al-Khatib）的電話。這位大臣有一些加拿大朋友，因為他參與軍方採購而加拿大公司希望把產品賣給王國。但這通電話與軍售無關，而是牽涉也是加拿大公司的太陽馬戲團因為時程安排問題取消了訪問王國的計畫。

「穆罕默德・本・沙爾曼很生氣。」卡提布告訴那名官員：「他很喜歡太陽馬戲團。這令人難以接受。你必須讓他們來。」

那名官員委婉地解釋，以他的職務沒有權力強迫一個馬戲團表演。如果太陽馬戲團不想去利雅德，沒有人能強迫它。

受挫的卡提布掛了電話，開始尋找替代方案。但他僱來替代的俄羅斯馬戲團騙不了任何人，反而馬戲團裡穿著緊身衣的女性雜技演員在沙烏地的推特引爆強烈反彈，有關「裸體」俄羅斯女人的推文紛飛，以致於穆罕默德摘掉卡提布的娛樂大臣官職。

沙烏地—加拿大的關係很快將進一步惡化。同年夏季，穆罕默德卯足全力加快推行社會和外交政策，對任何阻礙他的人或國家絲毫不容忍。就在這時候他的一名助理提出了修建一條運河把卡達與阿拉伯半島分隔，將這個小國家變成一座島嶼的計畫。然後在八月三日，加拿大政府發出一則推文，譴責沙烏地阿拉伯對待異議人士的方式，並「呼籲沙烏地當局立即釋放」關在監獄裡的公民社會和女性活動主義者。

穆罕默德的手下立即回應。他們告訴回多倫多度假的大使何拉克（Dennis Horak），王國不歡迎他回來。然後他們取消與加拿大的貿易協議，撤回在加拿大的留學生，並公開指責加拿大干涉內政。

爭議繼續環繞穆罕默德和他的作為直到二〇一八年夏季。在八月，特斯拉執行長馬斯克發推文表示他正考慮讓公司下市，後來又說他正與沙烏地公共投資基金商議交易。聯邦官員懷疑馬斯克嘗試拉抬該公司的股價，美國司法部打電話給公共投資基金執行長魯梅揚，希望約談他。起初沙烏地政府不讓檢察官會見魯梅揚，宣稱他有外交豁免權。一名沙烏地官員嘗試說服當時的司法部長塞申斯（Jeff Sessions），說魯梅揚不能接受約談，因為他可能洩漏國家機密。但檢察官指出魯梅揚並非外交官後，他同意接受詢問。他的美國律師建議檢察官稱呼他「閣下」，但是遭到拒絕。魯梅揚告訴他們，他未與馬斯克達成讓特斯拉下市的協議。馬斯克否認嘗試拉抬特斯拉股價，但後來與政府達成一項證管會調查案的和解。

在九月，沙爾曼國王的同母弟阿梅德出乎意料公開露面。阿梅德親王對穆罕默德來說是個潛在的問題人物，一個讓王室家族成員懷疑沙烏地阿拉伯走錯新方向的叔叔。在沙爾曼登上王位後有一度政府限制阿梅德旅行。最後他前往倫敦，在他的倫敦住宅外，抗議者曾集結示威，反對王國轟炸葉門。

阿梅德出來面對抗議者的過程被拍攝下來。他告訴他們不要怪罪所有紹德家族，因為紹德家族希望戰爭立即結束，只有兩個人要為轟炸負責，就是沙爾曼國王和他兒子穆罕默德。這是極少數可以合法主張權力——理論上阿梅德是可以決定繼承順序的忠誠會議的主席——的王室成員公開表達異議的例子。

在此同時，沙烏地的情報員正在加拿大進行可能造成可怕影響的監視。異議者奧馬爾・阿卜杜勒阿濟茲除了推特帳號遭到皇宮間諜入侵外，還遭到一種透過沙烏地人買來的電話入侵軟體的攻擊。穆罕默德的手下藉由滲透他的電話，得以看到奧馬爾與異議新聞記者卡舒吉的簡訊。這兩個人集結了一群穆罕默德的批評者，形成一股王國從未見過的有組織反對勢力。

大約在這時候，穆罕默德也開始讓訪客感覺到有點失控。他召喚一些人——其中有些是曾在麗思酒店遭囚禁者——來到他停在新未來（ＮＥＯＭ）外海的寧靜號遊艇上見他。他興奮地談論蒂朗島上面將有機器恐龍四處漫遊。一年前，埃及總統阿卜杜勒－法塔赫・塞西已把蒂朗島和塞納菲爾島讓給沙烏地阿拉伯，他把兩個有戰略重要性的島嶼讓給王國是為了向穆罕默德示好，宣稱它們原本就是沙烏地阿拉伯的一部分，

穿著一件敞領襯衫的穆罕默德提到，醫療的進步可以讓NEOM的居民活得比歷史上任何人更久。他說他們可能活數百年，並表示他已開始投資在長壽研究上。一名賓客已失去信心：他是認為自己可以在三百多歲時還是沙烏地阿拉伯的統治者嗎？這就是中東最有影響力的人嗎？

CHAPTER 18

冷血

二〇一八年十月二日

當賈邁勒・卡舒吉的班機在清晨四點前降落伊斯坦堡時，十五人的暗殺小組已經各就各位。通過海關的卡舒吉搭車前往他位於市區歐洲一角宰廷布爾努的新公寓。他打算在這間他與未婚妻海蒂傑（Hatice Cengiz）準備當作婚後新居的公寓小睡片刻，然後在附近很快吃點東西。這是兩個人的大日子。他們幾個月前在一場會議中認識，而且很快陷入情網。

經過兩年來公開發表批評穆罕默德・本・沙爾曼的言論後，剛離婚的卡舒吉孤獨一個人，並感覺與沙烏地阿拉伯的子女日漸疏遠。這與他原本想像的大不相同，他以為經過激烈批評穆罕默德而聲名大噪，並在華盛頓特區沉潛幾個月後，他將展開一段更快樂、更充實的人生。

他對事情的看法向來是有點與眾不同，但這個階段卻不一樣；他現在是一個完全的異議者，這在幾年前是不可想像的事。舊朋友對與他通訊都小心翼翼，更不用說見面了。所以卡舒吉感到悲哀並希望有個夥伴可以撫慰他，和與他分憂解勞。五十九歲的他已至少結過三次婚——依照沙烏地的傳統，有時候同時不只有一個妻子——並準備展開人生的新篇章。海蒂傑三十六歲，是一個愛讀書的女人，正在攻讀博士學位。她深深愛上卡舒吉，覺得他像是戴了眼鏡的泰迪熊，是一個有著粗嗓音和浪漫情懷的男人。

早餐後的計畫是，卡舒吉準備到沙烏地領事館，拿他已離婚而且在王國沒有其他妻子的證明文件，這是海蒂傑的父親和土耳其當局同意他們可以合法結婚的必要條件。幾週前他曾惴惴不安地到過領事館，但發現那裡的官員很友好，經過幾分鐘的戲謔後便同意他的要求。他們告訴他，準備文件和與利雅德的對口當局連絡需要花幾天時間。但他不知道的是，他的突然造訪觸發一通打給利雅德情報官員的電話，並啟動了一個要讓他們最著名的批評者永遠噤聲的致命計畫。

他小心翼翼地走向偏僻的領事館大院。在華盛頓特區，他曾有幾次去大使館，總是受到良好待遇。也是穆罕默德同母弟弟的大使哈立德．本．沙爾曼甚至要求與他會面，並尊重地和他說話。但他知道網路安全是個問題。他的朋友已經遭到經由假連結植入的惡意軟體入侵。他用兩支電話與世界各地的新聞記者，以及能在國內引起廣泛迴響的其他異議者和朋友通訊。所以他很快把他的電話交給海蒂傑，說他會在大約半小時後回來。他告訴她，如果他沒有出來，她應該打電話給他朋友亞辛。

亞辛．亞可泰（Yasin Aktay）是與埃爾多安總統親近的土耳其政治人物，在阿拉伯之春後與卡舒吉成為朋友。

保安錄影帶顯示卡舒吉穿著一套深色西裝外套和灰長褲，鎮定地走進建築。在當時，亞可泰正在他的辦公室，忙碌地寫一篇那天晚上要截稿的報紙專欄。

卡舒吉下午一點十五分抵達後，不到幾分鐘他就發現情況很不對。他一定已經認出一個神情陰沉、名叫馬赫爾（Maher Abdulaziz Mutreb）的情報官員，是他多年前在倫敦領事館認識的。

在三年期間，卡舒吉從一個頗具影響力——但偶爾帶著批判性——的王室家族支持者，變成皇宮眼中重大的國家安全威脅。這個轉變與卡舒吉說了什麼或在《華盛頓郵報》社論版寫了什麼專欄的關係較小，而是與穆罕默德．本．沙爾曼的安全顧問認為他號召了反對穆罕默德改革和統治王國風格的沙烏地人反而關係較大。對穆罕默德的盟友來說，卡舒吉與親近埃爾多安的土耳其政治人物建立關係就是證據，證明卡舒吉與外國勢力合作來打擊沙烏地阿拉伯。他與卡達國際基金會執行董事沙連（Maggie Mitchell Salem）的友好關係——沙連協助他寫作和編輯他的專欄——被視為他已背叛並為王國的死敵工作的直接證據。

這位曾在國內立場很溫和的批評家，已成為對穆罕默德統治作風的負面消息匯集中心，不管是貧乏的經濟表現、溢價採購案的傳聞，或是怒罵為他做事的幕僚。他與志同道合者共同創立一個叫「阿拉伯世界現在就民主」的新組織，對王國來說是一個高度挑釁的行為。它的名稱令人聯想到阿拉伯之春。對阿紹德而言，最嚴重的莫過於一個有影響力的沙烏地人要求在王國實行民主體制。

卡舒吉也進行較小的挑釁，破壞了穆罕默德塑造自己成為遠見者的企圖。「在我擔任新聞記者和編輯的生涯中，我要求過每一件穆罕默德．本．沙爾曼現在正在做的事。」二〇一七年十一月卡舒吉在華盛頓一家與卡達有關係的智庫演講說：「他正在做我們過去要求他做的事。

所以為什麼我現在要批評他？就是因為他以錯誤的方法做正確的事——非常錯誤的方法。」

就在返回土耳其之前幾天，卡舒吉出現在ＢＢＣ的訪問中。訪問正式開始前，他直言不諱地表達對王儲的看法，內容大致與他在華盛頓特區和其他地方說的相同。ＢＢＣ後來播出這段錄音。「親王每隔幾週或幾個月就提出一套數十億美元的大計畫，但這些計畫從未在國會或報紙上討論過。人民會鼓掌叫好，並說『好棒啊，再給我們更多這類計畫』。但這種運作方式不對。」卡舒吉說：「我想我將無法再回國了。當我聽到我的朋友遭到逮捕而他沒有做值得逮捕的事，我就會覺得我不應該回去。」

監視卡舒吉許多年的穆罕默德副手紹德．卡塔尼一直要求他回沙烏地阿拉伯，並承諾將化解彼此的嫌隙。但卡舒吉擔心卡塔尼的懇求是一個陷阱。卡舒吉的「背叛」對卡塔尼來說特別牽涉到個人，因為他原本有機會阻止卡舒吉卻沒有把握住。

三年多來，卡塔尼嘗試藉推特網軍的攻擊來封殺批評者，或入侵他們的電話、綁架他們並把他們帶回沙烏地阿拉伯。在推特上他經常宣稱他效忠於穆罕默德，而且卡塔尼公開表達他與親王有親近的關係。這給人的印象是卡塔尼的職責就是實現穆罕默德的願望。

二〇一八年四月，卡塔尼在「阿拉伯衛星電視台」網站寫一篇評論專欄，談論他與穆罕默德的關係。「他很有禮貌地告訴我，他要我進行一項研究，由我親自執行，而不能指派別人做它。」卡塔尼寫道：「這項研究與戰略規劃有關。我正要告訴他我太忙碌而無法做更多重要的事時，他告訴我『我要你全心全力投入這項任務』。他讓我感覺那是一個極度機密的任務。」

卡舒吉第一次到伊斯坦堡領事館之前的幾週，卡塔尼一直在追蹤他，而領事館的官員告訴他卡舒吉還會再來。卡塔尼看到有攔截這位異議者的機會，於是和他的黑魔法團隊很快展開行動。一群技術人員先飛到伊斯坦堡清除他們懷疑土耳其政府安裝的竊聽和錄音裝置；但他們沒有找到任何裝置，或者他們漏掉所有的裝置。

卡塔尼的媒體事務研究中心是祕密行動的指揮中心。執行任務的安全官員被稱作沙烏地快速干預部隊，他們的指揮官是卡舒吉之前在倫敦認識的安全官和前情報官馬赫爾·穆特利布，幾個月前在穆罕默德前往美國訪問數週期間，馬赫爾被拍到與穆罕默德合照。

馬赫爾帶著各式各樣的安全人員和薩拉赫·穆罕默德·圖拜基（Salah Muhammad al-Tubaigy）中校前往伊斯坦堡；薩拉赫是內政部的醫官，也是利雅德醫學鑑識科學協會主席。薩拉赫的角色後來證明從一開始謀殺就在計畫中。根據土耳其人在領事館內截聽的談話，他緊張地等待卡舒吉時，向其他人解釋他在解剖屍體時如何邊聽音樂和喝咖啡。

領事館的工作人員被告知，卡舒吉準備來拿他的離婚文件那天不要上班，而在距離不遠的領事家裡做事的人也被告知因為持續進行的工程而不要上班。卡舒吉抵達前幾分鐘，馬赫爾問：「獻祭的動物到達沒？」

在領事館裡，氣氛很快開始緊繃起來。接待組的人帶卡舒吉上樓來到領事辦公室。「我們必須把你帶回去。」穆特利布告訴被拉進辦公室的卡舒吉：「國際刑警組織（Interpol）下了一個命令。國際刑警組織要求把你送回去。我們是來抓你的。你為什麼不回去？」

「我為什麼不回去我自己的國家？憑真主的意願，我終究會回國的。」卡舒吉回答。

「國際刑警組織就要過來了，所以我們必須扣留你直到他們過來。」穆特利布說。

「這是違反所有法律的。我被綁架了！」卡舒吉說。

「我們會帶你回沙烏地阿拉伯，如果你不協助我們，你知道最後會發生什麼事。」其中一個人說。

卡舒吉推開他。

「我們速戰速決。」另一個人說。

他們拿出一根注射器。

「你們要給我下藥嗎？」卡舒吉在下午一點三十三分問。

就是這樣。五分鐘後，卡舒吉被打了鎮定劑，然後被悶死。在下午一點三十九分，可以聽到那位肢解屍體專家把這位新聞記者的屍體鋸成小塊。

任務還沒有完成。團隊成員之一是體格類似卡舒吉的大塊頭情報工作人員穆斯塔發・馬達尼（Mustafa al-Madani），他穿戴上卡舒吉的衣服、眼鏡和假鬍鬚，從領事館後門走出。他的工作是給調查人員假線索，並把訊問轉移離開沙烏地阿拉伯。他搭乘一輛計程車和另一名團隊成員到藍色清真寺，到處逛了幾個小時，喝了一杯茶，然後丟掉衣服再前往機場，從那裡那些人搭乘兩架飛機飛回王國，這兩架飛機是由穆罕默德・本・沙爾曼剛授予許多權力的公共投資基金擁有的私人飛機。

暗殺小組沒有計算到的是在外面等待的海蒂傑，和他們沒有能力徹底清除領事館裡的竊聽器。土耳其情報單位清楚地錄下這樁謀殺的每一個令人驚駭的聲音。

等了三個多小時後，海蒂傑在下午四點四十一分打電話給卡舒吉的緊急連絡人亞可泰。他一開始沒有接電話，認為那只是一通社交電話，但當卡舒吉的號碼再次在他的電話上閃爍時，他接起電話。是海蒂傑，她告訴這位土耳其政治人物，卡舒吉沒有出來。他能幫忙嗎？

亞可泰很擔心。他了解卡舒吉面對的風險，並告訴海蒂傑他會與國安當局連絡。他的第一通電話打給土耳其情報首長費丹（Hakan Fidan）。但費丹沒有立即接他的電話，因此亞可泰打給這位情報首長的助理之一。

「我們有嚴重的問題了。」亞可泰告訴他。卡舒吉到領事館辦理例行事務，但沒有出來。

「這對他來說很危險。」那名助理回答。「他為什麼事到領事館？」他承諾了解狀況後立即回覆亞可泰。

然後亞可泰打電話給埃爾多安的辦公室，告訴總統的祕書發生了什麼事。埃爾多安的幕僚通知安全和情報單位警戒。亞可泰打電話告訴海蒂傑他們只能暫時等待。土耳其人還不知道卡舒吉已經死了。

卡舒吉遭到謀殺將使土耳其和沙烏地阿拉伯陷於公開敵對狀態，而這是穆罕默德和埃爾多安都始料未及的。他們有共同的利益——最重要的是打敗敘利亞的伊斯蘭國恐怖分子——而且公開決裂對彼此都沒有好處。

但兩國的關係近幾年來發生一些摩擦，加上土耳其人與波斯灣阿拉伯歷史上的宿怨仍未完全解決。今日的沙烏地阿拉伯大部分地方過去是奧圖曼帝國的疆域，統治的土耳其人曾經是殖民強權，而阿拉伯人則是其屬民。穆罕默德的祖父伊本·紹德在統一沙烏地王國時，曾擊敗奧圖曼人。

一世紀後，沙烏地人統治了阿拉伯半島的大部分，且拜石油所賜，擁有的財富遠超過土耳其人。重要的是，沙烏地人也控制兩個聖城麥加和麥地那。為了履行到麥加朝聖的宗教義務，土耳其穆斯林必須得到他們前屬民的許可。穆罕默德仍然視土耳其人為傲慢的前殖民主義者，認為他們鄙視阿拉伯人。

土耳其的財富比不上沙烏地，但土耳其人有一種不同的優勢。他們的國家有長期建立的政府制度可以超越政治領導權的更迭。近代歷史上土耳其的權力相當程度都由政治機構和管理它們的大批官僚所掌控，其結果是政府的軍事和情報部門有前後一致的優先目標、架構、文化，和大量受到良好訓練的從基層到最高階的官員。

在沙烏地阿拉伯，除了沙烏地阿拉伯國家石油公司以外，制度性的權力幾乎不存在。王國的權威是由來自王室的個人所掌控，亦即國王和他指派擔任重要職位的少數親王。當這些親王被更換時，對他們忠誠的人獲得拔擢，舊親王的人馬則被取代。這種改變可能帶來治理、軍事中和情報架構的大轉變。

兩國政治結構不同的另一個結果是，土耳其領導人無法忽視像穆斯林兄弟會或更大層面的阿拉伯之春這類運動。土耳其是一個民主政權，為了再度當選，像埃爾多安這類總統必須對公眾的意願保持敏感。土耳其國內和國外有許多人支持中東各地的民主運動，所以埃爾多安在二〇一〇年代初期支持一些與傾向伊斯蘭主義的兄弟會有關係的民主運動，並因而與阿卜杜拉國王結怨。對阿卜杜拉來說，埃爾多安支持民主運動就是打擊紹德家族，因此這位土耳其總統就是敵人。兩國的緊張關係持續到老國王去逝。

雖然埃爾多安在阿拉伯之春期間未站在波斯灣君主國這邊，他並不希望彼此反目成仇。在阿卜杜拉死時，埃爾多安看到和解的機會。他和沙爾曼國王曾相互連絡，且似乎彼此懷著敬意。埃爾多安在沙爾曼登基的第一年會面過數次，他感覺沙爾曼不像阿卜杜拉那樣對土耳其充滿猜疑。埃爾多安和他的顧問相信他們與王國正進入合作的新時代。在二〇一七年，沙烏地阿拉伯同意引渡十六個埃爾多安指控與居連（Fethullah Gulen）共謀的人回土耳其；居連是一位土耳其聲稱嘗試暗殺埃爾多安的教士，但居連否認這項指控。

但在接下來的幾個月，土耳其人發現一個意料之外的問題：王儲穆罕默德對歧見的容忍度似乎不如土耳其對他父親的期待。雙方的緊張在抵制卡達時浮上檯面。卡達和土耳其是長期盟友，而埃爾多安認為他不能放棄盟友而支持沙烏地領導的抵制。

「用這種方式孤立卡達解決不了任何事。」抵制開始後埃爾多安公開說：「以我所見，卡達被描繪成恐怖主義嫌疑犯是很沉重的指控。我很了解他們已經十五年了。」他質疑這項行動背後的動機。「這裡面還有別的隱情。」他說：「我們還不能確認誰是這齣戲幕後的人。」埃爾多安說，他與沙爾曼國王談過，而且「在開誠布公的談話中交換這些問題的看法」。

埃爾多安仍然希望與沙烏地人達成某種協議，但當土耳其官員與沙烏地會談時，他們被告知如果不支持沙烏地的行動，就將被視為敵人。埃爾多安漸漸相信穆罕默德是改善土耳其—沙烏地關係的障礙。

CHAPTER 19
骨鋸先生

二〇一八年十月

在安卡拉的總統府裡，埃爾多安惱怒地聽土耳其國家安全單位的簡報。根據祕密安裝在沙烏地領事館的竊聽裝置所錄聲音做的初步評估，在十月卡舒吉前往領事館拿他的離婚文件那天發生了一樁可怕的預謀殺人案。

在殺戮發生前一小時，那位屍體專家以出奇客觀的語言描述，把卡舒吉的身體切成小塊將有多困難。有人談到「獻祭的動物」，還有在卡舒吉被殺害後立即聽到有人砍劈屍體的可怖聲音。

「阿拉禁止的！」埃爾多安喊道。這是冒犯神的罪大惡極。卡舒吉不只是一個外國新聞記者在土耳其遭殺害；埃爾多安曾親自見過卡舒吉，他的顧問也找過他討論沙烏地阿拉伯和更廣的阿拉伯世界的情勢。

令埃爾多安更感氣憤的是沙烏地阿拉伯的反應：皇宮否認知道任何事。他們以為土耳其人很蠢嗎？

埃爾多安和他的團隊立即進行一項計畫，開始一點一滴地外公布有關這場謀殺的訊息，以懲罰沙烏地阿拉伯政府並表明沙爾曼國王必須派皇家特使來討論接下來該怎麼做。埃爾多安認為這是給穆罕默德和他對土耳其的敵對姿態一個教訓——以及或許可以說服沙爾曼削弱他兒子的外交政策權力——的機會。

起初沙烏地人沒有上鉤，或者不知道埃爾多安掌控了多少資訊。穆罕默德的團隊沒有趕到土耳其去，而是宣稱對謀殺毫不知情，並堅持土耳其當局沒有謀殺確切證據的說詞。

在殺害卡舒吉那天晚上，穆罕默德接受《彭博新聞》早已安排好的訪問，內容主要是經濟計畫。記者也問及有關卡舒吉的問題。穆罕默德回答記者，臉上表情毫無異樣：「我們聽到發生一些事的傳聞。他是沙烏地公民，而我們很想知道他發生什麼事。我的了解是，他進去並在幾分鐘或一小時後出來了。我不確定。我們正透過外交部調查這件事，以了解當時究竟發生什麼。」

穆罕默德的弟弟駐美國大使哈立德發推文說：「我向你們保證，那些記者暗示卡舒吉在伊斯坦堡的領事館失蹤，或王國當局囚禁他或殺害他的事絕對是假的。」

聽到王儲的評論和其他沙烏地政府官員的說法後，埃爾多安下令把詳情洩漏給新聞界，包括驚人地透露謀殺團隊成員之一在從屬於公共投資基金的私人飛機下來時，帶了一把骨鋸進入土耳其。從這時候起，穆罕默德．本．沙爾曼有了一個新綽號：骨鋸先生。一個政府殺害一名異議者永遠令人震驚，但讓謀殺卡舒吉變成舉世共同討伐的事件是兇手令人髮指的殘酷細節——像屠夫那樣肢解卡舒吉的身體。沙烏地的否認無法自圓其說更令人難以接受。

根據穆罕默德對一名訪客的說法，穆罕默德後來生氣地表示，全世界對一個人遭到惡棍代理人殺害如此憤怒，但卻願意接受中國和其他國家更大規模的體制性迫害。在私底下，沙烏地會用另一套說法，大概是美國數十年來在中東各地對平民丟炸彈，為什麼大家不嚴厲批評這件事？

沙烏地領導當局認為他們為一個人的死亡受到如此嚴厲的公開批評是不公平的。隨著卡舒吉與卡達在之前幾個月的關係逐一被暴露出來，一些沙烏地人感覺他罪有應得。他們說，他是個叛徒，一個陰謀破壞者，但他們的反駁仍帶著一些不確定。謀殺的細節對任何人來說都難以接受。

在有關錄音的爭議不斷升高和新內情披露的情況下，沙烏地阿拉伯也進入危機模式。沙爾曼決定派遣七十八歲的麥加總督哈立德・本・費瑟與埃爾多安調停。身為麥加守護者和有數十年經驗的外交官，這位親王在伊斯蘭世界有特殊的分量，似乎是與土耳其人達成私下安排的最佳希望。費瑟家族也與卡舒吉家族有特殊關係，圖爾基・本・費瑟在倫敦和華盛頓特區曾有許多年是卡舒吉的上司。

哈立德抵達時遭到埃爾多安的疾言厲色。不管王國承諾多少財務的補償都不會動搖他打出這張王牌來破壞穆罕默德繼承王位的安排。「這一次真的很難脫身。」據《紐約時報》報導，哈立德後來這樣告訴親戚。《紐約時報》、《華盛頓郵報》和其他報紙每天都報導卡舒吉事件的最新發展，使它變成一場報導競賽。《紐約時報》甚至利用視像調查技術辨識出暗殺團隊的成員。

即使到了這個事件達到沸騰點時，埃爾多安和全世界相信穆罕默德王儲的地位即將不保的憤慨專欄作家都還不知道，這位年輕的王儲已多深入地掌控了王國的大權。在昔日的沙烏地阿拉伯，一個錯誤或輕率行為就可能導致王室成員或大臣被逐出阿紹德權力結構中心，甚至從王國消聲匿跡。但在新沙烏地阿拉伯，權力集中在國王和王儲的朝廷，後果也遠為嚴重。而除了王儲的朝廷之外，國王的朝廷是由誰發號施令？穆罕默德．本．沙爾曼。

穆罕默德也因為與另一個脾氣暴躁且權力極大的支持者——川普——關係良好而聲勢高漲。穆罕默德透過與庫什納對話而與第一家庭打造深厚的關係，加上他在交易和協議中承諾數千億美元被川普宣傳為將使美國受益，以及他展現的誠意如川普訪問時贈與白虎皮紋長袍，在在都使如果懲罰穆罕默德可能在政治上傷害川普。川普花了幾天時間才勉強做出評論。

「我想你不得不說，截至目前似乎有點像是那樣，而我們必須再繼續觀察。」他在《福斯新聞》的記者問及卡舒吉是否在領事館被殺害時回答。「也許我們會有意外的驚喜，但我傾向懷疑會這樣。」他在同一天稍早告訴另外一些記者。幾天後，川普說如果證實沙烏地阿拉伯政府是謀殺的幕後推手，他將考慮「嚴厲的懲罰」。

沙烏地阿拉伯在十月十四日的挑釁反應似乎確定會加快衝突的到來：《沙烏地國家通訊社》引述未具名政府官員的聲明中說：「王國堅決反對任何破壞它的威脅和企圖，不管是威脅要實施經濟制裁、使用政治壓力，或不斷做假指控。」聲明也說：「王國也堅持如果受到任何行動，它將以更大的行動作回應，而且王國的經濟在全球經濟中扮演舉足輕重的角色。」

國務卿蓬佩奧（Mike Pompeo）飛到王國見穆罕默德．本．沙爾曼，等到他回國後，一套相反的說法逐漸浮上檯面，說川普正在暗助穆罕默德。「我剛與沙烏地阿拉伯國王談過話，他否認知道任何有關那位沙烏地阿拉伯公民發生的事。」蓬佩奧在十月十五日說：「我不願意揣測他的想法，但我感覺可能是惡棍殺手幹的。誰知道？而且聽起來他和王儲完全不知道。」

幾天後《華盛頓郵報》刊出卡舒吉的最後一篇專欄，標題是「卡舒吉：阿拉伯世界最需要的是言論自由」。專欄描述阿拉伯世界是一個「國家掌控的言論支配公眾心理」的地方。但他也讚揚卡達政府如何支持國際新聞報導。對被謀殺卡舒吉激怒的西方讀者來說，這篇專欄像是一位新聞英雄寫的完美文章。但許多沙烏地讀者認為它證實了卡舒吉為他們國家的死敵工作。在一次電視訪問中，沙烏地外交大臣阿德爾．朱拜爾提到美國在入侵伊拉克的早期虐待巴格達中央監獄的囚犯。

到十月二十日星期六，另一套說法——為王儲脫卸任何罪責——冒出，說沙烏地情報員到土耳其把卡舒吉帶回沙烏地阿拉伯，但因為討論的「分歧升高」，並「導致一場打鬥，然後他們當中一些人與該市民爭吵」。這場「爭吵變激烈，造成他的死亡，和他們企圖隱瞞和掩飾發生的事」。「王國對發生這種悲慘事件深感遺憾，並強調王國當局承諾把事實公諸於世。」外交部說。

川普稱這個聲明是「好的第一步」。沙爾曼國王和穆罕默德前往探視住在利雅德的卡舒吉兒子薩拉赫・卡舒吉（Salah Khashoggi）。臉色蒼白肅穆的他與王儲握手。沙爾曼下令改革情報機構，以確保所有運作符合人權條約和國際法；穆罕默德被選為這項任務的主席，美國公司DynCorp派出一隊顧問以協助沙烏地阿拉伯改善其情報能力，雖然美國國務院後來拒絕核發DynCorp合約需要的許可證。

在此同時，在探視薩拉赫・卡舒吉的同一天，第二次未來投資倡議的策劃人無法祛除利雅德麗思卡爾頓酒店會場裡充滿的葬禮氣氛，一些當天的重量級人物臨時取消出席，包括一度是王儲粉絲的裴卓斯和一群銀行業人士。贊助前一年會議的《紐約時報》已退出。

沙烏地阿拉伯最知名的女性企業家盧布娜・奧拉揚（Lubna Olayan）告訴表情凝重的聽眾（大多數是沙烏地人和少數外國企業的低階主管）：「我想告訴我們的外國賓客，我們很感激你們今天早上的出席，近幾週新聞報導的可怕事件對我們的文化和我們的DNA來說是很陌生的。」

穆罕默德本人也到場，並表示「那件可憎的罪行是沒有任何理由可以解釋的」，說它讓「所有沙烏地人感到痛苦，而我相信世界上每個人也都感到痛苦」。彷彿暗示所有有關他的報導都是錯誤的，他向也在場的薩德・哈里里——一年前被他強制羈押的黎巴嫩總理——示意。薩德開始鼓掌。「哈里里總理將在利雅德多住兩天。」穆罕默德笑著說：「所以不要說他被綁架了。」

在卡舒吉事件仍占據報紙版面的情況下，出生於以色列的基督教跨信仰活動主義者羅森柏格，無法確定他的重要會議是否會如期舉行。他應哈立德・本・沙爾曼的邀請，帶領一個福音派基督教代表團到沙烏地阿拉伯，主要是因為穆罕默德・本・沙爾曼想會見美國有代表性的各界人士，同時想開始公開展現他對會見以色列裔人士保持開放，而這是過去的國王和官員不會公開做的事。羅森柏格抵達機場報到，他在大使館的連絡人說會議將如期舉行。他們飛到利雅德並及時在十一月一日見到穆罕默德・本・沙爾曼。羅森柏格覺得他們沒有別的選擇，只能從卡舒吉事件談起，他問穆罕默德的反應是什麼。

「一個可怕的錯誤發生了。」穆罕默德告訴他，他弟弟哈立德、外交大臣阿德爾・朱拜爾，和一個高階伊斯蘭教顧問在場。「我們正在追究那些應該負責的人。我們正在等待，想獲得來自土耳其的所有資訊。我可以保證應該負責的人會被追究責任，而且我們的制度有任何問題就會解決。」

在後來的談話中，穆罕默德承認：「我可能要負一些責任，但不是因為我授權做這件可憎的事，因為我沒有，而是因為我可能讓我的人民太愛我們的王國了，並且我授權的方式讓他們太容易以為自作主張可以取悅我。」他的敵人正利用這場悲劇來獲得好處，他說：「換成是我，我可能也會這麼做。」

在謀殺事件後與一名沙烏地連絡人的談話中，穆罕默德否認下令，並惋嘆這件事傷害了他在西方領袖間的名譽。「現在他們認為我是一個新聞記者的殺手。」他氣忿地說。

紹德家族似乎都向穆罕默德靠攏。一個月前曾批評穆罕默德和沙爾曼轟炸葉門的叔叔阿梅德親王，在英國政府保證會保護他的安全後同意回到沙烏地阿拉伯。

一連幾週，穆罕默德過去嘗試塑造自己是新類型沙烏地領導人形象，並大力向外國政治人物、企業家和銀行家促銷自己，但這些人紛紛與他劃清界線。貝佐斯取消出席第二次沙漠達弗斯會議。企業主管和政治領袖不希望被認為與被指控謀殺自由表達意見作家的兇手是盟友。

好萊塢經紀人伊曼紐取消了他努力向王國爭取來的四億美元投資，保證返還那些錢並停止與穆罕默德打交道。「那傢伙是一頭野獸。」伊曼紐告訴一名朋友。這位一度對親王深為著迷的經紀人稱他為「化身博士」。布蘭森在十月十二日取消沙烏地阿拉伯投資其太空旅行公司的十億美元交易。他在當時他的公司聲明中說，如果沙烏地官員涉入卡舒吉謀殺案，「那將明顯地改變任何西方公司與沙烏地政府做生意的能力」。布蘭森也說，他將「暫停」他在兩個沙烏地觀光計畫擔任董事的職務。

布蘭森私底下繼續與穆罕默德通訊。沙烏地阿拉伯代表一個大商機，他與親王談論如何扭轉在西方人眼中已造成的部分傷害，說可以先從釋放被囚禁的一些女性行動主義者做起。「如果你特赦這些女性和幾個男性，將向世界展現政府正真正邁向二十一世紀。」布蘭森傳給王儲一則《華爾街日報》刊登的訊息。「那不會改變在土耳其發生的事，但將對開始改變人們的觀點大有幫助。」

其他企業領袖也採取類似的兩面兼顧措施。管理約四百五十億美元沙烏地投資的軟體銀行孫正義沒有參加沙漠達弗斯會議，但還是去了沙烏地阿拉伯。其他想避免大眾聯想他們與親王的關係、但仍維持沙烏地商務關係的主管，聚集在亞西爾．魯梅揚——穆罕默德指派掌管主權財富基金並已投資 Uber 和軟體銀行的人——家中打著紫色燈光的棕櫚樹下享用豐盛的烤羔羊晚餐。這些賓客包括銀行家莫里斯（Ken Moelis）、共和黨國會議員轉行的金融家康特（Eric Cantor），和一群矽谷知名人士，其中有 Uber 創辦人卡拉尼克、創投資本家布雷耶（Jim Breyer），和一名為彼得．提爾的公司工作的經理人。

對一些人來說，沙烏地的關係太過寶貴，不應因為單一的謀殺而斷絕。彭博公司繼續與沙爾曼家族的媒體公司經營合資事業。擁有《滾石雜誌》的潘斯奇（Jay Penske）繼續進行來自公共投資基金二億美元投資的交易。美國避險基金經理人柏班克（John Burbank）參加魯梅揚的晚餐會，他在接受《華爾街日報》訪問時直言不諱：「卡舒吉這整件事不代表什麼。」他說：「比起王國裡發生的大規模全面自由化，它不算什麼。」他也說，談到投資沙烏地阿拉伯，「一個人的性命無足輕重，除非那個人是穆罕默德．本．沙爾曼。卡舒吉不重要」。

在投資界放下憂慮的同時，調查政府在非管轄地殺人的情報單位和聯合國官員，無不嘗試拼湊卡舒吉在伊斯坦堡真正發生什麼事。幾週後，中情局認定穆罕默德在謀殺前後的時間至少傳送十一則訊息給紹德．卡塔尼。中情局也發現，謀殺前兩個月，穆罕默德曾告訴身邊的人，如果他不能說服卡舒吉自己回到王國，「我們可以引誘他到沙烏地阿拉伯以外的地方，然後做安排。」中情局的結論是，穆罕默德「可能下令殺害他」。

沙烏地政府宣布它為這樁殺人事件起訴了十一個人，雖然卡塔尼不在其中。他繼續在皇宮附近出現。不過，他遭到美國財政部的懲罰。財政部制裁卡塔尼和另外十六個人，禁止他們透過美國金融系統進行交易。

另一方面，土耳其人用他們的錄音對王國施壓，希望沙爾曼國王卸除穆罕默德的部分權力，並把外交政策的職責交給別人。

土耳其領導人提供協助給與哥倫比亞大學有關的法國人權調查員卡拉馬德（Agnes Callamard），她擔任聯合國的管轄地外殺人事件的特別紀錄員。卡舒吉謀殺案後幾個月，她帶著一群同事飛到土耳其。她和她的團隊在土耳其首都安卡拉附近旅行時，可以輕易發現他們遭到情報員跟監。她回憶說，即使在咖啡館，「我們嘗試談話時總是有一些奇怪的人坐在我們旁邊」。

土耳其情報局局長費丹在戒備森嚴的情報局辦公室會見卡拉馬德和她的團隊。這位機靈的前陸軍軍官在馬里蘭大學受教育，埃爾多安曾說他「是我的祕密保守者」；費丹也是利用情報機器協助達成他上司政治目標的專家。他提供以色列行動的資訊給伊朗，同時與美國情報界保持良好關係，曾出現在二〇一三年歐巴馬總統和埃爾多安在白宮的合照裡。

費丹和卡拉馬德在像碉堡的情報總部一樓房間。在簡短談話後，他告訴卡拉馬德，他的手下將播放卡舒吉殺害事件的錄音給她聽。她和她的助手只能聽，但不能作筆記。費丹說他不會在場陪她聽錄音。「它會毒害我的靈魂。」他說。

費丹走後，他的屬下播放錄音檔給卡拉馬德和她的團隊聽，其中包括一名翻譯員。卡拉馬德的助手輪流分散在場情報官的注意力，以便他們的同事可以暗中作筆記。聽完錄音並諮詢特別行動專家後，她的假設是沙烏地初始的計畫可能是綁架卡舒吉。但大約在他來領事館前兩天的某個時候，沙烏地的團隊發現任務可能太過困難，並決定進行謀殺。

錄音聽起來令人毛骨悚然——團隊可以聽出卡舒吉的聲音透露他在殺害迫近時漸增的恐懼——以及最後的不滿。土耳其人有七小時的錄音，但播放了總共四十五分鐘。沒有正式的文字稿，有的只是私人筆記。「只要錄音帶沒有公布，永遠會有疑問。」卡拉馬德說。她說不透明的沙烏地法律程序、沙烏地的調查明顯專注於兇手——而不是可能授權謀殺的人——以及拒絕美國當局公開情報資訊，使得完整的故事難以被揭露。

CHAPTER 20
所向無敵

二〇一八年十二月

對大多數繁榮的大城市來說，方程式E賽車不是什麼大不了的活動，但對大多數公眾娛樂被禁止四十年的利雅德來說，這場首度在沙烏地阿拉伯史上舉辦的電動賽車巡迴賽，卻是這個城市見過的最大國際運動賽事。

卡舒吉謀殺案發生僅僅兩個月後，穆罕默德希望這場賽車活動可以證明世界並未離棄沙烏地阿拉伯。國際運動賽事原本應該是他重塑沙烏地社會和經濟的一根基柱，而且電動車在他的計畫中扮演重要角色。因此穆罕默德把這場賽事辦得轟轟烈烈。他邀請數十位娛樂界和企業界名人，並大肆宣傳他們的參與。安立奎．伊格萊西亞斯（Enrique Iglesias）演唱是慶祝會的一部分，英國足球明星韋恩．魯尼（Wayne Rooney）也飛來參加。

裝飾著「願景二〇三〇」旗幟的賽車道蜿蜒經過利雅德郊外的歷史村莊德拉伊耶（Diriyah），那裡以泥土築成的宮殿是紹德家族權力最早的基地。跑道上方的貴賓觀賞台上坐著沙烏地阿拉伯最有權勢的人物。外交大臣阿德爾．朱拜爾是其中之一。國務大臣穆罕默德．夏赫也在那裡，多年前他擔任證券監管首長時，曾為操縱股價質問年輕的穆罕默德。能源大臣哈立德．法利赫與Aramco董事長瑞瑪．班達爾（Reema bint Bandar）——即將出任第一位駐美國的女大使——在賽車奔馳而過時正閒話家常，以電池驅動的賽車引擎幾乎沒有噪音。在場的當然還有穆罕默德，他穿著長袍和紅白格子頭圍巾，伴隨的有一名身穿西裝的保鑣，和他弟弟前駐美大使哈立德・本・沙爾曼。阿布達比的準領導人穆罕默德・本・扎耶德也到場助陣。一起出席的是人數愈來愈少的西方權貴，他們在卡舒吉謀殺後仍不避諱與穆罕默德同時露臉，這些人包括前陶氏化學執行長尼維斯（Andrew Liveris）、前中情局官員魯爾（Norman Roule），和美國億萬富豪天然資源投資人卡普蘭（Tom Kaplan）。前卡戴珊實境秀製作人迪貝蘿（Carla Dibello）在活動中忙進忙出。公共電視網（PBS）的《前線》無畏的記者史密斯（Martin Smith）混進一群送外燴到樓上貴賓席的侍者而躲過安全警衛，到了貴賓席他走向穆罕默德親王，並要求讓他的攝影員進來，終於完成這場盛會的拍攝。

每個出席者都有各自要在這段緊張時期維持與沙烏地關係的理由。尼維斯正為穆罕默德工作，提供顧問給想在世界投資數百億美元的公共投資基金。魯爾專門接受想在王國營運的外國公司諮詢，他參加這類集會是為了更新對區域發展的了解。但他和卡普蘭正競逐一項異想天開的計畫，希望阿聯和沙烏地當局協助拯救瀕危的阿拉伯豹，甚至到戰火破壞的葉門從動物園空運幾隻出來。迪貝蘿正製作一部由沙烏地贊助有關這場賽車的紀錄片，並希望增進與王國的關係——包括與公共投資基金的關係——以建立她自己的招商網絡來媒介尋求沙烏地投資的公司。

這些企業代表不認為卡舒吉遭殺害會永久傷害穆罕默德的信譽，反而對親王有一個共同的看法：他的權力來自他的家族，而非選票。它不仰賴他的下次選舉，甚至不需要其他國家領袖的認可。而且他很年輕，他可能再統治沙烏地阿拉伯五十年——或更久，如果他對長壽研究的投資實現的話。這些人認為，卡舒吉謀殺案只是一項失誤，他統治生涯初期的錯誤將隨著未來更大的作為而沖淡。

這種氣氛與穆罕默德不到兩週前在布宜諾斯艾利斯的二十國集團（G20）會議面對的大相徑庭。當時有一部攝影機捕捉到緊張的片刻：法國總統馬克宏——他從二〇一七年囚禁黎巴嫩總理事件後就一直與穆罕默德爭吵不休——質問親王有關卡舒吉遭殺害事件。身材遠比馬克宏高大的穆罕默德穿著白斗篷和紅格子頭圍巾，坐在大會議廳的邊緣位置，他顯得急於為自己辯解。

「別擔心。」他告訴馬克宏。

「我確實擔心。」馬克宏回答，不知道有人正在錄音。「我現在很擔心。」

他們一來一往，馬克宏責怪穆罕默德不聽他的勸告。「你從來不聽我說的話。」他說。

在西方領袖和人權活動主義者眼裡，沙烏地政府對卡舒吉謀殺案的回應完全不恰當。沙烏地阿拉伯不公開審判據稱參與謀殺的人，所以完全無法得知檢察官提出的證據是什麼。紹德·卡塔尼偶爾被看到與穆罕默德身邊核心人物會面。圖爾基·謝赫一度散播一首讚頌卡塔尼清白的歌，凸顯出沙烏地領導階層嘗試重建他的形象，至少在國內。

沙爾曼國王在節制穆罕默德侵略性的外交政策上幾乎無所作為。曾被短暫囚禁於麗思的七十幾歲前財政大臣易卜拉欣·阿薩夫（Ibrahim al-Assaf）被指派擔任外務大臣，但他的地位無法影響穆罕默德對重大事務的決定。

在六月，聯合國調查員卡拉馬德公布她對卡舒吉謀殺案的報告。她嚴厲地形容那是一樁由穆罕默德下令或批准的「蓄意且預謀的處死」，並舉證許多事實，其中包括祕密錄音中謀殺小組在土耳其領事館稱呼卡舒吉為「獻祭的動物」，甚至在他抵達領事館前十三分鐘討論如何把他的屍體切割成小塊。

儘管如此，穆罕默德的重大計畫仍持續進行。他的軍隊繼續轟炸葉門，他的手下也照常執行國營石油公司 Aramco 首次公開發行股票的計畫。穆罕默德撤換 Aramco 董事長哈立德・法利赫；身兼能源大臣的法利赫是王國中最有經驗的企業主管，也是皇宮中一個穩定、睿智的聲音，但對 Aramco 上市案抱持反對立場。穆罕默德指派他父親第一位妻子生的哥哥阿卜杜勒阿濟茲・本・沙爾曼出任能源大臣，Aramco 董事長則由與穆罕默德密切配合公共投資基金主席亞西爾・魯梅揚擔任。

因卡舒吉謀殺案信譽受損，加上顧問以法律原因反對 Aramco 的國際上市，穆罕默德下令ＩＰＯ改在國內進行。最後，在二〇一九年十二月十一日，Aramco 開始在沙烏地證券交易所掛牌交易。申購股票的人幾乎全都是區域和國內的投資人——部分人是在皇宮施壓後申購股票——但政府終於能以一兆七千億美元的估值籌得二百五十六億美元。穆罕默德・本・沙爾曼無法在紐約證交所敲上市鐘，但還是完成了全球企業史上最大規模的上市案。不氣餒的他下令

IPO團隊開始籌劃一年後的國際上市——那些惡意誹謗的人都該死。

儘管媒體報導對軟體銀行四百五十億美元的投資令人失望——這樁投資助長了一波泡沫，使動輒數十億美元的資金投入假裝成創新者的非科技公司，包括WeWork、遛狗應用程式Wag，和一家取名Katerra的營建公司——公共投資基金主席魯梅揚仍在討論挹注更多錢到一個新的軟體銀行基金。他也與一位過去在王國內很少人聽過的人物迪貝蘿合作，這位前電視實境節目製作人似乎憑空出現在沙烏地阿拉伯，經常在重大活動中與穆罕默德和其他高階領導人一起露臉。她的崛起是沙烏地阿拉伯奇特的運作方式和奇特的角色經常在王國左右大局的絕佳例子，不管穆罕默德多努力嘗試改革王國的體制。決定一切的還是關係。

一頭金黃無瑕的染髮、沒有斑點的皮膚，加上毫無缺點的端莊衣服，光鮮亮麗的迪貝蘿乍看之下讓人難以聯想她好鬥且變化多端的做生意手法。沒有大學學歷或特殊財務專長的她，卻能從佛羅里達一路晉升到沙烏地領導階層的內圈。

迪貝蘿初次接近一些交遊廣闊的沙烏地人是在一九九〇年代末她還是個少女時，她在佛州薩拉索塔與一個名叫阿諾德・卡薩韋（Anoud Ghazzawi）的鄰居成為朋友。阿諾德與她丈夫和雙胞胎嬰兒住在她父親伊薩姆・卡薩韋（Esam Ghazzawi）擁有的房子。伊薩姆為沙爾曼國王的一些家族成員管理財富，包括穆罕默德最年長的異母哥哥。

阿諾德和她丈夫在二〇〇一年突然離開佛羅里達，多年後佛州的調查報導組織「佛羅里達鬥牛犬」根據聯邦調查局的報告揭露，兩名九一一攻擊的恐怖分子曾住在卡薩韋家。

在隨後幾年，阿諾德和迪貝蘿都前往杜拜。阿諾德成為訂製長罩袍的設計師。迪貝蘿搬到西岸，為洛杉磯一名製片人和賭場大亨韋恩（Steve Wynn）工作，然後在金·卡戴珊實境秀找到製作工作。很快的她開始自稱是金·卡戴珊最好的朋友之一。從二〇一一年迪貝蘿公開否認與柯比·布萊恩（Kobe Bryant）談戀愛，可以看出她已在好萊塢已闖出名號。

兩年後，迪貝蘿搬到杜拜，開創一家為美國娛樂界人士與波斯灣的機會牽線的事業，並以與卡戴珊的關係來推銷自己。幾年後她開始在沙烏地阿拉伯的活動露臉，包括在第一次沙漠達弗斯會議。

公共投資基金投資團隊的成員在二〇一九年初的一場會議看到她出現都大感驚訝。女性出現在沙烏地的辦公室還是罕見的事（穆罕默德的一大創舉是在處理皇宮事務的皇家行政辦公室設置女性洗手間；在此之前，每當有女性必須使用洗手間時，要有一名警衛在男性洗手間外站崗）。那些投資分析師也不清楚為什麼他們的上司要他們會見她。

結果是迪貝蘿有一個好主意：公共投資基金應該買下英格蘭足球超級聯賽的紐卡索聯多數股權。那不是個荒唐的點子——卡達人和阿聯人都已經有足球隊，而公共投資基金已考慮買個足球隊。它可以打電話給任何它想買的球隊並提議價格，沒有必要透過中間人。而迪貝蘿和她的合夥人希望分到一點股權並長期支領管理薪資，雖然兩人都沒有管理足球隊的經驗。迪貝蘿無法回答有關交易細節的基本問題，但魯梅揚決定還是要進行這項交易。

迪貝蘿已參與其他與公共投資基金有關的計畫。她協助安排電子菸製造商 Juul Labs 的一名資淺主管與魯梅揚會面。另一家她開出收費媒介與魯梅揚會面的公司被嚇跑——根據美國法律，付費會見外國政府官員可能被視為賄賂。這家公司徵詢法律顧問後拒絕了她。穆罕默德嘗試杜絕付費才能與政府機構做生意的舊習，但迪貝蘿的出現讓改變似乎只是舊酒裝新瓶，換了一批新角色。這些人讓穆罕默德較放心——有錢、不批判，而且感激他為王國、區域和他們自己的銀行帳戶帶來的大好機會。

然後，在九月，潛伏的災難發生了。應該是由葉門胡希叛軍控制的無人機和飛彈炸毀了布蓋格一處設施的主要設備，而該設施處理一大部分供船運的原油。這是阿紹德擔心已久的事。

前中情局官員貝爾（Robert Baer）在二〇〇三年刊登於《大西洋》雜誌的一篇報導，談論阿紹德統治階層面臨的危險時寫道：「沙烏地石油系統最脆弱的點和最明顯的目標是布蓋格綜合區。」包括沙烏地學者韓德森（Simon Henderson）於二〇〇六年和戰略和國際研究中心在二〇一九年八月，也發表同樣的觀點。數十年來，美國政府一直敦促沙烏地人把他們花在像阿卜杜拉國王經濟城和穆罕默德的ＮＥＯＭ這類光鮮計畫的錢，一部分用來改善石油基礎設施的基本安全上。布蓋格和其他關鍵設施都在伊朗可以輕易用飛彈攻擊的範圍，遭到威脅的不僅是沙烏地的穩定，也是全球石油市場。

確保油田安全不只是使用正確的設備或專業技術，更大的問題是，要如何順應紹德家族向來藉由分散軍力到不同派系以平衡權力的方式來達成此一目的。內政部和它掌控的陸軍，過去由沙爾曼的弟弟納伊夫親王和後來他兒子穆罕默德・本・納伊夫擔任指揮官，而保衛石油設施則是陸軍的職責。但防衛空中攻擊將需要使用由國防部控制的美國製愛國者飛彈，而國防部向來是由沙爾曼另一個弟弟蘇丹親王和他的兒子指揮。負責蒐集油田潛在威脅資訊的情報機構則有不同的指揮鏈。

由於帶領不同派系的親王彼此是王位的競爭者，因此總是存在猜忌和不願意分享資訊。理論上穆罕默德已消除了這些分歧，例如撤除穆罕默德・本・納伊夫對內政部的控制，並自己接管國防部。但實務上各個軍隊在二〇一九年九月中旬飛彈和無人機攻擊布蓋格時，仍然互不協調。

那是一次震撼，而美國和沙烏地阿拉伯很快做出結論，胡希叛軍不可能單獨發動攻擊，伊朗一定在幕後指揮。「任何策劃這次攻擊的人一定對石油設施運作有世界級的了解。」在後續幾天為沙烏地政府巡視布蓋格的一位空中攻擊專家說。

現場的情況很奇特，許多布蓋格的油管、油槽和分離原油雜質的關鍵基礎設施未遭破壞，但數座看起來像被擠壓的金屬半球體、用以分離天然氣和石油的所謂球狀模組，卻遭到嚴重破壞。Aramco 和政府的官員可以明顯看出攻擊者做了什麼：利用精確地圖和定位技術，只攻擊可以快速修復的部位。情報官員的結論是，這次只是警告射擊，而非必殺一擊，目的是讓沙烏地人知道伊朗可以做什麼。一位空中攻擊專家發現，這一切「只花了十七分鐘，和價值不到二百萬美元」的巡弋飛彈和無人機。

可怕之處就在這裡。伊朗可以花在武器上的錢遠比沙烏地阿拉伯少，但攻擊顯示那不是重點。沙烏地得以在幾週內讓原油生產恢復正軌，只因為伊朗決定對於設施略施薄懲，而非想摧毀它。

對沙烏地人而言，這次攻擊讓他們驚覺兩個大問題。第一，即使在穆罕默德已從競爭的家族派系手中奪得掌控權，國防系統仍然號令不一。沙烏地人擁有可以攻擊無人機的愛國者飛彈，但國防部沒有迅速要求使用飛彈的系統。而且沒有負責的人——在聽命於專制君主的官僚體系中，複雜的體制目的就在轉移和最終分解罪責。

據當時任職於國防部的人回憶這個過程如何發生。在攻擊後幾小時，軍方的說法是「這不是國防部的事」，因為內政部負責石油安全。內政部官員預期軍方會這麼說，並指出他們因為缺少情報而無法採取防範措施——所以錯在負責蒐集外國資訊的情報總局。最後，據國防部內部人士說，結論是「沒有人有罪責」。

攻擊暴露的另一個大問題是，沙烏地阿拉伯和美國今日的聯盟真正的性質。數十年來，美國官員視沙烏地阿拉伯及其石油業是世界經濟正常運作的重要因素。美國的外交、軍事和情報人員與沙烏地的對口人員建立緊密的關係，而且美國證明自己履行了保衛沙烏地阿拉伯及其油田的承諾，在一九九〇年代去除來自伊拉克薩達姆·海珊的威脅。沙烏地人能維持不協調的國防結構原因之一是，美國帶頭保衛沙烏地阿拉伯的安全。即使在九一一攻擊後，美國和沙烏地政府治官員長期的個人關係仍維持了兩國的聯盟。阿卜杜拉國王曾在二〇〇五年到小布希總統的德州牧場拜訪他。

從一九九〇年代初期到二〇一九年間的情勢改變很大，水力壓裂頁岩油的崛起讓美國到二〇一三年已變成全球最大產油國。美國經濟不再依賴沙烏地石油，而是自己生產所需的石油。然後是歐巴馬與伊朗達成核子協議，與沙烏地領導人漸行漸遠。川普就職後不久就訪問王國，穆罕默德對川普寄予厚望，希望能延續沙烏地阿拉伯與前幾任總統期間的關係。但正如川普在穆罕默德尷尬的白宮訪問時展示對王國武器銷售的海報，川普的白宮想要的純粹是交易。數十年的美沙聯盟對川普和他的助手沒有多大意義，而讓聯盟得以延續的雙方老一輩官員如穆罕默德．本．納伊夫和前中情局局長布倫南，不是已經退休，就是下場更慘。

川普似乎對正在對美國盟邦採取公然侵略行動的伊朗造成的安全影響並不十分關心。在攻擊過後，許多美國官員擔心美國採取軍事報復。多年來，美國的安全當局相信伊朗不會採取直接敵對行為，因為它知道美國會進行軍事報復。川普讓他們大感驚訝。在攻擊後數天，他說「不急著」採取回應行為，凸顯出一位資深美國情報官員所稱的沙烏地人與美國間的「系統鴻溝」。沙烏地人希望回到舊秩序，由美國扮演區域保護者的角色，而現在白宮裡的美國人希望與沙烏地做生意，但對派遣美國軍力完全不感興趣。美國不急著保衛沙烏地阿拉伯的安全。

「那是對沙烏地阿拉伯的攻擊。」川普說：「那不是對我們的攻擊。」他又說，如果美國決定採取對抗伊朗的行動，沙烏地阿拉伯將參與其中。「而那包括付錢。」川普最後還是派遣軍隊到該地區，而且美軍在幾個月後的空襲中殺死很有影響力的伊朗將領卡西姆．蘇雷曼尼。

——

二〇一九年十月，超過六十艘遊艇，包括一些世界最大的遊艇和它們的億萬富豪船主，排列在沙烏地阿拉伯西北海岸，等候穆罕默德．本．沙爾曼由十一艘遊艇組成的船隊浩浩蕩蕩駛入位置。這群遊艇中的明星是穆罕默德二〇一五年開始崛起時買下的超級遊艇寧靜號，後來他陸續又收藏了更多遊艇以支援較大的船和有更多招待賓客的房間。寧靜號的船長自稱「海軍准將」，率領的船隊為「我的海軍」。

當時是石油設施攻擊後幾週，卡舒吉謀殺案引發全球嘩然剛過一年。穆罕默德希望展現沙烏地阿拉伯仍然能吸引世界的鉅富和最有影響力人士。從這個標準看，「紅海週」這項僅限邀請參加、專為吸引投資人參與建設NEOM大計畫的旅館與基礎設施的活動，堪稱極為成長。寧靜號為貴賓級人士舉辦一場揭幕活動，參加者包括與中國共產黨統治階層關係良好的中國金融家方風雷、經營印度最大企業的大亨安巴尼（Mukesh Ambani）。阿布達比國家安全顧問塔努恩．本．扎耶德搭乘自己的遊艇參加，並在寧靜號上與穆罕默德共度時光。

魯梅揚租了一艘大遊艇 Ecstasea 號以舉辦會議，參加者包括迪貝蘿和一位企業夥伴。在源源供應的雞尾酒下，他們打乒乓球。歌手約翰．傳奇在辛達拉島舉辦一場私人演唱會，這座小島原先屬於埃及，直到兩年前穆罕默德要求讓渡給王國以交換財務援助。奢華生活雜誌《Robb

報告》為這場活動搭建一個小度假中心。米其林級廚師艾瑟頓（Jason Atherton）開了一間快閃餐廳，提供從沙漠地區獲得靈感的七道佳餚菜單。還有一家為特定客人服務的水療館、透明獨木舟，和可以沿著海岸空曠的沙漠道路競駛賽車。表面上紅海週已變成每年一度的新活動，類似於坎城遊艇節，但它對王儲來說還有一個更大的目的。

對穆罕默德來說，寧靜號已變成不只是一間行動會議廳。加上支援它的船隻，這個船隊已成為他可以在上面統治王國的武裝浮動宮殿群，不怕伊斯蘭恐怖分子和政變密謀者的威脅。那是一個他最放心自在的地方。

整艘遊艇配備了最高級的電視螢幕和音響設備，他可以隨時把它從外交會議場所切換成高科技迪斯可舞廳。遊艇上有一個船員不准進入的房間——一個從直升機機棚改裝的最新式夜總會，裡面設置的鋼管可供跳鋼管舞。

在穆罕默德違抗眾多堂兄弟和數千名教士的想法和意願、嘗試把沙烏地阿拉伯帶進二十一世紀之際，這艘遊艇是讓他感到安全的地方。而如果全世界都視他為即將崛起的獨裁者，至少他可以指望這些超級鉅富會支持他。

在一連串的會議中，討論的主題都是在沙烏地阿拉伯的投資機會。但每一個來訪的投資人都忍不住問，沙烏地阿拉伯願不願意投資一些錢在他或她的新基金或計畫。沙烏地阿拉伯的錢仍然由中央統籌，而且完全由王儲掌控，這對世界各國的企業家和政治人物是一大吸引力。全世界很少人能動輒揮灑數十億美元，能撈到即使是數百萬美元也令人難以抗拒。

在一個下午，孫正義和穆罕默德搭上小船到一處原始暗礁區潛水了一個多小時。玩樂之餘，孫正義還有另一個目的。軟體銀行正嘗試籌募第二檔千億美元基金，他希望他一路走來對穆罕默德始終忠心不二將獲得報償。穆罕默德願意再度當這個基金的基石投資人嗎？儘管第一檔願景基金因為操作的錯誤而損失慘重，他仍大膽提出要求。第一檔基金的重大錯誤包括押巨資在WeWork上，這家辦公室租賃公司偽裝成科技新創公司，要不是軟體銀行加碼押注初次的錯誤投資，很可能陷於嚴重危機；其他多項投資的績效也遠不如預期。

全世界也很少像穆罕默德這樣的生意人，他擁有多到難以置信的資金，而且有權力立即決定如何使用它們。孫正義希望他跨越績效，並想像即將實現的未來世界。他也會加碼押注嗎？

結果證明這正是他所向無敵，沒有人阻擋得了他的原因。即使在卡舒吉謀殺案後，讓穆罕默德得以屹立不搖的未必是麗思酒店的清洗和權力的統一，而是他已經與世界上最強大的市場經濟密不可分。他與川普的關係良好，即使是交易性的，更重要的是沙烏地阿拉伯的錢已透過百仕通和與透過軟體銀行願景基金投資的科技公司，而與美國基礎設施投資連結在一起。幾年前穆罕默德還是一個默默無聞的親王，而現在在世界其他國家的眼中，他是唯一的親王。他已變成全球經濟的重要部分，一隻手控制著油價，另一隻手則施捨數以億美元計的錢給大公司，讓它們用以擊敗它們的對手。

等到結束後，紅海週的意義關係到穆罕默德的自我更甚於沙烏地阿拉伯的發展。它可能對緩和他的國際關係觀點沒有幫助。回到利雅德的他變得更加大膽。

在他感覺外界對沙烏地阿拉伯的看法逐漸改變，和川普與其他有影響力的領袖願意保持關係的助力下，穆罕默德展開一項讓二〇二〇年成為捲土重來年的計畫：二〇一五年是他的崛起年，二〇一六年推行他的轉型願景，二〇一七年是改變的開始和權力的鞏固，二〇一八年是向全球擴展和卡舒吉案後的大爆炸，而二〇一九年是重新集結和沉潛。

為了洗刷過去，穆罕默德需要一些大成就——或至少解決環繞他的問題。他指示屬下立即策劃結束抵制卡達，恢復葉門的和平，投入巨資促成沙烏地阿拉伯在二〇二〇年八月主辦二十國集團會議這項沒有人會忘記的活動。他指派主管所有像NEOM這類「超大計畫」的大臣法赫爾德·圖恩西（Fahad al-Toonsi），把辦好這項活動列為最優先要務。

但他緩和國際關係的作法沒有持續多久。二〇一九年十二月，土耳其、卡達、伊朗、馬來西亞和巴基斯坦領導人，準備出席吉隆坡舉行的伊斯蘭領袖高峰會，這場會議表面上的目標是討論世界各地穆斯林面對的重要問題，但基本的議程是再平衡以沙烏地阿拉伯、阿聯和埃及為軸心的穆斯林世界領導權。在穆罕默德侵略性的領導王國方式完全成形後，較弱的國家感覺到沙烏地阿拉伯已變成一項負擔。

憤怒的穆罕默德召喚巴基斯坦總理伊姆蘭（Imran Khan）到利雅德會談。現在的氣氛與他二〇一九年二月訪問巴基斯坦——卡舒吉事件後他首度重大國際訪問——時大不相同。當時伊姆蘭熱烈歡迎他，暫停所有飛航交通，並下令以梟龍戰機護駕進入巴基斯坦領空的穆罕默德機隊。王儲受到夾道的歡迎，兩國達成價值二百億美元的交易。巴基斯坦報紙的編輯收到政府的指示，訪問期間不能刊登任何負面的報導或發推文，而且大多數人配合。巴基斯坦需要錢，而沙烏地阿拉伯希望巴基斯坦站在它這邊。

然而在利雅德，顯然穆罕默德認為吉隆坡高峰會是不可接受的事。據說在伊姆蘭嘗試較委婉地解釋高峰會的目的後，穆罕默德冷冷地要求伊姆蘭取消出席會議。據報導他威脅如果伊姆蘭不照做，沙烏地阿拉伯和阿聯將立即取消所有巴基斯坦人的簽證，讓那些每個月匯錢回家的四百萬名巴基斯坦人流落街頭。伊姆蘭回國後，打電話給馬來西亞總理馬哈迪（Mahatir Mohamad），說他準備取消參與高峰會。

「他是個被寵壞的屁孩。」伊姆蘭後來告訴一名顧問：「我們承擔不起跟他對抗。」

後記

果斷風暴行動

正當全世界的讀者開始意識到，二〇二〇年新冠病毒疫情的規模和經濟破壞時，穆罕默德．本．沙爾曼卻為揮之不去的家族鬧劇而分心，並為油價低迷不振而備感挫折。為了實現他偉大的經濟夢想，他需要更多錢——數千億美元，而不只是他從Aramco的ＩＰＯ案賺進的二百五十六億美元。

穿著一身素樸長袍的穆罕默德站在他的辦公室對顧問和大臣說話，他對二〇三〇願景的進展速度感到不滿。油價徘徊在六十美元上下，遠低於他同時進行所有超大計畫、同時負擔在葉門進行昂貴且沒完沒了的衝突，以及大量平民等著國家施捨所需的水準。這個問題從沙爾曼繼承王位以來就啃噬著王國，因為美國頁岩油榮景帶來的大量石油壓抑了全球價格。而且這個問題每況愈下。沙烏地阿拉伯曾與俄羅斯協調減少生產以避免油價大跌，但這項交易瀕臨破裂。

這是穆罕默德接掌沙烏地阿拉伯實際統治大權五年來所做的最重大決策之一的背景。與俄羅斯的談判已經破局，穆罕默德決定孤注一擲。在三月初一個週五晚上，他命令他的異母兄能源大臣阿卜杜勒阿濟茲．本．沙爾曼增加石油供應以淹沒市場。在冷靜而正式的石油談判世界中，這無異於發射核子飛彈。

到了隔週星期一市場開盤時，油價已下跌超過百分之二十，而且將持續跌落到數十年來的最低水準。在後續的數週，部分地區的儲油槽已經爆滿，迫使供應商貼錢要求石油買家接手它們的石油。穆罕默德希望價格下跌可以讓部分供應美國頁岩油的公司倒閉，並對俄羅斯總統普亭施加恢復減產的壓力。他也希望普亭、川普和其他領袖了解，沙烏地阿拉伯在油價上不會任人擺布。穆罕默德將為沙烏地阿拉伯的利益而決定他認為合適的石油政策。如果其他國家希望王國協助提高油價，它們的領導人將與穆罕默德站在平等的地位談判。

問題是，沙烏地阿拉伯比俄羅斯更依賴石油收入。為了提振長期的石油價格，穆罕默德不惜破壞王國，進行野心勃勃的轉型計畫和每日財政的收入來源。

另一方面，他正鋪平通往加冕的道路。在穆罕默德決定發動石油戰爭後幾個小時，一群戴著黑面罩的男人衝進穆罕默德．本．納伊夫（他從「辭去」王儲職位那天晚上一直被禁止離開沙烏地阿拉伯）和阿梅德．本．阿卜杜勒阿濟茲（穆罕默德的叔叔，也是伊本．紹德存活的最後一個兒子，他仍行動自如且相當健康）的家。大多數王室觀察家都對這個發展感到奇怪——這兩個人看起來都不是威脅。

穆罕默德．本．納伊夫精神渙散且喃喃抱怨，而阿梅德變成一個志氣消沉的怪老人，偶爾家族成員希望他採取立場時他總是畏縮退避。阿梅德是那種寧可躲在他愈來愈少的倫敦住宅、不愛與利雅德的家族打交道的親王之一。他唯一的重要性是國王的同母弟弟，也是阿卜杜勒阿濟茲國王仍存活且唯一不在王位上的兒子，他原本應該掌控現在僅徒具形式的忠誠會議，但他甚至連這個職位也從未坐過。

逮捕行動後來擴大到包括這兩個人的幕僚和其他關係人，但表面上的逮捕原因聽起來相當可笑。

到二〇一九年，穆罕默德·本·納伊夫過的生活似乎已比他辭去王儲職位後幾個月的軟禁期間正常。他已被准許自由旅行於他在沙烏地的住所間，包括他喜歡去度假的一座牧場，而且可以參加家族聚會。他罹患癌症的妻子被准許在二〇一九年夏季到美國接受治療，並由他們的女兒之一陪同前往。

但穆罕默德·本·納伊夫仍然鬱鬱寡歡，而且他陰鬱的表現都被回報到穆罕默德耳裡，穆罕默德認為如果牽涉到阿梅德，那就是一個問題。

雖然阿梅德早已遠離家族政治，但他在二〇一八年九月仍讓穆罕默德和沙爾曼國王大感意外，當時他面對聚集在他倫敦豪宅外抗議轟炸葉門的群眾。阿梅德告訴群眾，別怪罪紹德家族，轟炸的責任只在兩個人，就是國王和王儲。

不久後阿梅德回沙烏地阿拉伯，以確認如果皇宮對他採取不利的行動，美國和英國官員承諾將介入干預是否屬實。回到王國後，阿梅德也開始抱怨。他把沙爾曼國王和穆罕默德親王的肖像從他的議會廳牆取下——這項侮辱動作的消息很快傳遍家族——而他的客廳也變成王室家族許多不滿的成員發洩的地方。

二〇一九年底，穆罕默德．本．納伊夫到阿梅德家中抱怨，為王室提光他的銀行帳戶並削減給他和他家人的津貼而生氣。在他妻子前往美國接受治療後，穆罕默德．本．納伊夫被告知他不能再到王國以外的地方旅行，直到他支付穆罕默德指控他竊取的數十億美元給政府。這是舊指控，是穆罕默德二〇一七年宣稱他濫用沙烏地政府指定，用於與美國聯合反恐計畫的錢時加諸的。穆罕默德．本．納伊夫堅稱他正當使用政府資金，甚至捐獻一部分自己的錢給安全措施。

穆罕默德．本．納伊夫宣稱他沒有私藏任何錢，並在二〇一九年十一月走訪阿梅德，說他妻子和女兒因為施加於他家人的財務禁令而「挨餓」。這可能只是單純的發洩情緒，而且言詞難免誇張，但穆罕默德的團隊抓住這個把柄。當月稍晚，穆罕默德．本．納伊夫被召喚出席在國民警衛隊——由王儲的兒時好友及親信阿卜杜拉．本．班達爾掌控——召開的一場會議，如果未出席將面對嚴重後果。由於感覺那可能是鴻門宴，他拒絕到場。

這引發了第一場逮捕。幾天後，皇宮警衛出現在穆罕默德．本．納伊夫的宮殿，並帶走他最親近的員工，包括祕書、資訊科技人員，和長期的個人保鑣。皇宮警衛甚至在他的直升機坪圍起一道人牆，可能是為了防止他逃脫，雖然這個停機坪之前幾個月只被用來停車。警衛質問員工是否有任何逃脫或政變的計畫。員工被釋放後，效忠於穆罕默德．本．沙爾曼皇宮的人接管了穆罕默德．本．納伊夫的安全。

據《華爾街日報》報導，幾乎在穆罕默德宣布發動石油戰爭的同時，他下令囚禁穆罕默德．

本・納伊夫和阿梅德。協助策劃川普訪問利雅德的安全官穆薩德・艾班打電話給王室家族成員，告訴他們阿梅德和穆罕默德・本・納伊夫涉嫌叛國。

從這些不怎麼嚴重的背景故事看來，他們顯然不是近期或急迫的危險。只不過是因為時機恰巧，可以趁著混亂的新聞和經濟情勢執行穆罕默德・本・沙爾曼邁向王位的另一個重大步驟。如果把這些相當微弱的威脅全都剷除，他的前景就能一片清朗。

阿卜杜拉國王的兒子費瑟・本・阿卜杜拉寫信給沙爾曼國王，抱怨阿梅德受到的待遇。他也遭到逮捕。

這場家族整肅並非事先策劃的行動可以從一個線索判斷：在石油戰爭和家族整肅之前幾週，穆罕默德・本・沙爾曼正計畫到他在法國的城堡，或他家族在南非擁有的遊樂園度假一個月。許多他的高階助理也在連續幾個月，每天工作十六個小時的操勞後，準備休假一陣子。

那天晚上發生的事是穆罕默德典型的行事風格：做一個大膽的決定，面對可怕且危險的後果，但希望賭上一把可以獲致豐碩的報償。全世界的石油公司可能詛咒他，他的決定可能讓許多國家破產，但如果那對沙烏地阿拉伯有利，那就值得去做。家族整肅並非必要之舉——那可能強化他獨裁統治者欺壓他叔叔和堂兄弟的形象——但那會提高他的勝率，即使只是一點點，所以值得冒險為之。寧可被視為不必要的嚴酷，勝過容忍任何批評。

穆罕默德稱呼第一階段的葉門戰爭為「果斷風暴行動」，這個詞恰如其分地反映出他自己。他不是生性急躁，但他絕對是很果斷。當作出決定後，就是全力以赴。而且他的改變經常讓人感覺像風暴，在很短的時間內做出沒有條理的決定，而似乎未加考慮情勢的演變可能失去控制。當風暴過去後，沙烏地的人民難免難到頭暈目眩。這種改變已經持續了五年。

穆罕默德原本希望二〇二〇年是恢復他在全球權力結構中的地位的一年。把葉門戰爭、卡舒吉醜聞和囚禁批評者的負面報導拋到腦後，他計畫秋季在利雅德舉行的二十國集團高峰會，將強化沙烏地阿拉伯作為全球具有影響力和前瞻思維的強權地位，同時有一位能再統治半世紀的年輕領導人。他的助手法赫爾德．圖恩西已被擢升到負責今年最重要活動的職位。

主辦這項高峰會並沒有一套審核制度，而是剛好輪到沙烏地阿拉伯擔任二十國高峰會主席。這是一個盛大展現王國的絕佳機會，就像川普選上總統後第一次出訪外國就到沙烏地那樣。王國的日常生活已發生重大改變，利雅德和其他主要城市的一部分已愈來愈像杜拜——男人和不戴頭巾的女性在餐廳和購物區互動。沙烏地政府花錢請 Instagram 名人宣傳和介紹王國的勝景，開始吸引觀光客源源流入。

毫無疑問的，穆罕默德是第一個利用王國歷史的王室成員，他重修紹德家族在利雅德省德拉伊耶的故居，並把王國北部的歐拉變成世界級的觀光地點。它們是真正值得參觀的地點，而二十國高峰會的籌劃就搭配了以它們為焦點和展現王國新風貌的活動。

穆罕默德以他典型的率直命令他的高階助手解決王國最大的一些形象問題，包括囚禁女性主義者、葉門戰爭和抵制卡達。許多觀察家認為他是個性衝動且容易情緒反應。但這些問題對他來說主要是數字問題。為沙烏地阿拉伯做調查的西方公司強調，這些形象問題是沙烏地阿拉伯立足於世界的障礙——正如他早期為確定國際讀者對宗教極端主義和女性權利遭漠視的看法所做的調查。

另一方面，公共投資基金的任務是尋找可以讓沙烏地阿拉伯在世界投資界發揮影響力的大交易。新挹注的資金被指派用於高知名度的投資，像是計畫收購紐卡索聯足球隊。即使在 Aramco 上市案從預期的世紀金融大事變成較冷清的區域事件後，銀行家也已開始成批地回流利雅德。市場傳聞 Aramco 將再度嘗試國際上市，這是籌募更多資金的方法，但也為了向無數批評者證明他不是金融新手。在這段期間與穆罕默德會面的億萬富豪認為，他真的正在轉變成一個領導人。穆罕默德在私下談話中承認，他在掌管王國大權的頭幾年太過敏感，也太擔心異議者。不過他並不後悔，反而充滿了信心。

但在世界其他國家的眼中，卡舒吉謀殺案並未過去。穆罕默德在與官員和企業人士的會談中仍堅稱，由於沙烏地阿拉伯承認卡舒吉已遭殺害，所以他應該負責，因為他是當家的人，但他事先不知道這件事。長期的沙烏地觀察家和一些沙烏地人私下質疑這麼專注細節的工作狂卻不知道這麼大的行動——或者這麼嚴酷的統治者的屬下，怎麼會未經他的許可就採取如此極端的行動。但穆罕默德堅稱，他的屬下有這麼多人，他無法知道每個人在做什麼，但他知道殺害卡舒吉是個錯誤。

這個事件偶爾會突然變成焦點，例如當聯合國的管轄地外殺害事件特別調查員，在二〇一九年十二月公布她的發現時，但正式的起訴似乎不會發生。如果有任何確鑿的證據很可能是放在美國情報機構的地窖，而且華盛頓似乎認為繼續追究這件事得不到任何好處。這個汙點無疑的將跟隨穆罕默德・本・沙爾曼一輩子，但隨著時間逝去它將逐漸被世人淡忘——至少在美國和歐洲——尤其是如果他做出影響深遠的大事，例如與以色列領導人握手言和。這件事可能得等到他繼承王位後。

在穆罕默德計畫前進的道路時，那些被他拋在權力之路後面的人仍繼續承受苦難。薩德・賈布利是前沙烏地反恐怖主義官員，他曾介紹年輕的穆罕默德給他的美國連絡人，後來卻遭到革職並被指控為極端分子，如今他安全地留在海外。但他的流亡生活絕稱不上舒服。賈布利的兩名子女在他離開王國時都已十幾歲，他們仍留在沙烏地阿拉伯。穆罕默德拒絕讓他們離開。當賈布利昔日的美國連絡人問及這個他們認識的這位薩德博士時，沙烏地官員說他是通緝犯，控制了穆罕默德・本・納伊夫竊占的數十億美元，除非他返還那些錢，否則他的子女將被禁止離開。

但沙烏地從未拿出支持這項指控的證據，而美國情報官員懷疑他的子女被禁止離開是為了避免賈布利洩密。這個人知道數十年來無數的政府機密，而穆罕默德不希望它們被公開。

在將近五年的期間，情勢仍然緊繃。賈布利保持緘默，而他在華盛頓的老朋友則嘗試想出救出他子女的方法。賈布利較年長的一個兒子在美國當醫生，他告訴朋友他很想幫忙，但擔心任何政治行動或與美國政府的介入可能觸怒穆罕默德，進而危及他的弟弟們。所以他在他父親保持沉默時耐心等待。

賈布利或他兒子的自制和忍耐都將不會獲得獎賞。從二〇二〇年三月穆罕默德提高石油生產和鎮壓異議者、囚禁他叔叔阿梅德以及穆罕默德．本．納伊夫後，他曾命令武裝警衛突襲賈布利兩個較小的子女家。他們在未被起訴下關進監牢，家裡遭到徹底搜索和保險箱被破壞打開，顯然是為尋找不利於賈布利的證據，讓留在海外的家人懷疑從穆罕默德當權以來沙烏地阿拉伯得到的是何種進步。在沙爾曼繼任國王以來的五年，薩德．賈布利看到自己被擢升到非王族所能達到的最高職位、被託付王國的安全和與最重要盟邦關係的重責大任，但又很快地被汙蔑是恐怖分子和遭到革職，然後被迫流亡，而且他的子女在穆罕默德自詡推動改革之際被挾持為人質。一度被認為最了解沙烏地內部事務的賈布利，現在和嘗試了解王國及其行動迅速的統治者的外國人一樣感到困惑。在二〇二〇年春季，賈布利的家人準備僱用一名與川普有關係的遊說者，以採取迫不得已的嘗試，希望促使美國政府向穆罕默德施壓，讓他們被監禁的親人離開沙烏地阿拉伯。

所有穆罕默德的計畫在二〇二〇年初因為從中國傳出的壞消息引發的全球效應而被迫擱置。新冠病毒疫情讓世界經濟為之停頓，數十億人為避免病毒大規模散播和醫療體系崩潰而避難於家中。在穆罕默德發動的石油戰爭讓油價跌破每桶二十美元、逼近二十年的低點後數週，他在與庫什納談話後——庫什納同時也與俄羅斯商議解決與沙烏地的歧見——同意迅速削減生產。穆罕默德的油價戰在全球經濟遭遇重創下也嚴重傷害美國公司。

在整個爭議期間，美國政府揚言可能為俄羅斯在油價下跌中扮演的角色而制裁它。但美國政府透過外交管道處理沙烏地阿拉伯，而且白宮直接連絡穆罕默德。雖然油價戰可能已導致沙烏地阿拉伯損失數十億美元，至少穆罕默德可以確定沒有人敢怠慢他。油價戰提醒全世界穆罕默德對全球市場擁有多大影響力。

當沙烏地人和世界各國的人一樣因為疫情封鎖而躲藏在家中時，他們也比較可能在推特和社群媒體上，看到讚美他們仁慈的國王和他勇敢的兒子的宣傳。同樣的，在菲律賓、匈牙利和中國等地方，對獨裁領導人的批評遭到冷落，而更緊急的措施受到關注。監視的權力擴大而沒有人抗議，政府權力變得比以往更大，以便紓困公司和救濟數百萬名失業者。這不是透過行為分析來暗中影響公民的理想時候——最有效的政策是下令人民待在室內，不讓他們在這件事上有其他選擇。

穆罕默德不費吹灰之力，就像一塊拼圖那樣嵌入這個新時代。這是一個強人、甚至獨裁者崛起的時代。他未經辯論下令封鎖麥加，要求市民留在家中，而他則與一群親信顧問旅行到他家族在NEOM的宮殿。鄰近的部落人民抗議即將被遷離荒漠中的家園以供興建這座新城市，穆罕默德的安全部隊進行鎮壓，逮捕一些人，並射殺一個據稱攜帶武器的男人。

當天晚上，穆罕默德的團隊談論未來的情勢。他們說，別擔心批評者，穆罕默德有許多年的時間證明他的高瞻遠矚。他甚至還未繼承王位，他的歷史功過可能十年、二十年，甚至三十年才有定論。

謝詞

我們深深感謝我們消息來源的協助，其中有許多人為避免遭到報復而仍保持匿名。儘管面對風險，如果不是他們同意說出所知道的內情，我們將不可能寫出本書。

如果不是《華爾街日報》編輯的催促和鼓勵，我們永遠不會有深入發掘這個主題的機會，特別是 Elena Cherney，她在困難重重的情況下，帶領這家報社率先有計畫地報導沙烏地阿拉伯的經濟轉型和 Aramco 的首次公開發行股票。初期的報導由 Mike Allen 主編，並獲得廣大迴響。其他在我們對沙烏地阿拉伯的研究——和其他報導——扮演關鍵角色的編輯包括 Charles Forelle、Alex Frangos、Ken Brown、Matthew Rose、Steve Yoder、Tammy Audi、Peter Wonacott 和 Chris Stewart。我們感謝 Matt Murray 對這家報紙整體的領導有方，和對中東的特別關注。Bruce Orwall 在我們感到自疑時提供了適時的鼓勵。

我們也很幸運在《華爾街日報》有許多多才多藝和消息靈通的同事。駐杜拜的 Summer Said 是在中東報導沙烏地阿拉伯的改變、其王室家族，和石油市場最大無畏和知識最淵博的人。她在這整個過程一直是如此慷慨和耐心。我們也有幸與 Maureen Farrell、Keach Hagey、Kelly Crow、Josh Robinson、Warren Strobel 和 Rory Jones 密切合作。

許多專家幫助我們更了解紹德王朝，包括家譜研究者 Michael Field、《波斯灣國家通訊社》社長 Eleanor Gillespie，和長期擔任新聞記者的沙烏地居民 Robert Lacey。我們很榮幸與兩位傑出的研究員共事：倫敦的 Lucy Woods 和多倫多的 Kareem Shaheen。

Stephen Kalin 在《路透》時是令人敬畏的競爭者，現在則是《華爾街日報》的新同事，他對我們的手稿提供了反饋，正如包括 Gabe Friedman、Steve Lefkowitz、Rob Guth 和 Jenny Gross 在內的好朋友也是如此。

謝謝我們在 Folio Literary Management 的經紀人 Steve Troha。Paul Whitlatch 鼓勵我們探究這個主題，並協助形成本書的概念，同時 Hachette Book Group 的 Brant Ruble 細心地編修它。我們也感謝 Hachette 的整個團隊，包括發行人 Mary Ann Naples 和助理發行人 Michelle Aielli。謝謝 Jen Kelland 精準的審稿，和 Carolyn Levin 和 Kirsty Howarth 的法律指導。

最後，如果不是我們家人的協助和指引，特別是 Farah Halime 和 Chelsea Dodgen，我們將不可能花這麼多時間旅行世界各地做報導和編寫這本書。

全球視野

成王之路：MBS，掌控沙烏地石油霸權、撼動世界經濟的暗黑王儲

2022年7月初版　　定價：新臺幣460元

著者	Bradley Hope Justin Scheck
譯者	吳國卿
叢書編輯	連玉佳
校對	胡君安
內文排版	李偉涵
封面設計	FE設計葉馥儀

出版者	聯經出版事業股份有限公司
地址	新北市汐止區大同路一段369號1樓
叢書編輯電話	(02)86925588轉5315
台北聯經書房	台北市新生南路三段94號
電話	(02)23620308
台中辦事處	(04)22312023
台中電子信箱	e-mail：linking2@ms42.hinet.net
郵政劃撥帳戶第	0100559-3號
郵撥電話	(02)23620308
印刷者	文聯彩色製版印刷有限公司
總經銷	聯合發行股份有限公司
發行所	新北市新店區寶橋路235巷6弄6號2樓
電話	(02)29178022

副總編輯	陳逸華
總編輯	涂豐恩
總經理	陳芝宇
社長	羅國俊
發行人	林載爵

行政院新聞局出版事業登記證局版臺業字第0130號

本書如有缺頁，破損，倒裝請寄回台北聯經書房更換。　ISBN 978-957-08-6379-6 (平裝)
聯經網址：www.linkingbooks.com.tw
電子信箱：linking@udngroup.com

國家圖書館出版品預行編目資料

成王之路：MBS，掌控沙烏地石油霸權、撼動世界經濟的暗黑王儲/ Bradley Hope、Justin Scheck著．吳國卿譯．初版．新北市．聯經．2022年7月．400面＋16面彩色．14.8×21公分（全球視野）
譯自：Blood and oil: Mohammed bin Salman's ruthless quest for global power.
ISBN 978-957-08-6379-6（平裝）

1.CST：外交政策 2.CST：石油經濟 3. CST：沙烏地阿拉伯史

735.906 111008349